占領下の女性たち

日本と満洲の性暴力・性売買・「親密な交際」

占領下の女性たち

日本と満洲の性暴力・性売買・「親密な交際」

Women under the occupation
Sexual violence, prostitution, and "fraternization" in Japan and Manchuria

平井和子
Kazuko Hirai

岩波書店

目次

＊本書はＪＳＰＳ科研費２１Ｋ１２５００、２２Ｈ００９０５の助成を受けた研究の成果の一部である。

凡　例

一、「満洲」「引揚げ」「開拓」といった用語は大日本帝国側の呼称であるが、本書では読みやすさを考え、見出しや初出以外は「　」を省略した。
二、文献・資料からの引用に当たっては、新字体、旧仮名遣いで表記し、適宜ルビを付けた。
三、引用部の傍点、傍線は基本的にすべて筆者による。〔　〕は引用者による補足である。
四、差別的表現(「満人」「ロスケ」「匪賊」「部落」「女工」「パンパン」など)については、歴史的資料としての意味を鑑み、そのままにした。

序章　女性たちの体験からとらえる敗戦・被占領

一九九一年の夏、元日本軍「慰安婦」であった一人のハルモニ金学順《キムハクスン》が公的に名乗り出たことをひとつのきっかけとして、アジア・太平洋戦争中、兵士間で「公然と語られてきた秘密」が、女性の人権侵害、戦争犯罪として広く問題化されることとなった（その後アジア諸国の多くの被害者たちも続いた）。二〇一三年、満蒙開拓平和記念館がオープンし、岐阜県送出の黒川開拓団の元団員の二人（安江善子《よしこ》、続けて佐藤ハルエ）が、ソ連軍への性的「接待」を強いられた体験を「語り部」として公的な場で語り始めた。

日本軍「慰安婦」女性も、ソ連軍へ「性接待」に出された女性たちも口を閉ざしていたわけではなく、それ以前にもクローズドな場や一部の研究者には自分の体験を語り続けてきた。しかし、被害者の言葉に共感し、敬意を持つ聴衆（支援運動にかかわる人々）の出現や、安心して自分の体験を語ることができる場（満蒙開拓平和記念館）ができたことによって、公的カミングアウトが可能になった。特に「性接待」に出された女性たちの語りは、ソ連兵の暴挙と日本人女性の被害という二者構造のなかでとらえられていた「引揚げ」の記憶に、新たに共同体内のヒエラルキーやジェンダー構造がからみ合った複合的要因を読み込む考察へ道を開いた。個人の声によって公的記憶に亀裂が入った。

性暴力の被害者が名前と顔を出して語るのは、容易なことではない。近代以降、女性が性的に無垢であることに価値がおかれ、被害女性には「汚れた」というレッテルが貼られてきた。いまでも女性自身がその呪縛を払拭できたとはいえない。泣き寝入りせず訴えた場合でも、裁判の場で被害女性はその「貞操観念」を問われてきた。二〇一七年、一一〇年ぶりに刑法強姦罪が改正され、名称が「強制性交等罪」に改められ、女性たちの声に後押しされる形でその名称も「不同意性交等罪」と改められ、二〇二三年五月三〇日、衆院本会議にて全会一致で可決した。これにより、「同意のない性行為は許されない」ことが決まったことは大きな前進であるが、拒絶が困難だったことを被害者側が立証しなければならない課題は残る。

一方、性売買の場にいた／いる女性たちの置かれている状況は厳しいままである。一九八七年、ホテルに派遣されたセックス・ワーカー女性が、相手男性のサディスティックな行為に抵抗してもみ合いになり、相手の持っていたナイフで男性を刺し、死亡させる事件が起きた。この池袋買春男性殺害事件では、日本で初めてセックス・ワーカーの人格保障が問われることになった。東京高裁は「売春婦と一般婦女子との間では性的自由の度合いが異なる」として、「ホテトル嬢」の過剰防衛だと断じた（懲役二年、執行猶予三年）。当初、「池袋ホテトル嬢殺人事件」と呼ばれていたこの事件が、セックス・ワーカーにも譲り渡すことのできない人権がある、という多くの女性たちの運動によって、「池袋買春男性殺害事件」と名称が変化した意味は大きい。しかし、裁判官のなかにも「売春婦と一般婦女子」の性的自由度を分離するセクシュアリティ認識があったことがわかる[1]。

二〇二〇年、新型コロナ感染症の大流行のもと、政府が要請した一斉休業による減収を保障する持続化給付金と家賃支援給付金の対象から、中小企業庁は性風俗事業者を除外した。この措置に対し、大阪の派遣型風俗店の経営者が「店で働く女性を守ることができない」と国を相手に訴訟を起こしたが、二〇二二年六月三〇日、東京地裁は「法の下の平等を保障した憲法第一四条に違反しない」とこれを棄却した[2]。裁判官は、性風俗は「大多数の国民の道徳意識に反するもので、異なる取り扱いをすることには合理的な根拠がある[3]」とし、セックス・ワークとその他の職業を分けて扱った。これによってコロナ禍のもとで、職場や住む場所を失ったセックス・ワーカーの過酷な生活に公的支援が届かない状況は「合憲」となった。わたしは、性産業を「本質的に不健全」とする裁判官のセクシュアリティ認識が、日本社会のセックス・ワーカーへのスティグマ化を強化させることにつながるのではないかという危惧を抱いている[4]。

性売買の場に身を置いたことのある人への差別的まなざしは、名乗り出た元日本軍「慰安婦」の前身が性売買女性を含意する「キーセン(妓生)」であったとか、親に売られた娼妓であったとかいう言説で、「慰安婦」否定論者たちが彼女らを貶めようと激しいバッシングを展開したことにも表れている。また、娼妓出身が多かった日本人「慰安婦」が、城田すず子という仮名で発言した一人を除き、ほとんど口を閉ざしてきたことの背景にも、日本社会における娼婦差別が横たわっている。つまり、性暴力被害者へ「恥じよ」と強いる社会では、性売買の場にある人々(芸妓・娼妓・酌婦、「慰安婦」、「パンパン」、セックス・ワーカー)への性暴力は問題化されにくく、無きものとして歴史の闇の底に沈殿してきたのである。

本書は、敗戦と被占領という国家や共同体の危機に際して、男性リーダーたちがとった発想――女性を「守るべき女性」と「差し出すべき女性」に二分化し、後者を「性の防波堤」にして自らの安泰をはかる――が、日本本土(内地)と、満洲(外地)と同時進行で展開した事実を追う。

わたしは、二〇一四年に刊行した『日本占領とジェンダー――米軍・売買春と日本女性たち』(有志舎)で、敗戦国政府が占領軍へ提供した性的「慰安所」や、「慰安」にあたる女性たちへの性的管理の例をあげて、「成功した占領」「寛大な占領」と言われてきた日本占領が、「日米合作」の性暴力の上に成り立っていたことをあきらかにした。本書は、日本本土のみを対象とした前書では扱えなかった満洲を視野に入れ、男性リーダーたちが両地で、ほぼ同時に、同じ発想、同じ方法(占領軍用の性的「慰安所」の設置)をとったことを具体的に紹介する。そしてそのような家父長制の暴力構造が、「尊い犠牲」としてまつり上げる一方で、最後には蔑視し、なかったことにしてきた「差し出された女性たち」の声を拾い集め、彼女らの存在を歴史の明るみに掬いだすものである。

本書は六つの章立てとなっている。

第一章は、アメリカによる日本占領期を象徴する存在としてよく思い起こされる、特殊慰安施設協会(Recreation and Amusement Association 以下、ＲＡＡ)と、占領軍の第一陣が大量に上陸した神奈川県における「特殊慰安所」を中心に、敗戦国政府と警察と業者がいかに素早く占領軍を「接待」する場をつくり上げたのかをみる。それは日本軍「慰安所」づくりのノウハウの蓄積があったから可能になった。また、前著『日本占領とジェンダー』では詳《つまび》らかにできなかった、ＲＡＡの存在が若き米兵たち一人ひとりに与えた影響や、日米の男女の「親密な交際《フラタニゼーション》」がアメリカの占領政治にどのように影響を与えたのかを検討する。近年、アメリカにおいても、占領軍兵士の日記や手紙などのエゴドキュメントや証言から公的記憶への問い直しが始まっている(スーザン・L・カラザース／小滝陽訳『良い占領?――第二次大戦後の日独で米兵は何をしたか』人文書院、二〇一九年)。本書は、このような戦勝国側における研究とも響き合うことになるだろう。

また、かすかに聞こえてくる性暴力被害当事者や性売買女性たちの声も紹介し、強姦か合意かという二者択一ではとらえきれない、性暴力の連続性や複雑さをグラデーションのなかで注意深く考察したい[5]。

第二章では、傀儡国家・満洲や植民地朝鮮で終戦を迎え、逃避行をした人々の経験をジェンダーとセクシュアリティの視点で検討する。占領に際して日本本土で展開された占領軍向け「慰安所」の設置は、同時進行的に満洲でも行われた。ＲＡＡの「慰安所」は、「性の防波堤」にする女性を「女の特攻」と呼んだが、満洲国の首都新京(現・長春)に設けられたソ連軍「慰安所」でも、居留民会は

「性の防波堤」という言葉を使い、女性たちは「特攻」と呼ばれた。

ソ連兵や現地の中国人による日本人女性への性暴力は、「引揚げ」にともなう悲劇として日本人のナショナルな記憶となっている。しかし、その被害は第三者による見聞がほとんどであり、被害者自身による個別具体的な記録はほとんど見あたらない。当事者不在の意味については、古久保さくらが一九九九年の段階で、「幾重にも絡まる犠牲者像のおしつけが被害者の沈黙につながる」という画期的指摘をしている。(6) しかし、その後の女性史・ジェンダー史研究ではその点が実証的に掘り下げられずにきた。被害当事者の記録が少ないうえに、さらに「一般婦女子」の身代わりになった女性――その多くは性売買経験者――の証言は、未だ歴史の闇のなかである。

冒頭でも触れたように、近年、黒川開拓団がソ連軍側へ「性接待」として送り出した一五人の少女たちの性暴力体験に向き合おうとする流れが日本社会のなかに生まれつつある。歴史の闇の底に光が射し込もうとしている。黒川開拓団に類似する出来事は、他の開拓団や居留地でも起こった。本章では、長野県送出の大古《たいこ》洞《どう》開拓団でソ連軍へ二人の女性が「提供」させられた事件を取り上げ、さまざまな資料と証言によって、女性の「選別」のあり方をめぐる開拓団の公的記憶と、事実との齟齬を明らかにする。「集団自決か／女性提供か」という強いられた二者択一に対する団幹部の判断や、「自ら犠牲になった」とされる女性、それ以外の団の構成員たちの思いをジェンダー視点で考察するとともに、この事例からオーラル・ヒストリーという手法の持つ「危うさ」と、適切な聞き手による事実解明への「強さ」を併せて見てゆきたい。

第三章は、第二章とセットになっている。第二章で取り上げた下伊那送出の第八次大古洞下伊那郷開拓団に一家六人(父母、兄妹弟)で参加した北村(旧姓・澤)栄美《えいみ》の聞き取りから、ひとりの女性のライフ・ヒストリーを通して満洲体験や引揚げ、そして「引揚げ後」を考える。特に、集団自決をめぐるジェンダーや、成人女性たちがさらされていた性暴力に対する子どもたちのまなざし、引揚げの途中、そして内地帰還後も、生き延びるために発揮される子どもの判断と実践を歴史のなかに位置づけたいと思う。また、ソ連軍へ「提供させられた」二人の女性に関しても、栄美自身が見聞きしたことを加え、彼女の意見も踏まえてセクシュアリティの視点で考察する。

連日「女狩り」にやってくるソ連兵から逃れるため、必死で草原に身を隠す「おばさんたち」へ、兵士去来の合図を送る役割をしたのは子どもたちであった。聞き取りに際して、栄美はそのとき子どもたちがつくった替え歌を歌ってくれた。ソ連兵や「匪賊」の襲来は怖いけれども、帰ってしまえば不思議とあっけらかんとした明るさと、子どもだけの結束力に満ちた世界があった。敗戦とソ連兵や「匪賊」の襲撃、飢えと寒さのなかの難民生活という悲惨さの極みのようにみえる状況も、「子ども」の目線でみると、また別の側面が浮かび上がってくる。

第四章は、第一章で扱ったRAAが具体的に展開した地域として、静岡県熱海市に焦点をあてる。扱う時期は、敗戦直後から一九五〇年代はじめの朝鮮戦争を経て、売春防止法が施行される一九五七年までの長いタイムスパンである。

首都圏に近い温泉保養都市としての機能が着目され、熱海には、ＲＡＡの旅館やダンスホールが設置された。朝鮮戦争（一九五〇年六月勃発）を契機に戦前からの私娼街＝「糸川べり」が「パンパン」女性たちが集住する地区となり、熱海はＲＡＡと「赤線」が共存する街となった。ここではＲＡＡ旅館で働いた男性や、パンパン屋の経営者や家族、警察官などの証言から、一九五〇年代のパンパン女性たちの置かれていた状況を明らかにするとともに、同時代、米軍基地化によって農村地域にパンパンが集まった御殿場市と比較することによって、熱海の住民がパンパンたちへ親密なまなざしを持っていたことを浮き彫りにする。この熱海の人々の性売買女性への親密なまなざしは、女性の労働力率が高く、熱海は「働く女が支える街」という認識が人々のなかに共有されてたからであろう。

パンパンたちのイメージは、一九五〇年代前後に行われた種々の「街娼に関する調査」やレポート、売春禁止を求める市民的女性運動や国会議員たちが前提とする、経済的理由による「転落」と搾取にさらされた犠牲者、というものであった。そのような定型化された認識枠組みだけでは見落とされる「女の労働」の側面、およびパンパン女性たちが頭を働かせて、少しでも身体をいたわりつつ稼ぎを多くするべくいかに工夫したのかといった主体的営為《エイジェンシー》を浮き彫りにできたらと思う。

第五章では、米軍のキャンプ・ドレイクが置かれた朝霞にパンパンたちが多く集まっていた朝鮮戦争の時代を、「貸席」屋の子どもとして過ごした「金ちゃん」こと田中利夫の語りを通して「ハニーさん」(田中はパンパンのおねえさんたちをこう呼ぶ)像を描き出す。物心ついたときからハニーさんに抱っこされ、文字や楽器を習い、ハニーさんが連れてくるアメリカ兵にも可愛がられ、「パンパン屋の子」と言われた金ちゃんの語りからは「転落女性」というスティグマが刻まれ、当事者はもちろん、第三者によっても未だ語ることが忌避されがちなパンパンたちの姿を浮かび上がる。そこには、占領軍兵士－敗戦国女性、業者・ポン引き・ヒモ男－被搾取者といった二項対立的な権力構造だけでは解けない、パンパンたちをめぐる仲介者や互助グループ(白百合会)、兄弟姉妹といった家族などの相互依存や「共存」という複雑な関係性も読み取れる。

本章は、「朝霞の山本作兵衛」ともいうべき金ちゃんが描いた六〇〇枚以上の絵の中から、贅沢にもわたしのお気に入りの絵を提供していただいた。また、約七〇年の時を経て、偶然金ちゃんが再会したある老女(金ちゃんの「貸席」屋を利用したことのある元パンパン女性)の語りも加えることができた。それは自らを「乞食パン助」、「立ちんぼう」と称する当事者の貴重な語りである。

第六章は、敗戦と被占領という日本史上はじめての体験を、男性たち、特に復員兵たちがどう受け止めたかをジェンダーの視点で考察する。復員兵たちは、かつての敵兵であった米兵と腕を組んで街を闊歩するパンパンたちの姿を通して敗北を痛感した。復員兵はまた、自分たちが抱いていた〝大和撫子〟像がまったくの幻想であったことも思い知る。本章では、ＧＨＱの民間諜報局が収集した私信、電話盗聴記録、全国治安情報などの資料から、復員兵たちの生の声を紹介する。

その一方で、パンパンたちの姿に、戦争中、自分たちが占領地で行った現地女性への性暴力を重ね、痛恨の念を持って思い起こす者もあった。それは、復員兵による「戦争責任」の自覚の最も早い「芽生え」として戦後史に位置づけられるのではないだろうか。

以上、六つの章は一見、ばらばらのように見えるが、それぞれにつながり、互いに補完しあって、敗戦直後から一九五〇年代までの日本本土と満洲を、ジェンダーとセクシュアリティの視点で見通すものである。そこで見えてきたものは、敗戦、被占領にともないジェンダー化されたすさまじい構造的暴力の下にありながらも個人が発揮する、目を見張るようなエイジェンシーである。これまでほとんど無視されたり過小評価されたりしてきた「女・子ども」の生き延びるための決断力と行動力、交渉力、苦難のなかでも何かしら楽しみを見つける力に注目し、定型化された敗戦と占領による「民族の受難」物語では見えなかったものを浮上させる。そしてこれは、これまで歴史の穴の最も深い場所に置き去りにされてきた性売買女性たちの尊厳を回復するためのささやかな歴史実践でもある。

（1）　この事件に関しては、若尾典子『闇の中の女性の身体――性的自己決定権を考える』（学陽書房、一九九七年、二一一―二一四頁）、角田由紀子『性の法律学』（有斐閣選書、一九九一年、一六四頁）を参照されたい。
（2）　『毎日新聞』二〇二二年六月三〇日。
（3）　『産経新聞』二〇二二年六月三〇日。
（4）　コロナ禍のなかで、いかに性産業関連労働者が労働法の保護の対象外となっているかを訴え、改善策を求めるために当事者がキャバクラ労組ＯＷＬｓ《オウルズ》を結成した(https://U-owls.org 二〇二三年五月二日閲覧)。

(5) リズ・ケリーは「女性の異性間性行為の経験は〔中略〕圧力による選択から力による強制までの連続体上に存在する」(リズ・ケリー「性暴力の連続体」ジャルナ・ハマー、メアリー・メイナード編／堤かなめ監訳『ジェンダーと暴力――イギリスにおける社会学的研究』明石書店、二〇〇一年、九六頁)と主張する。上野千鶴子はこれを強姦から性売買、結婚、妊娠・中絶までを含む「性暴力連続体」と呼び、直接的な性的接触を含まなくとも、性的侮蔑やＤＶ、公衆の面前で裸体にするなど、ジェンダーやセクシュアリティにかかわる心理的・身体的暴力を言う、とする(上野千鶴子「戦争と性暴力の比較史の視座」上野千鶴子・蘭信三・平井和子編『戦争と性暴力の比較史へ向けて』岩波書店、二〇一八年、二頁)。

(6) 古久保さくら「満州における日本人女性の経験――犠牲者性の構築」『女性史学』第九号、一九九九年。

第一章

国家による「性接待」
――「良き占領」のためのジェンダー・ポリティクス

はじめに

敗戦と被占領という未曽有の国難に際して組閣された皇族内閣＝東久邇宮稔彦《ひがしくにのみやなるひこ》内閣は、その初閣議(一九四五年八月一七日)の場で、日本の婦女子を守るための「性の防波堤」の必要性を確認した。その後、驚くべき速さで占領軍向けの「特殊慰安所」と特殊慰安施設協会(Recreation & Amusement Association＝R. A. A 以下、RAA)が誕生したことはよく知られている。組閣の翌一八日、内務省警保局長→全国の知事・警察長官というルートで開設が指示された「特殊慰安所」と、国務大臣・近衛文麿→坂《さか》信弥《のぶよし》警視総監→都内接客業者というルートのRAAと、この二つのルートで同時に占領軍への「性接待」＝性的「慰安所」づくりが開始されたのである。

「慰安所」設置を命じた第一のルート(内務省警保局長→全国の知事・警察長官)で発せられた無電通牒(「外国軍駐屯地における慰安施設について」)は、その存在に関して一九九六年一一月の参議院決算委員会で吉川春子(日本共産党)が質問をし、警察庁長官官房総務審議官が、「発見されていない」、「警察庁は何らかかかわっていない」と答弁している。[1] しかし「慰安所」設置を促す公文書として、同省保安課長が四五年九月四日、警視庁特高部長、大阪府治安部長、各庁府県警察部長宛に出した「米兵ノ不法行為対策資料ニ関スル件」は国立公文書館に保管されていたことがわかったのでここに紹介しておく。

同文書は「慰安所」設置の急務を指示し、まず「婦女子強姦予防トシテ」、「新聞ニ依ラズ回覧板・口伝・常会」などを利用し、婦女子に対して「貞操ヲ守ル為ニハ死ヲ決シテ抵抗シ、止ムヲ得ザレバ相手ニ危害ヲ加ヘルモ正当防衛トシテ許サル」と説き、「慰安所」は「自衛方法トシテ」、「絶対必要ナリ」、占領軍の進駐先が急に通告される場合に備えて「移動式慰安所ヲ成るべく多く」設置する必要を通告しているのである。[2] 女性には「死を決して」「貞操を守る」ことを求め、占領軍の進駐先には「慰安所」設置を急がせているのである。

わたしは、二〇一四年に出版した『日本占領とジェンダー――米軍・売買春と日本女性たち』にて、RAAの誕生、そして主として熱海における展開と、全国の「特殊慰安所」の実態を明らかにした。本章では、RAAと、国に先駆けて「慰安所」を設けた神奈川県を中心に、前著以後新たに得られた知見を加え、敗戦直後、男性リーダーたちによって女性が二分化され、「良家の子女」を守るためという名目で「差し出された」女性たちの被った性暴力をジェンダー視点でみすえる。続けて、RAAが運営する性的「慰安所」が米兵の立ち入り禁止となった後、街頭や基地周辺に集住した「パンパン」(占領兵相手の売春女性に対する蔑称。第四章と第五章で詳しくみる)と呼ばれた女性たちがさらされていた構造的暴力を押さえつつ、彼女たちの発揮した主体的営為《エイジェンシー》、米兵との関係性に注目し、それらが占領政策や日米関係に与えた影響をみていきたい。まず、RAAの誕生からふりかえってみよう。

一、RAAの誕生と「意義」

(1) RAAの誕生――「日本軍のやってきたこと」の裏返し

一九四五年八月、無条件降伏した日本は連合国軍の占領下に置かれることとなった。日本占領はGHQ／SCAP(連合国最高司令官総司令部、以下GHQ)による間接占領であったが、南樺太、千島列島はソ連によって、奄美諸島、琉球諸島を含む南西諸島、小笠原諸島はアメリカによって直接軍政が敷かれた。本章は、間接占領がとられた「本土」を対象とする。占領初期、日本各地へ進駐した米軍の主力は、太平洋陸軍の第八軍と第六軍であった。彼らの多くは、南太平洋戦域の戦線に参加し、沖縄を経て日本本土に上陸した。これらの直接戦闘を経験した兵士たちに向けて、八月一七日に成立した東久邇宮内閣が用意したのが「国体護持の女たち」としての「慰安婦」であった。

初閣議で「性的慰安所」の必要性が議論され[3]、「どうしたらいいかということで、やはり慰安施設が必要です。一応さばく所をこしらえておこうじゃないかということが、内閣の方針としてきまった」と、「慰安所」開設の陣頭指揮に立った警視総監・坂信弥は語っている[4]。閣議後、国務大臣・近衛文麿に官邸へ呼び出された坂は、「手下に任せないで、君自身でやってくれ」と言われたという[5]。

坂は、在任中の一〇月まで陣頭指揮にたったが、現場で動いたのは警視庁保安課長・高乗釈得《たかのりしゃくとく》と保安課風紀係長・大竹豊後《ぶんご》で、二人は坂に「すべて口頭の命令でやること」、「書面を残すな」と言われている(6)(内務省の無電秘密通牒と同じく、国民に性的慰安所が公によってつくられていたことが知られないようにするためと考えられる)。高乗・大竹の要請により八月二三日、東京都下接客業者七団体(東京都料理飲食業組合・全国芸妓屋同盟会東京支部連合会・東京待合業組合連合会・東京都貸座敷組合・東京都接待業組合連合会・東京都慰安所連合会・東京練技場組合連盟)からなる特殊慰安施設協会(一〇月初めからRAAと称す)が設立された。

八月二三日の設立日には、業者七団体の幹部が集まり、警視庁から高乗課長と大竹係長が出席している。その後、幹部たちは「慰安所」となる場所の確保や、物資の調達、女性集めにまい進し、米第八軍の先遣隊(第一一空挺師団の通信・技術兵一五〇人と戦闘部隊三八人)が厚木飛行場に到着した二八日、皇居前広場で設立宣誓式を行い、大森海岸に「慰安所」第一号(小町園)を開設した(7)。小町園の「従軍慰安所規則」は、「入場者ハ必ズ受付ニオイテ料金ヲ支払ヒ之ト引替ニ入場券及サック一個ヲ受取ルコト」という旧日本軍「慰安所」の利用規定がそのまま使われたという(8)。「サック」は旧日本軍の「突撃一番」が大量に用意された(9)。

警視総監の坂は、鹿児島県警察部長として日中戦争時、鹿屋《かのや》航空隊基地付近の青木町に「慰安所」をつくった人物である(10)。坂は、近衛から依頼を受けた時、「鹿屋の方式」でいこうと考えた。彼は海軍飛行隊の青年兵たちが地元の女性たちと「間違い」を起こすことを防ぎ、「そのまま死ぬかも知れない若者を、ぜひ男にしてやりたい」との理由で、一九三六年に「慰安施設」(周囲を樹木で囲った敷地内にダンスホールと五〇軒の別屋)を設けた[11]のだった。政府の要請からわずか一五日間で占領軍「慰安所」設置が可能になったベースには、旧日本軍「慰安所」のノウハウが生かされていたといえよう。

ちなみに坂は、四五年一一月、事業家と焼け出された亀戸の私娼業者に提案して、小岩に大規模な「慰安所」＝インターナショナル・パレスを開設させている。[12]インターナショナル・パレスについては本章二節で詳説する。

(2)「守る」べき一般女性へ向けて

RAAの設置によって「守る」とした「一般婦女子」に対しての政府の姿勢は、八月二二日、内務省警保局保安課長名で各庁府県警察部長宛てに出された「連合軍進駐ニ際シ民心安定ニ関スル件」に添付された、二葉の「回覧板案」(一、二)によく表れている。翌二三日には、神奈川県の南から撤退した旧日本軍に代わって連合国軍が上陸に備えている。同日、政府は「民心安定」をはかるために新聞とラジオ放送で「治安維持上の注意」を発した。

内務省が作成した「回覧板」(二)には、「特ニ婦女子」と強調して、八項目中、以下の四点の注意がなされている。

(ホ)特ニ婦女子ハ日本婦人トシテノ自覚ヲ以テ濫《みだ》リニ外国軍人ニ隙ヲ見セヌコトガ必要デアル

(ヘ)婦女子ハ淫ラナ服装ヲヤラヌコト　又人前デ胸ヲアラワニシタリスルコトハ絶対禁物デアル

（又支那人ニ対シテハ素足ヲ見セルコトハイケナイ）

（ト）外国軍人ガ例ヘバ「ハロー」「ヘイ」トカ片言ノ日本語デ呼ビカケラレテモ婦女子ハ相手ニナラズニ避ケルコト

（チ）特ニ外国軍隊駐屯地附近ニ住ム婦女子ハ夜間ハ勿論《もちろん》昼間デモ人通リノ少ナイ場所ヲ独リ歩キシテハナラヌ⑬

この内務省の「回覧板」を元に、全国の知事や警察部長が「回覧板」を作成し、住民へ提示した。注意書きのなかに、「支那人」に対する注意喚起が記されていることも注目される。⑭戦勝者の軍隊を迎えるにあたって、「日本婦人の自覚」を説き「隙を見せぬように」注意する姿勢は、戦前・戦後を問わず為政者を含めた男性たちに共有された「強姦＝被害者の落ち度」とするセクシュアリティ認識で、これが長らく（あるいは現在までも）女性たちを縛り、レイプ被害者を沈黙させる要因となってきた。

（3）女性の募集方法

フィリピンから沖縄を経て日本上陸一番乗りを果たした戦勝国の兵士の相手として「慰安所」第一号の小町園に集められたのは、どのような女性たちだっただろうか。まだ関係者が存命だった一九七〇年代に聞き取りを行ったドウス昌代によると、女性たちは三八人（のち、一〇〇人に増員）集められた。「メリンスの安っぽい長襦袢を着た」彼女らは、RAA幹部に説得された娼妓たちで、吉原から手伝いに駆けつけた業者たちが彼女たちに「スマイル、スマイル」と注意を与えた、という（が、いつ、誰からの聞き取りなのかが明示されていない)。[15]

一方、小町園で女中をしていたという女性の名で書かれた一九五〇年代の手記には、集められた女性たちは、銀座七丁目のRAAの本部前に掲げられた看板を見て応募してきた「素人」たち三〇人(のち、吉原や新宿から「補充」三〇人)で、あまりの過酷さに二人逃亡したとか、一人鉄道自殺をしたとかいう記述がみられる。[16] 猪野健治編『東京闇市興亡史』では五〇人となっている。[17]

銀座に料亭を開いていたRAA理事の山下茂も、小町園へ送られた女性たちは募集看板を見てやってきた者たちで、「満足な着物を着た者は一人もなく、九割がはだしだった」と雑誌のインタビューで語っている。そして小町園へ向けて、「トラック二台に五、六十人を乗せ、別の三、四台に寝具を積んで」出発し、「あんなかわいい娘を、みすみす〝毛唐〟のエジキにするなんて、かわいそうだなあ」と送り出した、という。[18] 以上、募集を行った当事者の証言から、「慰安所」第一号に集められた女性たちは、銀座のRAA本部の看板を見て応募してきた者で、空襲によって住居や生活の糧をなくした女性たち三十数人であったと考えられる。看板には「新日本女性に告ぐ　戦後処理の国家的緊急施設の一端として、駐屯軍慰安の大事業に参加する新日本女性の率先協力を求む」、「女事務員募集。年令十八歳以上二十五歳迄、宿舎・被服・食糧全部当方至急」と書かれていたという。

RAA幹部たちと実際に現場で「協働」した大竹豊後によると、RAAでは女性集めに関して、二つの方策を考えていた。まず、娼妓(現有施設からの接客婦)をターゲットにし、「それだけでは、到底不足だから、必要な人間を、東京やその近在より」集めたい、と。ところが、娼妓たちが、外国人を相手にするのは嫌だと断ったため、大竹自ら焼け残った遊郭を廻り、「昭和の〝唐人お吉〟ダその気持ちになつて、考えてくれ。日本民族の純血を守るのだから…。人柱だよ。人柱だ」と、涙ながらに説いたという⒆。

銀座の本部には、看板を見た女性たちが列をなしたが、本部二階で理事長の宮澤濱治郎が仕事の内容を説明すると立ち去っていく女性たちのほうが多かった。『R・A・A協会沿革誌』(以下『沿革誌』)には、「集ひ来る女性の大部分は戦火の為に家を焼かれ、衣服を失ひ、肉親と別れたいとしい女性であった。その容姿は必ずしもわるくはないが、其の服装の何とみすぼらしい者の多い事よ」とある。そしてRAAでは、「これらの女性を急速に慰安所へ送り込み、衣服を与え、食事を給して、将兵慰安の実務につかせ⒇」たのである。

一回目の募集でかき集めた女性たちは、ダンサーも含めて一三六〇人であった㉑。小町園に続いて九月五日に福生営業所、一〇日に「調布園」、一五日に小町園の近くに「楽々」が開設され、大森海岸でも「花月《かげつ》」「蜂乃喜《はちのき》」「見晴《みはらし》」「波満川《はまかわ》」「やなぎ」「乙女」「清楽《せいらく》」「日の家」と続々と「慰安所」が開設された。RAAは他に、都内を中心に、熱海や箱根、市川にもキャバレーやダンスホール、ビヤホール、旅館、性病病院など四三施設を展開する一大娯楽施設となった。

性的「慰安」の料金は、「ショート」一〇円、「オールナイト」二〇円、女性が六分/RAAが四分の取り分で、ダンサーはワン・ステージ(約三〇分)二円に設定された。ダンス専門の女性は黄バッジ、売春をともなう女性は赤バッジを身につけて区別してあったが、赤バッジが足りないとダンス専門の

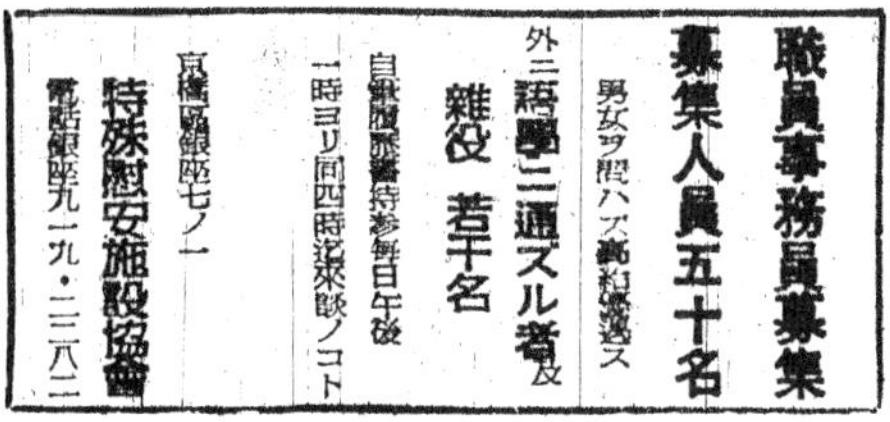
職員事務員募集
募集人員五十名
男女ヲ問ハズ高給優遇ス
外国語學ニ通ズル者及
雑役　若干名
自筆履歴書持参毎日午後
一時ヨリ同四時迄来談ノコト
京橋區銀座七ノ一
特殊慰安施設協會
電話銀座九一九・二二八二

図1　事務員募集の新聞広告(『朝日新聞』1945年8月31日)

女性も容赦なく使われた。

二八日以降先遣隊に続き、厚木飛行場に空挺部隊兵四二〇〇人[22]が降り立ったが、『沿革誌』では、小町園の開業を噂で聞きつけた兵士たちがどっと押し寄せ「行列」を作った様子を、「けだし天下の壮観であった」と書いている。土足で上がり込んで順番待ちもできない兵士が多く、制止しようとする従業員や通訳も殴る・蹴るの暴行を受けたというから、一人で何十人もの兵士たちの相手をさせられることは、女性たちにとっていかほどの苦行であっただろうか。小町園と見晴の開店一日目を視察に訪れたRAAの情報課長・鏑木清一は、「あの広い京浜国道に蜒々と、眼を血走らせ、身振いしながら待つ彼らの姿は、凄絶異状なものを感じさせ、正視するに忍び難かった[23]」と吐露している。

第八軍のリッチマン大尉は、大森海岸の各「慰安所」へ「衛生施設」(性病予防施設)を設置し、一五〇人の女性たちへ無料でペニシリン注射をほどこしている。RAA側は「衛生方面の配慮にはほとんど感謝せざるを得ないものがあった[24]」と記しているが、これはあくまで米兵の性病感染を防ぐために、「消毒された」女性たちの提供を求める行為である。

発足当時から一年間情報課長をしていた鏑木は、「慰安所」開設にあたった幹部の「苦労は大変」だったとし、「最大の悩みは、事業目的の第一である前線で働く女性を求めることであった」としている[25]。先述のように当初RAAは、

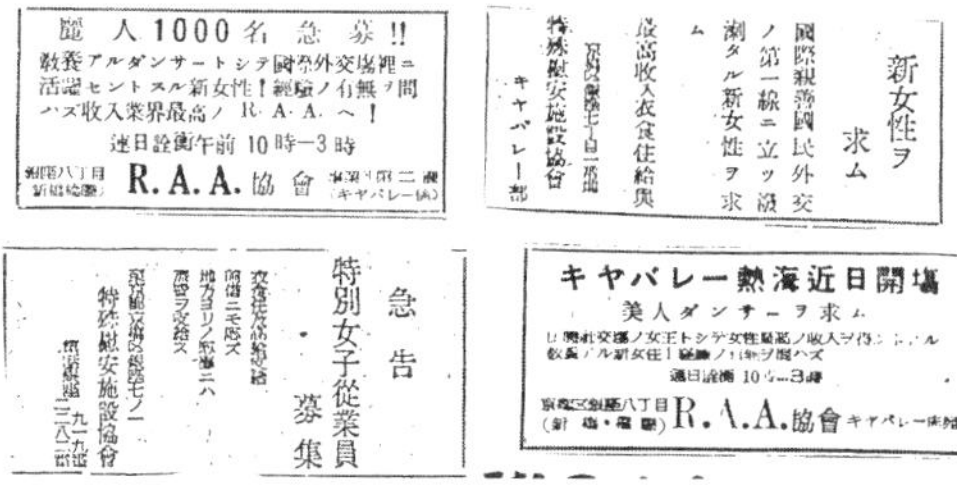

図 2 『静岡新聞』に掲載された RAA 募集広告記事の 4 パターン

娼妓たちを説き伏せたが、彼女たちだけでは不足として同時に「一般女性」へ向けた募集広告を新聞に掲載し始めた。それに先立ち、八月三一日の『朝日新聞』には、「職員事務員募集　募集人員五十名　男女ヲ問ハズ高給優遇ス　外ニ語学ニ通ズル者及雑役　若干名」という募集広告を出している（図1）。事務員や英語が話せる職員の確保も急務であったことがわかる。

広告による女性募集に際して、RAAは二つの策を弄している。一つめは、「衣食住及高級支給、前借ニモ応ズ」（『信濃毎日新聞』九月四日など）という文言で、戦後の生活難にあえぐ女性の目を引くというものである。二つめは、「国際親善国民外交ノ第一線ニ立ツ溌溂タル新女性ヲ求ム」（『上毛新聞』九月二七日など）という文言で、占領軍兵士への性的「慰安」を粉飾し、戦後の「新女性」を求めるという誘いかけである。わたしは前著で、RAAの新聞広告は「東北地方、北関東、静岡県、長野県、石川県にまで」確認できると書いたが、その後の追加調査で、本州だけではなく北海道から鹿児島まで全国のローカル新聞で確認することができ、沖縄を除き全国で大々的な募集を行ったことがわかる。(26)

（4）米側の性病対策の失敗、RAA幹部が語るRAAの「意義」

米軍側はRAAをはじめとする占領軍向けの「慰安施設」を断るのではなく、日本側に性病管理させながら米将兵へ「安全な買春」を提供させるという方針をとった。ＰＨＷ（公衆衛生福祉局）のサムス大尉と、性病コントロール担当のゴードン中佐は、四五年一〇月一六日の「花柳病ノ取締ニ関スル覚書」によって、日本側へすべての性病患者のデータの提出と、性病感染源とみなされる接客業者（ＲＡＡの事務員も含む）への定期検診と強制治療を指令した（ＳＣＡＰＩＮ１５３号）。これを受けて東京都は、週一回、公娼私娼芸妓などすべての売春女性への検診を義務付けた（東京都性病予防規則[27]、一〇月二二日）。厚生省も一一月二二日、「花柳病予防法特例」により「性病を拡散するおそれのある職業に就いている全ての者」への定期検診を義務付け、受診した者へ「健康証明書」（日本語・英語による、通称「カード」）を発効し、性病に罹患している者へ強制治療を始めた（「カード」については図11・12を参照）。

しかしこのような性病コントロール策が失敗したことは、米兵の性病罹患率の急上昇によって明白になった。これに加えて、従軍記者やチャプレン（従軍牧師）らが、占領軍兵士がＲＡＡなどで「ゲイシャ・ガール」と飲んだくれてダンスをする写真記事や手紙を本国へ伝え、本国の、特に兵士の母や妻から占領軍のあり方に対する大きな批判があがった。

一九四六年三月、米陸軍省は太平洋陸軍司令官マッカーサーへ「売春禁圧策」を順守するようにと通達を出し、陸軍次官を来日させた。これらの動きを受けて第八軍は、三月一八日、「売春宿」はすべてオフリミッツ（立ち入り禁止）にするように各部隊へ通達した[28]。これを受けて東京憲兵隊司令官はオフリミッツ指令を内務省へ伝え、二五日、ＲＡＡの性的「慰安所」は閉じられたのである（図３[29]）。

ただし、オフリミッツになったのは性的「慰安所」だけで、ＲＡＡのその他の娯楽施設は、一部で

図3　オフリミッツになった性的「慰安所」,「やなぎ」. 右の写真には「ゲイシャ・ガールはいない」と書かれ, VD(性病)の表示がある(フランス軍事博物館蔵)

は日本人客も対象に営業を続け、一九四九年五月一日、名前を日本観光企業株式会社と変更するまで存続した。それは『社交タイムズ』(一九四八年七月一日)に掲載された「御存知ですか？　リクリエーション・アミューズメント・アソシエーション　R・A・Aを！」という大々的な広告からもわかる[30](図4)。そこには、オフリミッツで閉鎖された性的「慰安施設」を除いたキャバレーやビアホール、旅館など二六施設が挙げられている。

RAAの性的「慰安所」閉鎖に関し、一九六一年のRAA関係者による『内外タイムス』「座談会　R・A・Aの回顧」で、大竹広吉(元副理事長)は、「もしR・A・Aがなかったら日本はめちゃめちゃになってたよ。国を守ったんだね」と、「意義」を語り、鈴木明(元物産部長)は、「ひとつだけ残念に思うのは女たちの行くえ、身のふり方について万全の対策が出来なかった。そのため街娼がふえ、基地に洋パンがふえたという〝風紀面の乱れ〟ができたことです。これが罪の面だ」と述べている。鏑木は、「広告で集まったいわば〝アマ上がり〟はほとんど街娼になって散っていたんじゃないだろうか。もともとのプロは出身地の公娼地、私娼地に舞い戻ったけれど、そうしてみると、R・A・Aの終末ではやはり一番みじめだったのが女たちだったろう」と語っている。佐藤甚吾(元特別施設長)は、「協

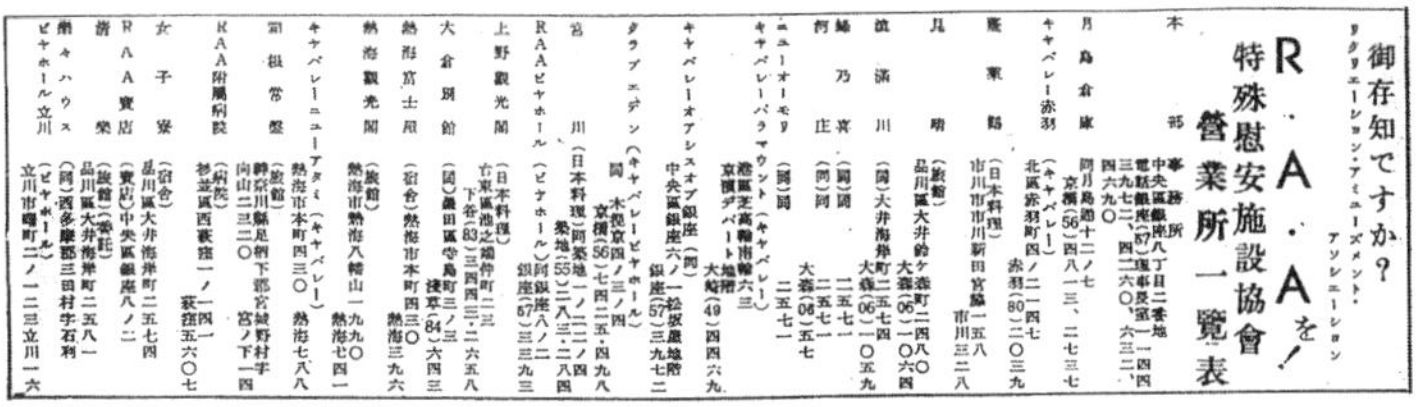

図4　RAA広告(『社交タイムズ』1948年7月1日)

会が解散する際女の借金全部を棒引きにした。一千万円ぐらいあったんじゃないのかな」と語っている。(31) 図2の女性の募集広告にあるように、RAAは衣食住の保証と同時に「前借」にも応じることをうたい文句にしている。したがって、佐藤特別施設長の発言から、実際にRAAの「慰安婦」たちのなかには、前借金で縛られていた者も多かったのではないかと想像がつく。RAAの性的「慰安所」の閉鎖は一九四六年三月。それ以前の一月二一日、GHQにより出された「公娼制度廃止指令」(「公娼廃止に関する覚書」)のなかでは、公娼の廃止と同時に、「如何なる婦人も〔中略〕拘束せる一切の契約並に合意を無効ならしむべし」との命令がなされていた。(32) 先ほどの佐藤特別施設長の発言は、RAAは公娼制度廃止指令をまったく意に介していなかったことも示している。

このRAAがかき集めた女性たちについて鏑木は、「よほどの覚悟をもって参じた人々である」とし、「これら女性の尊い犠牲によって、帝都の婦女子は大過なく、その身を守ることが出来た」と評している。(33) これが国策による「性接待」という性暴力であるという認識も、それを担ったという責任の自覚もまったく欠落している。この「慰安所」=「一般婦女子を守るための尊い犠牲」というセクシュアリティ認識は、全国各地方の警察史でも共通している。

Nippon Businessmen's 'RAA' Growing, To Give Recreation To Tokyo GIs

FUN, COURTESY OF THE JAPANESE: A high spot on the itinerary of the Tokyo-visiting occupation troop is the R. A. A. Cabaret, created and supported by the Japanese for the entertainment of Allied forces. With a bill of fare as indicated by this photo, the line of soldiers and sailors waiting to partake of the refreshments is long—but the consensus of GI opinion seems to be that it's worth it.
(Signal Corps Photo)

図5 『パシフィック・スターズ&ストライプス』
（1945年10月8日）

二、米軍兵士から見たRAA

前節でみたように、敗戦国側が用意したRAAを、占領軍側も受容し利用した。米陸軍省は基本方針として売春禁圧策をとっていたが、本国から離れた海外の派遣先ではこれは建前化していた。GHQの方針も表向きは売春禁止であったが、PHWのサムス局長は、太平洋の激戦地で戦ってきた兵士たちに「禁欲をさせる」より、買春行為を前提として、性病予防を徹底しようと考えていた[34]。これには太平洋陸軍の軍医総監、第八軍憲兵隊司令官も賛成している。マッカーサーも、本章七節で述べるように、米軍兵士と日本人の交際（フラタニゼーション）を禁じなかった。日本政府が用意した性的「慰安」施設は好都合であり、RAAの「慰安婦」やダンサーはもちろん、事務員にまで定期性病検診を課すなどして「性的にクリーン」な女性を提供させた。RAAは、敗戦国女性の身体を犠牲にした敗者‐勝者男性合作の性暴力の象徴であるといえよう。

米兵の目にRAAはどのように映ったのだろうか。米兵向けの日刊紙『パシフィック・スターズ&ストライプス』（一九四五年一〇月八日、図5）は、都内各所に設けられたRAAが占領軍兵士の東京訪問

'HERE'S HOW' IS NOW HEARD IN TOKYO
A Japanese girl hands a glass of beer to Pfc. Roy Peek,
Ala., while Sgt. John T. Bruce, Longworth, Tex., waits to join him a
he club opened in the capital's Ginza district by the Recreation Amuse
ment Association for American occupation troops.
Associated Press

図6 『ニューヨーク・タイムズ』(1945年10月1日号)

のハイライトとなっていると伝えている。米兵に「心からの」、「日本人の好意による」エンターテインメントの娯楽を与え、「ニッポン企業として成長している」との記事である。これによると、RAAは二〇〇〇人、三〇〇〇人の募集広告を新聞に出しており、紙上でTuji(辻穣専務理事)は「女性たちは日本人を代表し連合軍兵士へ最も良い印象を与えることを信じている」と語っている。図5のように、受付カウンターでは、着物を着た女性たちが兵士たちを迎えている。戦争中から、米兵たちは、〝マダム・バタフライ〟[35]のような日本人女性——従順で、受動的で、自己犠牲的な、男性の癒し方を知っている芸者——に幻想を抱いてきた。GI(一般兵士)たちの間では、着物を着た若い日本人女性は〝ゲイシャ・ガール〟と呼ばれ、売春婦と同義語だった[36]。写真のキャプションには、「受付で示されるリフレッシュのメニューを前にしたGIの列は長い。しかし、兵士たちには、並ぶ価値はあるというコンセンサスが出来ている」と記されている。『ニューヨーク・タイムズ』一九四五年一〇月一日号(図6)や同月一四日号(図7)には、RAAで「ゲイシャ・ガール」とダンスに興じる米兵の姿が報じられ、先述のように、本国の、特に女性たちの顰蹙《ひんしゅく》を買うこととなった。

GHQ労働課長のセオドア・コーエンは、のちに回想録のなかで、日本側のRAAの設置目的を「正しく」理解し、米兵の「慰安」にあたる女性たちの行為を「愛国的なもの」としている。そして皮肉も含めてRAAを利用する米兵たちの

JAPANESE CABINET FOR WOMEN'S VOTE

Also Plans for a Reduction in Eligibility Age of Men From 25 to 20 Years

LAW REVISION PRESSED

Study Group Told to Draft Plan for Altering Constitution as Demanded by Allies

THE MUSIC AND THE STEPS GO 'ROUND AND 'ROUND IN TOKYO

OFFICIALS PROMISE PEARL HARBOR AID

図7　『ニューヨーク・タイムズ』(1945年10月14日号)

間で流行っていた歌を書き留めている。

これらの施設で働く女性たちは常に〝あまり尊敬できない〟少数派であったが、彼女たちの目的は日本の大多数の婦人を守り、日本人の血の純潔を保持し、家族制度を守り抜くという愛国的なものであった。占領軍兵士の間で流行した歌の文句によると「わが国の処女を救うために、あなたはこれらアメリカ人をベッドに閉じ込めておかなければならないんだってさ」だった[37]。

ＲＡＡとは別に、四五年一二月一〇日、小岩には五棟の二階建ての建物に二〇〇〇人の女性を置き、大浴場も兼ね備えた最大規模の「慰安所」＝「インターナショナル・パレス」がつくられた。元精工舎亀戸分工場の女子寮を事業家の原田源之助が買い取り、原田を社長に亀戸の私娼街の業者たちが会員となり、組合組織の協会として設立された[38]。ここを訪れたコーエンや新聞記者のマーク・ゲインによると、利用する兵士たちからは、パレスは戦争中フォード社がつくった巨大なベルトコンベアー式の爆撃機製造工場の名前と同じ〝ウィロー・ラン〟(Willow Run)と呼ばれていたという。

ここに入った兵士や水兵は入口で日本式に靴を脱ぐが、事をすませたあと、長い兵舎のような建物の端にある出口で、ピカピカに磨かれた自分の靴をはくという仕組になっていた[39]。

見学したマーク・ゲインは、〝ウィロー・ラン〟で働く三人の女性から、多くの女性がアメリカの空襲で家族を失っていたこと、GIは一回につき五〇円払い、その半分が女性の取り分になるが、ここから食費、医療費、化粧代、衣装代を払うと借金しか残らない仕組みや、一人あたり一日平均一五人の「処理」をしたなどの話を聞いている[40]。

図８　「インターナショナル・パレス」（『スバル』万国新報社，1948年7月．国立国会図書館プランゲ文庫）

また、『ニューズウィーク』誌によると、〝ウィロー・ラン〟の女性たちは収益の四〇％を得るが、そこから服や食べ物、化粧品代として二〇％を管理者から引かれる、という。また大多数の女性たちは「アメリカ人は、紳士で女性に対して思いやりがあるので、好きだ」と言うが、多くの女性たちは、人身売買を禁じたマッカーサーの指令にもかかわらず、かなり憐れな状況に置かれている。そのうちの一人の少女は仙台から身代金一万円で親に売られてきたという。前借金があっても解放されるというマッカーサーの「公娼制度廃止指令」のことを彼女に告げても、少女は、「戦争で焼け出され、貧しい郷里の家族のために金は必要だ、ボスは良い人だ、ボスも戦争で焼け出されたかわいそうな人だ」と答えたと報じている。[41] この記事から、RAAの「慰安所」は一九四六年三月にオフリミッツになったが、小岩の「インターナショナル・パレス」は、四六年一一月になっても経営が継続され、「盛況」であったことがわかる。

RAAの性的「慰安所」は閉鎖されたものの、キャバレー、ダンスホール、旅館などの施設は営業が継続された。性的「慰安所」の女性たちの多くは、街頭に流れ出て「パンパン」と呼ばれる街娼になっていった。次に、RAAの地方版である全国の「特殊慰安所」について、国に先駆けて動き出した神奈川県の事例から見ていこう。

＊RAAで働いた女性数について、「最盛時には七万人、閉鎖時には五万五〇〇〇人」という通説が、近年発行される書物にもそのまま踏襲されている。この数字の基となったと考えられるのは小林大治郎・村瀬明『国家売春命令』(初版一九六一年、その後一九七一年、一九九二年再版、雄山閣出版)の七四頁の記述である(しかし、「協会資料による」とのみで、資料の根拠は示されていない)。筆者は、この人数は多すぎると考える。前著『日本占領とジェンダー』にて『沿革誌』に記載された性的「慰安所」二三か所(一施設に多く見積もって二〇〇人として)、単純に計算しても五〇〇〇人以下であると指摘した(一七頁)。ここで、再度記しておきたい。

三、占領軍第一陣を迎えた神奈川県の対応

(1)「良家の子女」への避難勧告

太平洋の激戦を戦ってきた実戦部隊である米第八軍、第一陣の上陸先となった神奈川県では、八月二四日、政府と大本営に横浜市を加えて折衝連絡委員会をつくり、「平和的進駐」のための準備にまい進した。ダグラス・マッカーサーの厚木到着予定日の四日前のことである(実際の到着は台風のため二日遅れ、三〇日となった)。マッカーサーは到着後、横浜に入り税関ビルに米太平洋陸軍の総司令部を置いた。

それ以前、八月一五日の天皇の終戦詔勅直後、神奈川県知事・藤原孝夫は、県庁の女性職員に三か月分の給与を渡した上で解雇し、疎開促進を命じた㊷。その後、占領軍の最初の上陸場所と予想される神奈川県では人々の不安が増し、「男は全部逮捕され、青年は去勢される。娘はみんな強姦だ!!」という流言飛語が拡がった。横浜市長・半井清は藤原県知事と渡辺次郎警察部長と相談し、占領軍の上陸前に「良家の子女」をしばらく避難させたほうがよいという勧告を区長を通じ各町内会へ流した。同時に、渡辺警察部長は、逗子や鎌倉方面の「良家の子女」、海軍関係の留守家族などはすべて退去するように命令を出している㊸。

海兵隊が進駐した横須賀では、八月三〇日午前一一時に米兵二人による民家への侵入と母子への強姦、午後六時には米兵二人(一人は見張り)による強姦が通報され、翌三一日には横浜市や鎌倉市での強盗、強姦の報告が神奈川県知事から内務大臣山崎巌宛てに出されている㊹(千葉県館山市でも第八軍海軍部隊兵による二件の強姦が報告されている)。神奈川県警察部は、「婦女子強姦予防」として、独り歩きや夜間の外出の厳禁や戸締まりの厳を新聞に掲載するとともに、町内会へ回覧を回すなどしている。そのなかで、女子の心得は「貞操ヲ守ル為ニハ死ヲ決シテ抵抗シ、止ムヲ得ザレバ相手ニ危害ヲ加ヘルモ正当防衛トシテ許サルベキコトヲ納得セシムルコト」としながら、対策として「米兵慰安所ヲ急設スルコト」を打ち出している㊺。これは前掲の内務省保安課が九月四日に出した「米兵ノ不法行為対策資料ニ関スル件」に倣ったものと考えられる。女性に対しては「死をもって貞操を守る気概を」と説き、(2)でみるように並行して性暴力の防波堤としての「慰安所」の開設を警察が自ら行うのである。

進駐後一週間の九月五日までの米兵の犯罪件数は、強姦九件、傷害三件、武器強奪四八七件、物品・金銭の強奪四一一件、家屋侵入五件、その他一六件、計九三一件であったと『毎日新聞神奈川県版』(一九四五年九月八日)で報じられている。しかし、九月以降の犯罪統計はGHQの検閲によって禁止されることとなったため全容は不明であり、この数字は氷山の一角であると考えられる。

(2) 国より先に警察自らによる「慰安所」開設＝「神奈川方式」

ポツダム宣言を受諾した直後の八月一八日、冒頭で述べたように、内務省警保局長から全国の道府県知事と警察長官へ占領軍兵士向けの性的「慰安所」をつくるようにという無電秘密通牒(「外国軍駐屯地における慰安施設について」)が発せられ、占領軍進駐先に「慰安所」がつくられた。神奈川県の場合、内務省警保局からの指示より三日前の八月一五日、正午の天皇による「終戦詔書」のラジオ放送を聞いた後、午後三時からの警察署の監督者打合せ会議において「慰安所」の設置の指示が出されている㊻。

指示を出したのは藤原県知事で、渡辺次郎警察部長の下、保安課長、次長がその任にあたり、県衛生課長らが衛生面で協力した。警官自ら出向き、疎開していた接客業経験者八〇人をかき集め、横浜市の山下町のアパートに互楽荘を開設した。「婦女子」には避難勧告を行う一方で、芸娼妓は「慰安婦」用に呼び寄せたのである。米軍上陸後の八月三〇日には、互楽荘へ数千人の兵士が殺到した。そのほとんどが正規の外出許可を受けずに勤務中抜け出した者で、武器を携行していた。支払いはタバコ、菓子などで行われることが多かったが、後に円で支払うようになった。

押し寄せる米兵たちのトラブル続きだった互楽荘は、約一週間で閉鎖に至った㊼。代わって、戦前チャブ屋（外国人の船乗り用の「曖昧茶屋」＝ひそかに売春も行う料理茶屋・宿の俗称）のあった大丸谷から本牧小港までを結ぶ地区に貸座敷九軒が開業し、一七四の業者が三五五人の「慰安婦」を集めて営業をした㊽。米側も兵士の「慰安所」利用を禁止するのではなく、各「慰安所」を米憲兵が巡回し、性病予防対策が余念なく行われた。占領軍上陸とともに、被占領国女性を介した男性同士の「日米合作」が始まったのである。

当時復員軍人などで列車が混雑したため、警察は「慰安婦」の呼び寄せに際して、鉄道各駅に連絡のうえ募集人の「公務乗車証明書」および身分証明書を発給し、優先的に乗車ができるように便宜をはかっている㊾。営業に必要な物資――布団・客用寝巻・タオル・ナプキン・脱脂綿・消毒液・化粧品などは、保安課が車を出して買い付けに行き、業者へ配給した。

一方、米第三艦隊が上陸した横須賀では、八月一七日には安浦保健組合（私娼組合、八八軒）と米ケ浜芸妓組合、翌一八日には二業組合、柏木田遊郭組合、皆ケ作私娼組合の業者と芸娼妓が集められ、警察による「慰安所」開設のための説得が行われた。

業者と女性たちを前に横須賀署長・山本圀士は、「戦争に負けたいま、ここに上陸してくる米兵の気持ちを皆さんの力でやわらげていただきたいのです。このことが敗戦後の日本の平和に寄与するものと考えていただき、そこに生甲斐を見出だしてもらいたいのです[50]」と壇上で言葉を詰まらせながら説得した。保安課主任の遠藤保は、「(横浜市の)真金町にいた女たちが、こういうよごれた体で国の役に立つのなら、よろこんでやりましょうと言って、白百合会というのをつくって本当によくやってくれました。最初の二カ月位は涙の出るほど献身的にやってくれました[51]」と書き留めている。「慰安所」をつくった側の男性の言葉や意図は資料から知り得るが、当事者である女性たち自身の言葉が残っていないのはまことに残念である。

ただ、真金町の「正直楼」の中村ヨシ子(二四歳)という娼妓が米兵に集団レイプされたことを語った言葉が、神奈川県知事が内務省へ提出した「大東亜戦争終結ニ伴フ民心ノ動向ニ関スル件」(八月三〇日―九月五日)に記されているので、ここに書き留めておきたい。彼女は「慰安所」に集められた女性ではないが、「慰安所」をつくった男性側の「涙の出るほど献身的にやってくれました」という記録とは、全く異なる女性側の思いを代弁しているように思える。

私ハ米兵四人ニ連行サレ約三十名ノ米兵ニ輪姦セラレマシタガ斯ル行為ガ敗戦ノ結果ニ来ルモノ

ナラ　日本婦人全部ハ原子爆弾ニテ最後ヲ遂ゲタ方ガ寧ロ幸福ダロウト思ヒマス。斯ノ種屈辱ヲ受ケタ婦人ガ他ニ在ルトスルナラバ恐ラク私ト同感ダロウト思ヒマス。私ガ如キ下卑ナ女ニハ自刃スル力モアリマセン。誰ヲ恨メバイ、デセウ。(52)

図9　横須賀の米兵向け「慰安所」安浦ハウス(横須賀市立中央図書館郷土資料室所蔵)

　前掲の安浦保健組合は、日ノ出町の海軍工廠《こうしょう》工員宿舎を「慰安所」(通称「安浦ハウス」、図9)として開設、私娼一七二人が集められた。川元祥一の研究では、安浦遊郭へは群馬県桐生市周辺の被差別部落出身の女性たちが多く送られて来ていたという(53)。差別と貧困、そして部落内での家父長制の犠牲として娼妓に売られることの多い被差別部落の女性たちは、敗戦時に戦勝国兵士へ真っ先に差し出された女性たちでもあった。

　占領軍幹部のなかに芸妓遊興を求める者が多かったため、県警は皆ケ作私娼組合と横須賀芸妓組合に対し、「待合茶屋」(芸妓との遊興を目的とする貸席)として五軒を外国人向けに指定し、芸妓七〇人に接客させた。以上、横須賀では三組合で営業者一六四軒、「慰安婦」三五八人となった(54)。この他、藤沢、平塚、高津、小田原、秦野、厚木でも従来の施設を利用して新規営業をさせている。

国に先駆けて占領軍向け「慰安所」を設置した始終を克明に記す『神奈川県警察史　下巻』は、これらを記したのち、保安課長・降旗節の以下のような言葉を書き加えている。

私たち警察部保安課のやったことがよかったかわるかったかはともかくとして、日本の一般の婦女子が進駐軍兵士の牙にかからずすんだというのは、これはこの時の女たちの献身のためとも言えようし、また私たちも、あれはあの時としてやむを得なかったことだし、いま言ったような意味で最善をつくしたんだというふうに思っているわけです。[55]

この言葉には、「性の防波堤」論に立ち、女性を「一般婦女子」と性売買者に二分化し、前者を守るために後者が「献身」してくれた、そのために自分たちは最善を尽くした、という自己免責の論理がある。このような論理は、上は政府肝いりのＲＡＡ幹部から、下は地方で占領軍「慰安所」を開設した警察の担当者まで、立場を問わず男性たちに共通する。

神奈川県には各府県から警察署員が視察にやってきて、警察部主体の「慰安所」開設方法である「神奈川方式」を学び、各地でそれを応用実践した。

また「慰安所」は県や警察だけではなく、地元の有力者が開設する場合も多くあった。敗戦時に各府県知事が民衆の動向を内務省へ上げた報告書のなかには、一部の右翼が「慰安所」を設置している例もある。旧国粋同盟総裁、笹川良一の実弟（良三）を社長、旧幹部（岡田多三郎、松岡三次）を総務として、九月一八日、大阪市南区の食堂跡地に連合軍「慰安所」・アメリカン倶楽部が開設されている。[56]

四、占領軍側からの「性接待」要求

ここまで敗戦国である日本側が用意した「慰安所」について見てきたが、戦勝国、すなわち占領をする側からも「性接待」の要求があったことにも触れておきたい。

一九四五年九月、東京都衛生局予防係長をしていた与謝野光は、GHQ軍医総監ウェブスター少将から「東京一〇万」（東京都三万三八九〇人、神奈川県八万五〇三七人、埼玉県一万八三八人）の米軍の「性処理」のために、将校、白人、黒人別に適当な場所を提供するように依頼された。与謝野は将校用に向島、芳町、白山（以上、花柳街）、白人用に吉原、新宿、千住（以上、公娼地域）、黒人用に亀戸、玉の井、新小岩（以上、私娼街）を当てた。[57]その際、彼はGHQ側から「都知事の責任において進駐軍の兵隊を性病にかからせてはならない。都の責任で（性病）検診を厳重にやるように……」と言われ[58]、前述のように性病予防規則（一九四五年一〇月二二日制定・公布）をつくり、ダンサーやウエイトレスを含めた接客女性へ週一回の性病検診を強制した。これが戦後の東京都令第一号および警視庁令第一号になった。

同様に、東京都渉外部長であった磯村栄一も米側から「「レクレーション・センター」を数カ所造れという命令」を受け、その意味を通訳に問うと「吉原だ」と教えられたという体験を書き残している。[59] 白人には公娼を、黒人には私娼をあてるという日本側の対応には、人種差別と売春女性内の序列による私娼差別の両方が読み取れる。

地方へ進駐した米軍将校から女性の提供を求められたという警察官の証言も多い。熊本県警察部特高課に勤務し、占領軍と県との交渉や通訳などにあたった元警視正・日隈真雄は、旧熊本陸軍施設に進駐した米海兵第二師団戦闘隊の兵士たち(一五〇人)のうち、約三〇人が付近の民家へ入ろうとするのを目撃した。彼はその中の准尉を呼び止め、入らぬように注意をしてくれと頼んだが、逆に「お嬢さんのところへ連れてゆけ」と言われて困惑した果てに、彼らをトラックに収容し、焼け残っていた二本木遊郭へ案内した。[60] 同じく米軍側から求められ、小倉市(現・北九州市)では元日本軍「慰安所」を米軍向けに再開設している。[61]

日本側が用意した「慰安所」を利用するにあたって、米側はいろいろな注文をつけている。愛媛県警察部保安課は、松山市内の元貸座敷業者を説得して二か所の「慰安所」をつくったが、米側から「白人と黒人の慰安所」を別々にせよ、などと「いろいろ文句をつけられ、ほとほと泣かされた」と、保安課の警部補であった渡辺茂は書いている。[62]

「慰安所」を米側と日本側が「協働」してつくった例もある。戦前は海軍の重要拠点であり、敗戦後海外引揚げ港に指定された広島県西部の大竹町では、一九四五年一二月、地元の大竹警察署とこの地へ駐屯した米軍部隊、県警察部と業者(広島県特殊慰安協会と考えられる)の四者で協働して、三菱化成の元工員寮に「慰安所」を開設している。[63]

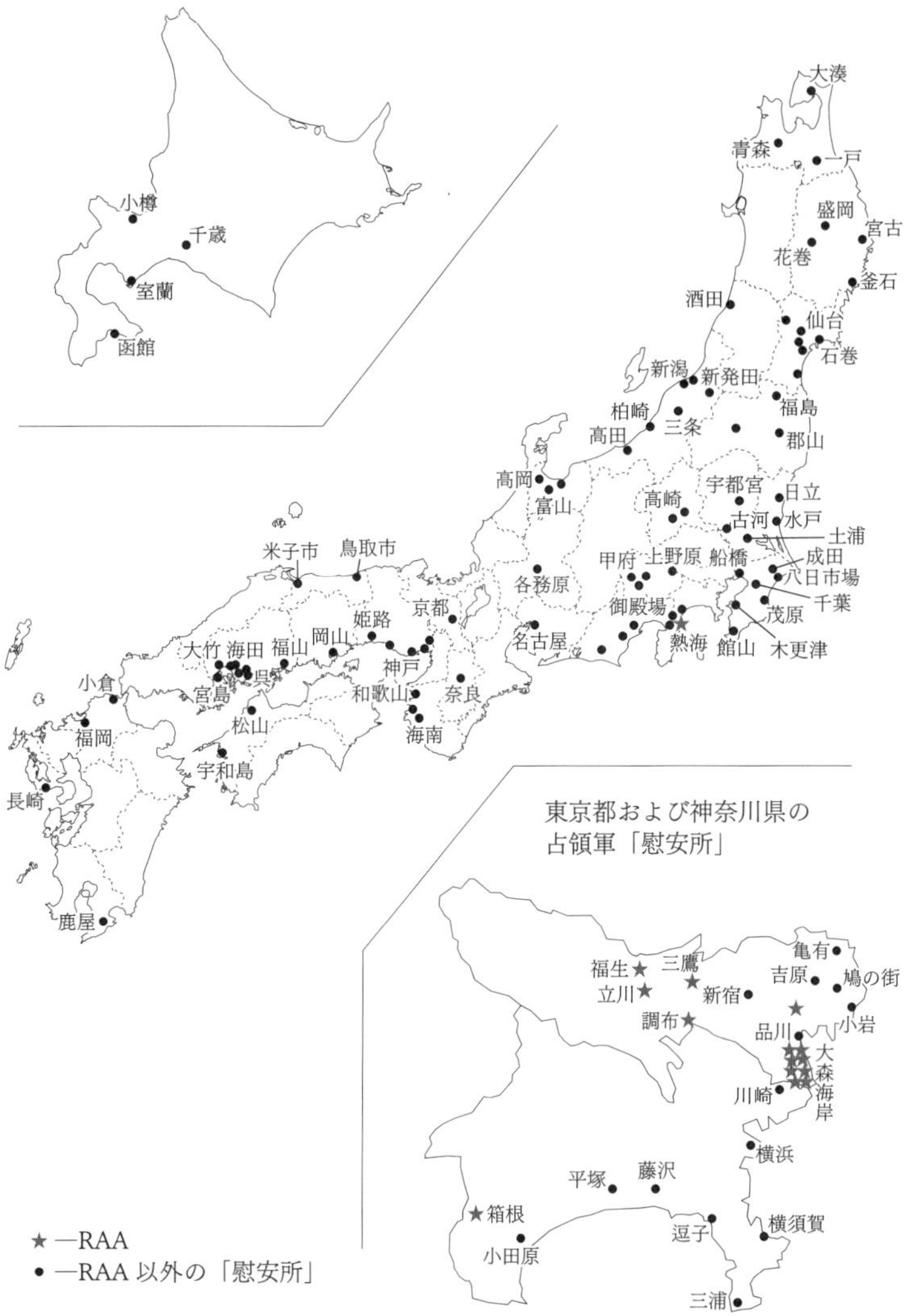

図 10　警察史と新聞で確認できる全国の占領軍「慰安所」, 1945 年 8-12 月(全国の道府県『警察史』に記述されたものより作成)

以上のように、「慰安所」は日本側がつくっただけではなく、東京都をはじめ各地で米側から求められ開設した場合があった。占領軍からの命令は絶対で、担当にあたった者は、性売買経験者（遊郭や貸座敷の女性たち）に泣きつく形で、米兵たちの相手をさせている。したがって、「慰安所」の開設・運営は、敗戦国男性と戦勝国男性による「日米合作」であったといえる。しかし、米側の「接待」要求は、米軍の先遣隊が日本の地に降り立った日（四五年八月二八日）に合わせて「慰安所」第一号（小町園）を開設したという日本政府の姿勢が呼び水となっていたのではないだろうか。

一方、町がつくった「慰安所」の閉鎖を米司令官が指令している例もある。新潟県の北部に位置する新発田《しばた》町は、日本陸軍歩兵一六連隊が置かれ、軍都新発田として軍向けの遊興・娯楽施設を多く有していた。一九四五年九月一九日、新発田町長と新発田警察署、地元の遊郭業者とで「慰安所」を開設すべく、町内全戸へ「慰安助成金」（一戸あたり平均二〇円）の出資を「寄付」の名目で割り当てた。この事実を知った新潟駐屯の米陸軍第二七師団の司令官は、新潟県知事へ、「慰安所」の取り消しと町民から集めた金銭を寄付者へ返還せよ、と命じている。(64) 個々の司令官によって、「慰安所」への対応は異なっていたことがわかる。

五、地方の「特殊慰安所」の女性たちの「声」

前著『日本占領とジェンダー』では、「特殊慰安所」に集められ、数多くの米兵の相手をさせられた女性たちが、実際にどう感じていたかを明らかにすることまではできなかった。以下は、連合軍総司令部民間諜報局の検閲記録に残っていた手紙によって知ることができた売春女性〔大阪〕の声である〔訳は筆者による〕。

ついにわたしは〔売春を〕承諾した。最初の二、三日は幸せだった。しかし、その後は悲嘆に暮れている。わたしは一〇〇〇円の前借契約に束縛され、この拷問から楽になることをはかない望みにしている。(65)

この女性が「最初の二、三日は幸せだった」と述べているのは、たとえば広島県警察部が出したような条件が実施されたからだろう。「白米は毎日四合、油、牛肉、砂糖等物資の面は充分斡旋する」(66)。しかし、その後の現実は前借金にしばられ、「拷問」のようだと訴えている。

同様に、民間諜報局は四六年九月の「定期概要報告」中に「売春」の項を設け、「一九四六年一月二一日のSCAP指令〔公娼制度廃止指令〕違反」として次のような事例を挙げている。

若い少女の秘密の告白：ここでの実際の状況はわたしが思っていたことと全く反対だ。わたしはこの家が料理屋だと聞いてここへやって来た。しかし、売春宿だった。ルニとわたしはとても残念で毎晩泣いている。この手紙をトイレで書いている。なぜなら、主人がこのことを知ったらわたしをひどく叱るからだ[67]。

占領軍が検閲という反民主的な権限を行使したお陰で、歴史の闇に埋もれてしまうところだった女性たちの声が仄聞できるのは皮肉なことである。

民間諜報局の記録には、前述の手紙に続けて、女性の募集にあたった周旋屋と売春業者の電話でのやり取りが傍受され、記録されている。以下の東京―熱海、東京、鳥取のやり取りに見るように、この記録からも、「公娼制度廃止指令」以後でさえ、依然として人身売買が広く行われていた事実の一端を知ることができる。

(i) 東京:女性が必要か?
熱海:わたしは女性を使うことができる。いくらだ?
東京:ヒラ〔売春婦〕で、五〇〇〇円から六〇〇〇円だ。この子は魅力的で歳は二七、経験者だ。彼女を送る。

(j) 東京:我々の女の子は楽な生活をしている。あなたの収入は五日間で七〇〇〇円から一〇〇〇〇円になるだろう。わたしは保証する、あなたの家族を養うことができる(売春業者から女性への誘いだと考えられる)。

(k) 鳥取:二人の上等の女の子で両方とも一九歳。手数料(紹介料)はいくら出せるか?[68]

次は、「特殊慰安所」の女性ではなくダンサーの声である。前述の「花柳病予防法特例」による定期性病検診の苦痛を述べた新聞投稿(「ダンサーの告白」)である。

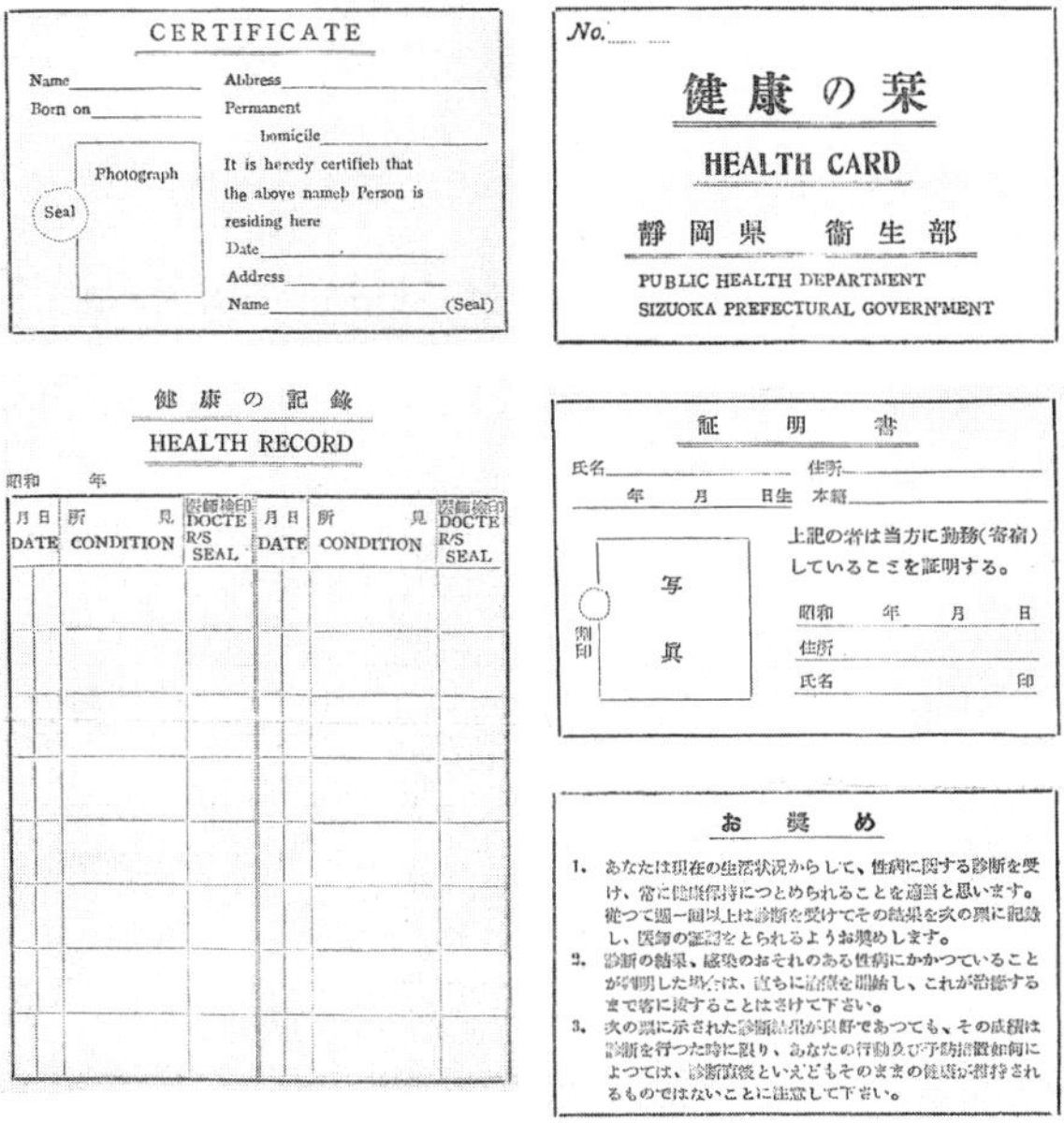
CERTIFICATE

Name____ Abbress____
Born on____ Permanent bomicile____
Photograph
Seal
It is heredy certifieb that the above nameb Person is residing here
Date____
Address____
Name____(Seal)

No.____

健康の栞

HEALTH CARD

静岡県　衛生部

PUBLIC HEALTH DEPARTMENT
SIZUOKA PREFECTURAL GOVERN'MENT

健康の記錄

HEALTH RECORD

昭和　年

月日 DATE	所見 CONDITION	医師検印 DOCTER/S SEAL	月日 DATE	所見 CONDITION	医師検印 DOCTER/S SEAL

證明書

氏名____ 住所____
年　月　日生 本籍____

上記の者は当方に勤務(寄宿)していることを証明する。

写眞
割印

昭和　年　月　日
住所
氏名　印

お奨め

1. あなたは現在の生活状況からして、性病に関する診断を受け、常に健康保持につとめられることを適当と思います。従つて週一回以上は診断を受けてその結果を次の欄に記錄し、医師の証明をとられるようお奨めします。
2. 診断の結果、感染のおそれのある性病にかかつていることが判明した場合は、直ちに治療を開始し、これが治癒するまで客に接することはさけて下さい。
3. 次の欄に示された診断結果が良好であつても、その成績は診断を行つた時に限り、あなたの行動及び予防措置如何によつては、診断直後といえどもそのままの健康が維持されるものではないことに注意して下さい。

図11　静岡県衛生部が発行した「健康の栞」(性病検診票)．米兵へも提示できるように英文もつけられている(「神崎清コレクション」)

ダンサーの生活で一番いやなのは帰りが遅いことと、昼間の生活を持て余すこと。それに検身である〔中略〕検身が純身《ママ》なダンサーをどれ程転落させたかを私は何度も目撃した、そしてわたし自身もその一人なのだ。人間は例へどんなに世間から低く見られるやうな職業でも最後の誇りは持つてゐるだ《ママ》。それを検身は残虐に踏みにじる。(『北辰タイムス』一九四七年一二月五日)

定期性病検診は全国の「赤線」や基地

の街周辺で徹底して行われた。女性たちは検診を受ける度に、持参した「カード」に性病の有無を記載された。「カード」は各県によってさまざまな様式があったと考えられる。静岡県衛生部が発行した検診カードは「健康の栞」というネーミングで、受診のたびに保健婦が押印した。英語の表記もあり、買春する米兵へ提示させられたのであろう(図11)。宮城県では図12のような「健診券」という名の「カード」が発行され、裏面には写真を貼付し、本籍地、現住所、氏名、生年月日を記すようになっている(図11・12はいずれも「神崎清コレクション」による)[69]。

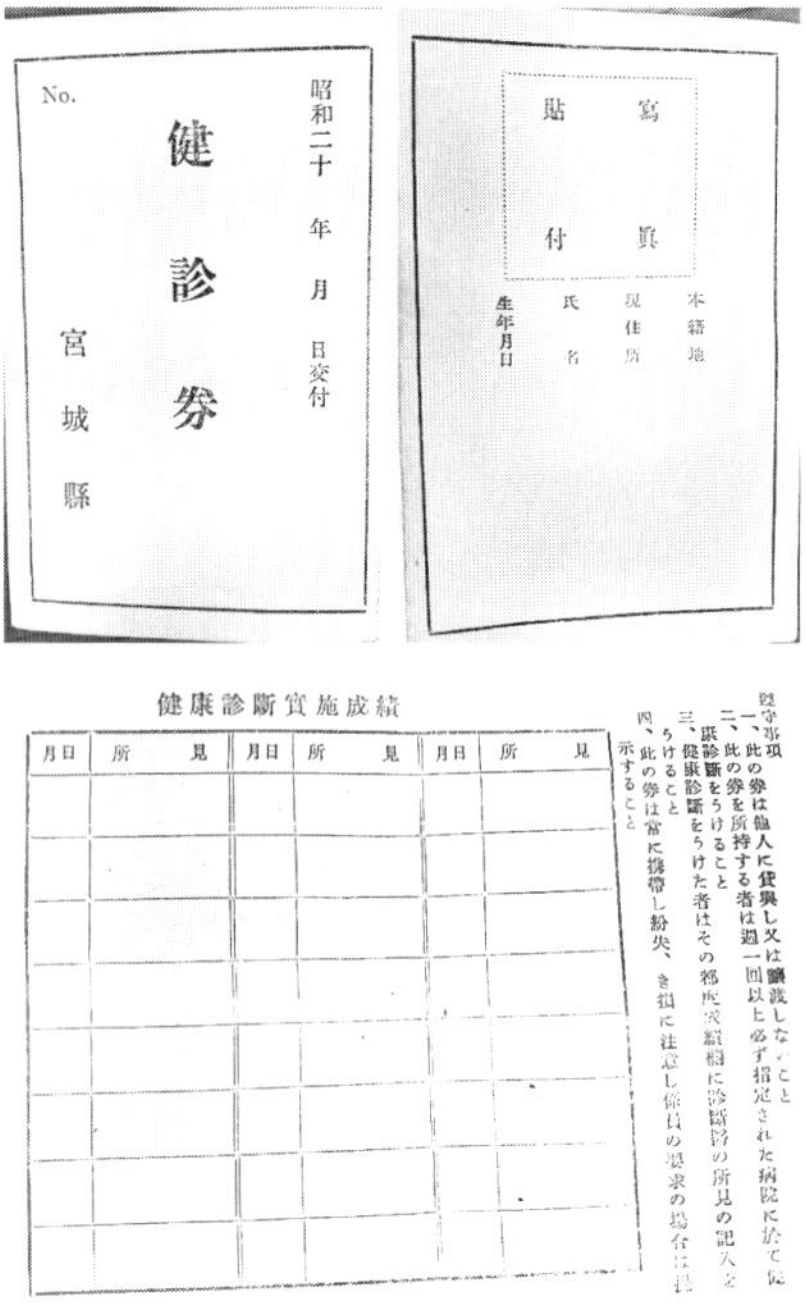

図12　宮城県性病健診券．左上が表面，右上が裏面，下が中面の検診カード（「神崎清コレクション」）

六、RAA「特殊慰安所」が占領軍兵士に与えた影響

日本政府が用意したRAAや「特殊慰安所」は、勝利者として日本に到着した若い米兵たちに、敗戦国女性を安価で購入することができるという経験をさせ、巨大な権力を持つ征服者としての感覚を

身につけさせることになった。アメリカの退役軍人へ聞き取り調査をしたミチコ・タケウチによると、「慰安所」の経験は、一〇代の、性的体験のない兵士たち——彼らはアメリカでも女性に慣れていない——に、征服した異人種の貧しい女性たちをコントロールできることを学ばせた。また、日本人女性の代表として幻想化された「マダム・バタフライの神話」——簡単で、すぐ利用でき、寛大で、男性への要求が少なくて、優しい日本人女性像——を再確認させることになった。「アーカンソーやテネシーの丘にいた男の子たち」は良い青年(nice guy)だったが、「慰安所」は彼らにパワー拡大を味わわせ、未熟な田舎の男の子は、白人の男性的な征服者(white masculine conquerors)になっていった。[70]

ＲＡＡが用意した施設の「ゲイシャ・ガール」が本当の芸者でなかろうが、ＧＩたちは気にしなかった。彼らの「ゲイシャ・ガール」への熱狂は、フェチ化されエキゾチック化された小さな「褐色」の女性への、植民者としてのアメリカ男性のファンタジーを示すものだった。ＧＩはそのような女性たちのことを〝黄色い便所〟＝“Yellow Public Restroom”と口にした。ＧＩの態度は、戦争中の人種的対立を反映しただけではなく、現地女性を〝性的に利用できる対象物〟にすぎないとみる植民地主義的なものであった。[71] ＲＡＡのダンスホールを利用した兵士たちは、ダンサーたちと一度キスをすれば「恋人同士」という理由をつけて、彼女たちをジープで外へ連れ出し、金を払わず性交をさせたうえで、キャンディやタバコを握らせた。[72] 買春とレイプが一連の連続行為となっていくのである。

占領軍第一陣が上陸した神奈川県では、警察や業者が開設した「慰安所」だけではなく、民家を利用した売春宿があちこちにできた。退役軍人の回想録などを用いて米軍の性病政策を論じたロバート・クラムは、九月、横浜に上陸した第一騎兵師団のチェンバレンが仲間三人と街へ出て、日本人の売春宿に入った時の、初の性的体験の記録を以下のように紹介している(訳は筆者による)。

わたしたちは数人のとても若くて可愛い着物を着た少女たちがいる部屋へ通された。わたしたちはママさんの指定に従って、それぞれ小さい個人部屋へ入った。部屋は畳敷きだった。前戯は何もなく、彼女たちにとってこれはまったくビジネスであった。彼女はわたしの服を脱がせて、着物を素早く脱ぎ捨てた。キスも愛撫もないまま、彼女はすでに準備ができている私のペニスを小さな手で彼女の中に導いた。彼女はあたかも楽しんでいるかのようにしながら、わたしの衝動に巧みに合わせた。わたしたちの人種的違いは、わたしの情熱で解消された。(73)

クラムは、多くの米兵が、東洋的幻想のなかで楽しく安価にセックスを得ることによって、人種差別主義者の特権を維持したまま遠く離れた家や家族を忘却し、つかの間、人種的違いを消し去ることができた、と述べている(74)。

またクラムは、米軍が日本人女性に対して行った徹底した性的管理策の意味を次のように述べている。米軍当局(PHW)が、日本人は道徳的に堕落していると考え、すべての日本人を性病感染源として無差別の「狩り込み」(indiscriminate roundups＝〝キャッチ〟とも呼ばれるMP(憲兵)と日本警察による街娼への一斉検挙)を実行したことに、その植民地主義が象徴されている。それと同時に、無差別の「狩り込み」は、日本人女性はGIのための尊敬される適切な妻にはなりえないことを表す公開展示場でもあった。[75]

スーザン・L・カラザース[76]によれば、戦勝国と敗戦国の「親交＝フラタニゼーション」(fraternization)は、戦勝国兵士の地元女性への性的アクセスに象徴されるという。兵士たちは旺盛な異性愛の発露こそ軍人に不可欠なものだ、と軍政学校で吹きこまれていたし、セックスが勝利をおさめた軍への当然の報酬だと思い込み、「ゲイシャ・ハウス」を盛んに利用した。第八軍司令官のアイケルバーガー中将自身も、家事労働者(ハウス・メイド。性的対象にされることも多かった)を将校や下士官が選別する際に、魅力的な日本人女性は「人形」のように「収集可能」な貴重品だという偏見を共有している。[77]このような性的アクセスの経験は、兵士たちに征服者としての特権意識や、女性をモノ扱いする態度、アジアの女性に対して向けられるジェンダー化された人種偏見をつくりだした。[78]

七、「フラタニゼーション」＝「親密な交際」

(1)「良き占領」の妨害となる「フラタニゼーション」

ドイツ占領の場合と違って、日本占領にあたって、マッカーサーは米兵と日本人女性との「フラタニゼーション」(「交歓」と訳されるが、ここでは「親密な交際」とする)を禁止しない方針をとった。[79]しかし、米兵とパンパンたちの街頭での大っぴらな行動は、GHQによる「良き占領」というイメージづくりの妨害ともなった。

占領を首尾よく遂行するため、ＧＨＱが世界に例のないほどの徹底した検閲を日本全土で行ったことはよく知られている。前掲の民間諜報局は、新聞、雑誌等を検閲にかけるときのキーログとして「フラタニゼーション」の語を用い、米兵と日本人女性の親密な交際の描写は、検閲者から厳しいチェックを受けた(80)。また、フラタニゼーションに対する日本人の心情を知るために、毎月作成する「定期概要報告」(以下、「概要報告」)のなかに「フラタニゼーション」の項目を設け、これを占領に重要な影響を与えるものとして、常に強い関心を寄せている。

この米兵と日本の女性のフラタニゼーションは、当然、占領 - 被占領、戦勝国 - 敗戦国という権力の非対称性や、西洋 - 非西洋、文明 - 野蛮・封建制という文化的オリエンタリズム、人種差別、そしてジェンダーが交差する磁場となった。以下、「概要報告」に現れたこれらの様相を見ていこう。

一九四六年一一月三〇日の「概要報告」には、「女性は米兵にあこがれる」(Women Adore American Soldiers)というタイトルが付けられている。「電話を傍受した連合軍兵士への嫌悪を表すコメントの全体数のうち、フラタニゼーションを理由とすると考えられるものが八三件ある」とし、以下を典型的な例として挙げている(81)。

佐賀：われわれ日本人が憎むべき占領軍にあまりに服従的であるのを見るのは本当に遺憾だ。特に、日本の少女たちが米兵にあこがれる姿を目撃せねばならないときは。

このような被占領国民からの不評を考慮して、一九四六年三月二二日、アイケルバーガー中将は、駐日米軍兵に対して「公然の愛情表現」を行うことを禁止する指令を公表した。「公然の愛情表現」とは、「腕を組んで街を闊歩し、公衆の面前で愛情を表現し、それに類似の行為をすること」とされ、禁止の理由に愛情表現が国民の不評を買っていることを挙げ、「最近までわれわれの敵であり、かつ民衆がこの種の行為に慣れない日本の場合然りである」と述べている。以後、違反者はＭＰによって拘置所に拘引されることになった。[82] この時期、従軍牧師の通報により米軍兵士が「ゲイシャ・ガール」とダンスに興じ売春宿を利用しているさまが米本国でも批判を浴び、第八軍が三月一八日、ＲＡＡの性的「慰安所」へのオフリミッツを指令したことは前述した。ＲＡＡ「慰安所」閉鎖の直接の理由は性病の蔓延によるものであるが、日本人女性と米兵のフラタニゼーションが、日米の社会的批判を浴び、「良き占領」の妨げになると判断されたという面も大きかったと考えられる。[83]

しかし、ＲＡＡや地方の「慰安所」閉鎖はフラタニゼーションを「慰安所」から街頭や基地周辺に押し出した。パンパンと呼ばれる女性たちが大量に発生し、冷戦が進行するとともに米軍基地周辺に彼女たちが集住し、被占領国の国民の屈辱感を逆なでするものとなった。

四八年一〇月の「概要報告」では、「フラタニゼーションはみっともない、公衆道徳に有害であると宣言せよ」とのタイトルが付けられている。地方におけるフラタニゼーションに対し、モラルと人種的な土壌から占領軍を敵視する一般の日本人女性のものが占領軍批判の三分の一以上あり、より若い世代に不健全で風紀の低下を及ぼしている、という旨が報告されている。例として、神奈川県の主婦が、「家の前で街娼とGIが戯れているのを子どもから隠すことが出来ない」と、不平を言っていることを挙げている。別の「怒っている母」は、そのような光景が礼儀正しい女性(decent women)や少女の目の前で展開されることが嘆かわしい、と語っている。そして検閲で開封した手紙五例を挙げて、日本の女性たちは、パンパンの出現によって、夜道を一人で歩くことも、外国兵をちらっと見ただけでも(パンパンと間違えられて)危険だ、と考えていることが報告されている。[84] 一般女性たち、とりわけ年配者や母親たちにとってパンパンたちは、自分たちとは違う恥ずべき存在であり、彼女たちと間違われることを危惧しているのである。

占領三年目を迎えると、フラタニゼーションは風俗問題だけでなく、日本人にとって「敗北を思い出させるもの」(長崎県の女子高の教員がモラルの低下を嘆く電話)、「敗北の避けられない結果」という認識がされていたことがうかがえる。[85] 同時に、フラタニゼーションに対する、特に年配者の危惧の実例が列挙されている。また、娘がキャバレーのダンサーとして働き始めた親はこれに繰り返し反対し、娘を通して知る米軍の豊かさは「我々の困窮と比べて米軍兵士の給料は宝のようだ」と述べている。その他のフラタニゼーションへの反対意見では、人種の混合(「混血児」の増加)を理由とする者もある。[86]

四八年九月の「概要報告」では、「二年間の占領に対する日本人の意識調査」の結果が記され、占領軍への支持の代表は、「紳士的で寛大な米兵に感銘を受けた」というものである。不支持の代表は、「アメリカ人との男女交際が遺憾」というもので、占領軍への否定的なコメントの四分の一がフラタニゼーションによるものであると報告されている。[87] このフラタニゼーションを最も敏感にとらえた復員兵の反応は、第六章でみることにする。

（２）〝エキゾチックな魅力〟

敗戦は、日本人女性にとって別の意味を持っていた。二〇〇三年のアメリカによるイラク占領を報じるテレビニュースに接したある女性は、敗戦直後ＧＨＱの庁舎となった第一生命ビルの前で見かけた米兵のことを思い出し、「不謹慎にも、「カッコイイ」と低くつぶやいて、自分に驚いておりました」[88] と回想している。敗戦は、日本人女性にとってそれまで自分たちが知らなかった新しい男性に出会う機会でもあった。

前掲の民間諜報局の「概要報告」には毎回「占領軍への称賛」と「占領軍への批判」の報告が設けられ、前者に関しては、占領軍が親切であるとか、民主的であるとかの報告が多くの事例とともに記載されている。よく知られているのは、女性に対する態度——電車の中で日本人男性は座ったままでいるのに、占領軍兵士が女性に席を譲ったのを見て人々が驚いた[89]——などというエピソードである。

中国・四国地方を占領した英連邦占領軍(British Commonwealth Occupation Force＝ＢＣＯＦ《ビーコフ》)では、Ｊ・ノースコット総司令官がノン・フラタニゼーション政策を「個人的指令」として出していたが、兵士たちはＭＰの目を盗んでさかんに日本人女性と付き合った。ＢＣＯＦの兵士と日本人女性の親密な交際に関して、千田武志は次のようなオーストラリアの雑誌記事を紹介している。日本人女性は、「男性を楽しませるために一生を捧げるようしつけられて」おり、「日本人女性と親しくなったオーストラリア兵は、まるで一人息子にたいし、母親が絶えず世話をするように丁寧に衣服の面倒をみてもらっている」。日本人女性のほうは、「女性を丁寧に扱い、女性であることに敬意を払い、彼女たちの人格に対し興味を示し、お金を使」う男性は、「とても新しい存在」で、それまでのような「黙従する代わりに意味ある人生、冒険があらわれた」という記事である。(90)

また、占領地・日本で「出会った」男女たちの間にみられる、相互のジェンダー観を見ておきたい。セオドア・コーエンは、「男性と女性は、互いに相手のなかにエキゾチックな魅力を見いだした」として、「日本女性はアメリカ人が彼女らを扱う敬意と優しさに驚かされた」という。一方、「アメリカ人は日本女性のしとやかさと優しさに同じくらい驚かされた。それは男女平等を目指すアメリカ人女性の自己主張の強さとは対照的に、男性にはうれしいことだった(91)」とアメリカ人男性の率直なジェンダー観を吐露している。(92)異文化の下にあった男女はそれぞれのジェンダー観を背負って「出会う」のである。

先にあげたスーザン・L・カラザースは、海兵隊のハロルド・ノーブル大佐が『日本統治に必要なもの *What It Takes to Rule Japan*』(一九四六年)のなかで、日本人女性の「おかしな服装や奇妙な言葉」、「ずんぐりした体形」は米兵に「祖国を恋しくさせるだろう」と不躾に長々と書いていることを紹介する。しかし彼は続けて、「彼女の的確なユーモア、思慮深さ、そして、男性の暮らしを楽しく快適なものにしようとする真摯な努力は、GIに感銘を与えるはずだ」、「アメリカ人女性とは違って、日本の女性は「この世界は男のもので、そこにおける女性の役割は男を幸せにすることだと信じるように育てられている」と書き、「このソフトな女らしさは、日本を統治するというつまらない仕事を、途方もなく魅力的なものにする」と述べている。[93] 占領統治とジェンダーが密接に関係していることがよくわかる。

八、「女の特攻」から交渉する「パンパン」へ

RAAの小町園の「慰安婦」であった「メアリー」と名乗る女性は、小町園の閉鎖後に立川へ移動し、パンパンとなった。小町園に比べると「パンパンは、体はラクだし、天国みたいだわ」と風俗写真家の広岡敬一に語っている。[94] RAAはかき集めた女性たちを「特別挺身隊」と呼び、警察は地方の「特殊慰安所」の女性たちを「女の特攻」と称した。前述のように、横須賀に最初に設置された「慰安所」＝「安浦ハウス」(図9)に投入した娼妓たちを前に、山本圀士横須賀署長は「ここに上陸してくる米兵の気持ちを皆さんの力でや、わ、ら、げていただきたいのです」と涙ながらに懇願した。[95]「慰安所」開設当初、押し寄せる占領軍兵士たちに対して圧倒的に少ない「慰安婦」たちは、極めて過酷な「労働」を強いられた。それは戦前の公娼時代の玉割り《ぎょくわ》(業者と女性の間での報酬の歩合)よりは幾分取り分が多くなった(四分六分から五分五分へ)とはいえ、「労働」というより、集団レイプに近かったというべきだろう。小町園に投入された女性たちは少人数で、戦闘を体験した大量の兵士を相手にし、自殺者も

出している。占領軍の進駐の先々に開設された地方の「特殊慰安所」でも、元娼妓たちが急遽集められ、少人数で大量の兵士の相手をさせられている。静岡県の場合、進駐第一陣を迎えた御殿場では、元日本軍相手の「慰安婦」九人が一日に二〇人から二五人を相手にし、業者は女性たちに、「フノリ(布海苔)」を使わせている(膣を保護させようとしたのだと考えられる[96])。

敗戦直後の「慰安所」の「女の特攻」たちに比べれば、街頭や基地周辺に集まった一九五〇年代のパンパンたちは、幾分か自分の意思で能動性を発揮できる環境下にあった。不特定多数を相手とするパンパンたちは「バタフライ」と称され、「直引き《じかび》」(自分で米兵をひっぱってくる)の場合はリスクが高く、業者やポン引きを介すと搾取率が高くなるため、特定の一人の米兵を相手とするオンリー・ワンになることは彼女らの戦略でもあった。「オンリー」(キャンプ・博多付近やBCOFが駐留した呉では「キープ(keep)」と呼ばれた)を「囲って」おける兵士は、肩章に三本線がある(スタッフ・サージェントStaff Sergeant＝軍曹)以上の階級であると言われたが[97]、占領中期には種々の手当もカットされ、ドルの価値も低下していた。立川には、一九四八年頃から北九州、呉、名古屋、北海道方面から駐留兵とともにオンリーが流れ込み、パンパンの数は三〇〇〇人に膨れ上がった。オンリーは米兵から一か月の生活費を支給されるが、それ以外に基地内のアルバイトとしてハウスメイド、ウエイトレスなどとして働いた。立川に住み、五年間かけて二〇〇〇人近いパンパンたちにインタビューをした西田稔はこれを米兵とオンリーの「夫婦共稼ぎ[98]」と表現する。彼女らの中には「夫」が他の基地に出張する間、別の兵士を相手に稼ぐ者もあった。

一九五〇年代、全国の赤線や基地周辺の集娼地区を調査した神崎清は、立川基地の軍属の「夫」の俸給を全部取り上げ、その中から彼に月々の小遣いを支給し、前夫の子どもの送迎をさせるあるオンリーの姿を「まけていない女――タチカワ」と見出しを立てて、『決定版・神崎レポート　売春』に書いている。彼女は何度か米兵にレイプされた経験を持つ。そのたびに「アメリカの兵隊にタダあそびをされて、どうして日本の女が食っていけるか」と、基地司令部へ乗り込んでいる。神崎は、これほど「アメリカの男をひきまわしている女に出会ったことはなかった」と評している。[99]

博多の新柳町遊郭の近くで育ち、戦後、赤線地区となった同地に住む渡邉弘子さん(一九三八年生)は、隣接する天神、中洲に蝟集《いしゅう》するパンパンたちが定期検診に訪れる性病病院前に、彼女らを送って来た米兵のジープが数珠つなぎに並んで、何時間でも待機している様を見てきた。彼女らは「アメリカ兵を今でいうアッシーに使って、どっちが敗戦国か？と思ったものだ」と語る。[100] パンパンたちが強者である占領軍相手に発揮した主体的営為に関しては、第四章の熱海の「赤線」における事例と、第五章の朝霞のキャンプ・ドレイクにおける事例からより具体的にみる。

しかし、占領-被占領、西洋-非西洋という非対称な構造は、強制的に日本人女性の側が性病検診を受けさせられるという構造的暴力[101]と同様に、個人の男女関係にも貫かれていた。立川の米兵たちは、パンパンのことを彼らの隠語で「黄色い便器(Yellow Stool)」といい、買春行為を「黄色い便器に排泄にいく」と表現し、パンパンと腕を組んで歩くことを「足のみじかい便器をひきずってあるく」といっていた。[102] 日本軍兵士たちが「慰安婦」たちを「共同便所」と称していたのと重なる「便器」という表現に加え、「黄色」ではさらに人種差別が加わることになる。第八軍のMPであり、巣鴨にあった営倉（刑務所）の看守として一八か月間日本で過ごした米兵（ドン・スヴォボダ）は、刑務所で飼っていた犬にパンパンという名前を付けていたと語っている。(103)

まとめ

敗戦直後、日本政府がRAAをはじめ占領軍「慰安所」を設置した理由には、「性の防波堤を築き良家の子女を守る」という理由だけではなく、家父長制的な国家体制の維持（「国体護持」）という究極の目的のために、占領軍との良好な関係をつくるという意図が隠されている。

当初、兵士には性的「慰安」が必要だと考え、RAAや「特殊慰安所」を利用していた米軍は、「慰安所」の存在が、大戦後の世界の指導者としての自画像を抱くアメリカにとって有害であることに二、三か月後には気がついた。占領政策によって「民主化された日本」を強調し、本国にも他の連合国にも、アメリカの占領の正統性を維持しようとした占領軍にとって、日本製の売春施設の利用と監督は、それを脅かし始めた。「良き占領」のイメージを傷つける兵士の性病罹患率の上昇も占領軍にとって常に頭の痛い問題であった。ハワイ大学のコイカリが指摘するように、兵士の性病感染は性モラルと自己管理が可能なはずの「アメリカのマスキュリニティ」が揺らぐことを意味し、パンパンの出現は占領の成功を揺るがす存在でもあった。したがって、「性的混乱」と「健康破壊」の元凶として、売春女性たちを敵視し、「狩り込み」を繰り返したのである。[104]

占領軍を迎えるにあたって、日本政府はＲＡＡや占領軍「慰安所」をつくり、さらに占領軍の要求に応えて、占領軍兵士へ「安全な買春」を提供するために自国女性たちの性を管理した。「危険な売春」を行う街娼の「狩り込み」を日本警察は、ＭＰに付きしたがって実施した。この性管理に法的根拠を与える性病予防法(一九四八年)も制定された。性をめぐる両国の協働には、日本の自発的自己従属性とアメリカの新植民地主義が隠されている。それは、占領期を原点とし、現在にまで続く長い両国の関係性の始まりであった。

(1)　一九九六年一一月二六日の参議院決算委員会での吉川春子の質問および山本博一警察庁長官官房総務審議官の答弁は以下、第一三八回国会参議院決算委員会閉会後会議録第三号、三〇―三三頁。吉川自身による政府の公文書管理に対する批判は、吉川春子『日本人「慰安婦」を忘れない』(かもがわ出版、二〇二三年)一二一―一三二頁を参照されたい。

(2)　「米兵ノ不法行為対策資料ニ関スル件」(保外発第四六号)昭和二〇年九月四日、内務省保安課局長(国立公文書館アジア歴史資料センター A06030039200 一四―二九頁)。

(3)　東久邇宮内閣の大蔵大臣の秘書であった宮澤喜一は、「閣議でいちばん初めに決めたことは、慰安所っていうんですかね。そういう女性たちのクラブみたいなものを、大森海岸に作ったんだと思いました」と、次の二冊で語っている。『終戦六〇年企画　あの日――昭和二〇年の記憶』ＮＨＫ出版、二〇〇五年、二二五頁。御厨貴・中村隆英編『聞き書　宮澤喜一回顧録』岩波書店、二〇〇五年、七二頁。

(4)　大霞会編『続内務省外史』財団法人地方財務協会、一九八七年、三〇九―三一〇頁。

(5)　「特命慰安婦始末記」『りべらる』一九五二年一一月号、四六頁。

(6) ドウス昌代『敗者の贈物――特殊慰安施設RAAをめぐる占領史の側面』講談社文庫、一九九五年、三二頁。初版は『敗者の贈物――国策慰安婦をめぐる占領下秘史』講談社、一九七九年。
(7) 続けて大森海岸には九軒の「慰安所」が開設され、設けられたプロ・ステーション(消毒所)の利用回数は、第八軍衛生隊報告(九月三〇日調べ)によると、一週平均七千余人である。事後の洗浄をしない兵士も多いので実数はさらに多い(前掲、ドウス『敗者の贈物』九六―九七、一二六―一三七頁)。
(8) 同前、七二頁。
(9) 同前、一二六頁。RAA理事の渡辺正次の甥・渡辺保男さん(一九二六年生)は、RAAの月島倉庫に旧日本軍のサックが大量に保管されていたのを見て驚いたと語った(二〇〇五年二月一一日聞き取り)。
(10) 内務官僚としての坂信弥の来歴と日本軍「慰安所」、占領軍「慰安所」との関係については、以下を参照されたい。藤目ゆき「坂信弥――鹿屋に占領軍「慰安」施設の原型をつくった内務官僚」『アジア現代女性史』第一二号、二〇一八年、六〇―六八頁。
(11) 前掲、ドウス『敗者の贈物』二二―二七頁。
(12) 坂信弥が亀戸の「イド」組合を指導して、「パレス」を作ったことは、「〝キャバレー小岩・鳩の街・吉原〟」(『スバル』一九四八年七月一日号、万国新報社、二五頁)で書かれている。
(13) 粟屋憲太郎・川島高峰編集・解説『敗戦時全国治安情報』第一巻、日本図書センター、一九九四年、一一二―一一七頁。
(14) 戦争中各地の鉱山や軍需工場へ強制動員していた中国人労働者を想起していると考えられる。事実、山形県の酒田市では、港湾労働者として強制労働させていた三三八人の中国人・朝鮮人が強姦を含む暴力行為を市内で頻発させたため警察が「労務者用慰安所」を開設した。平井和子『日本占領とジェンダー――米軍・売買春と日本女性たち』有志舎、二〇一四年、三九頁。
(15) 前掲、ドウス『敗者の贈物』七〇―七一頁。
(16) たとえば、糸井しげ子「小町園の悪夢　日本ムスメの防波堤――小町園へ集合した昭和の唐人お吉たち」『りべらる』一九五二年一一月号、三〇―三五頁。糸井しげ子は小町園の女中をしていた女性として記述されている。

(17) 猪野健治編『東京闇市興亡史』双葉社、一九九九年、二三七頁(初版は、一九七八年、草風社)。
(18)「『占領と性』の〝防人たち〟はいま……」『サンデー毎日』一九七四年九月一日、三四頁。
(19) 大竹豊後の記憶による。「肉体の防波堤――昭和の唐人お吉」『ダイヤモンド』一九五二年五月号、六八頁。
(20) 坂口勇造編『R・A・A協会沿革誌』一九四九年、三頁(『性暴力問題資料集成』第一巻、不二出版、二〇〇四年、三〇三頁)。
(21) 前掲、大竹「肉体の防波堤」六九頁。
(22) 竹前栄治『GHQ』岩波新書、一九八三年、三七頁。
(23) 鏑木清一「序にかえて」田中貴美子『女の防波堤』第二書房、一九五七年、三頁。著者の田中貴美子はRAAの「小町園」で働いた女性の手記という形で出版されたが、男性のゴーストライターが執筆したとみられるため、歴史資料としては参照しない。ただし「序」を書いた鏑木はRAA発足から一年間、情報課長として内部事情を熟知しているとみられるので、参考にした。
(24) 前掲、坂口編『R・A・A協会沿革誌』二三―三一頁。
(25) 前掲、鏑木「序にかえて」二頁。
(26) 前掲、平井『日本占領とジェンダー』では、RAAの募集広告が及んだ範囲を、青森から中部地方までとしたが(三三頁)、新たに『北海道新聞』(一九四五年一〇月二六日)および『大分合同新聞』(一〇月二二日)にも出されていることがわかった。
(27) 森本正一編『赤線地区とは何か――縦横から見た問題の実態』更生新聞社、一九五二年(『性暴力問題資料集成』第三巻、不二出版、二〇〇四年、一六一―一六二頁)。
(28) RG38/Entry A1-136/Box 1048『日本占領期　性売買関係GHQ資料』。
(29) 神戸映画資料館、衣川太一氏提供。
(30) ノースウエスタン大学博士課程、斎藤葵氏提供。
(31)「戦後売春史」29『内外タイムス』一九六一年三月一二日。
(32)「日本における公娼廃止に関する連合国軍最高司令部覚書」『日本婦人問題資料集成　第一巻』ドメス出版、一九七八年、五四八頁。
(33) 前掲、鏑木「序にかえて」二頁。
(34) 奥田暁子「GHQの性政策——性病管理か禁欲政策か」恵泉女学園大学平和文化研究所編『占領と性——政策・実態・表象』インパクト出版会、二〇〇七年、二六頁。林博史「アメリカ軍の性対策の歴史——一九五〇年代まで」『女性・戦争・人権』第七号、二〇〇五年、一〇四頁。
(35) プッチーニ作曲、劇作家デーヴィット・ベラスコの戯曲を基にしたオペラ『蝶々夫人』(一九〇四年アメリカで初演)。明治中期の長崎を舞台に、没落藩士の娘で芸者・お菊が米海軍士官ピンカートンの「現地妻」となり、帰国後も「夫」を信じて帰りを待ち続け、自己犠牲を厭わない日本人女性像の典型として流布されることとなった。
(36) Takeuchi, Michiko, ""Pan-Pan Girls" Performing and Resisting Neocolonialism(s) in the Pacific Theater: U. S. Military Prostitution in Occupied Japan, 1945–1952," in Maria Höhn and Seungsook Moon (eds.), *Over There: Living with the U. S. Military Empire from World War Two to the Present*, Duke University Press, 2010, pp. 89–90.
(37) セオドア・コーエン/大前正臣訳『日本占領革命 GHQからの証言』上、TBSブリタニカ、一九八三年、一九九頁。
(38) 前掲、ドウス『敗者の贈物』一六四頁。ドウスによると、原田源之助は、RAAに資金を融資した日本勧業銀行の西田太郎の甥で、西田の人脈から、RAAを指導した元警視総監・坂信弥がここにも関与していたという。一六五頁。
(39) 前掲、コーエン『日本占領革命』二〇〇頁。マーク・ゲイン/井本威夫訳『ニッポン日記』上、筑摩書房、一九五一年、一八五—一八八頁。
(40) 前掲、ゲイン『ニッポン日記』一九四六年五月一〇日、一八六—一八八頁。
(41) *Newsweek*, November 1946, p. 22.
(42) 細川護貞『情報天皇に達せず』下巻、一九五三年八月二十六日頃、同光社磯部書房、一九五三年、四三〇頁。
(43) 『神奈川県警察史』下巻、一九七四年、二二頁。
(44) 粟屋憲太郎・中園裕編『敗戦前後の社会情勢』第七巻「進駐軍の不法行為」現代史料出版、一九九九年、五四頁。

(45)「神奈川県に於ける聯合軍兵士関係の事故防止対策　神奈川県警察部」粟屋憲太郎編『資料　日本現代史2』大月書店、一九八〇年、三一〇―三一五頁。
(46) 山本圀士「終戦前後の思い出」『横須賀警察署史』一九七七年、三六七頁。
(47)『神奈川県警察史』下巻、三四八頁。
(48) 同前、三五五頁。
(49) 同前、三四九頁。
(50) 同前、三四七頁。
(51) 同前、三五四頁。
(52) 前掲、『敗戦時全国治安情報』第二巻、二〇二頁。
(53) 川元祥一『開港慰安婦と被差別部落――戦後RAA慰安婦への軌跡』三一書房、一九九七年。
(54) 前掲、『神奈川県警察史』下巻、三五七頁。
(55) 同前、三五二頁。
(56) 前掲、『敗戦時全国治安情報』第六巻、一二二―一二三頁。
(57) 座談会「終戦直後の苦心」『朝日新聞』一九五五年八月一五日。与謝野光「敗戦秘話・「占領軍慰安」備忘録」『新潮45』九巻五号、一九九〇年。
(58) 住本利男編『占領秘録』毎日新聞社、一九五二年、六七頁。この時、米側から治療薬として大量のペニシリンなどが貸与された。その代償として米側から、女性から治療費を取ってはならない、無償でやるように、と命令されている。
(59) 磯村英一『終戦五十年の秘話』明石書店、一九九五年、五一―五二頁。
(60)「日隈真雄書簡」『熊本県警察史』第三巻、一九八六年、一九―二〇頁。
(61)『小倉六十三年小史』一九六三年、一一二頁。福岡県女性史編纂委員会『光をかざす女たち』一九九三年、二七六頁。
(62)『愛媛県警察史』第二巻、一九七八年、五六三―五六四頁。

(63) 前掲、平井『日本占領とジェンダー』、五〇頁。
(64) 『新潟日報』一九四五年、一〇月一七日。新潟女性史クラブ『光と陰』第六号、二〇〇五年、四七—四八頁。
(65) 川島高峰監修・解説『占領軍治安・諜報月報』第三巻、一九四七年一月一日、現代史料出版、二〇〇三年、一四頁。
(66) 『新編　広島県警察史』一九五四年、八九二頁。
(67) 前掲、『占領軍治安・諜報月報』第一巻、一九四六年九月一五日、一二三頁。
(68) 前掲、『占領軍治安・諜報月報』第三巻、一九四七年一月一日、一四頁。
(69) なお、図11、図12を所蔵する「神崎清コレクション」は、神崎清の蔵書とともに遺族から横浜国立大学に寄贈されたもので、神崎の蔵書は横浜国立大学中央図書館に「神崎文庫」として保管されているが、その他の神崎が収集した資料群については、現在(二〇二三年四月)、加藤千香子名誉教授のもとで整理が進められている。
(70) Takeuchi, *op. cit.*, pp. 89–90.
(71) Ibid., p. 100
(72) 神崎清『決定版・神崎レポート　売春』現代史出版会、一九七四年、一四一—一四二頁。
(73) Kramm, Robert, *Sanitized Sex: Regulating Prostitution, Venereal Disease, and Intimacy in Occupied Japan, 1945–1952*, University of California Press, 2017, pp. 1–2.
(74) Ibid.
(75) Ibid.
(76) スーザン・L・カラザースはアメリカにおいて「良き占領」という国民的記憶がいつごろからどのように形成されてきたのかを、占領軍高官から将校、兵卒にいたる全階級のエゴドキュメント(日記や手紙など)を駆使して、『良い占領?——第二次大戦後の日独で米兵は何をしたか』(小滝陽訳、人文書院、二〇一九年)を書いた。
(77) 同前、二〇六頁。
(78) 小滝陽「訳者解説」、同前、四五一頁。
(79) 日本「本土」と異なり、ドイツと沖縄では親交禁止令が出された。ドイツの場合は、ナチズムを念頭に、政治的、道徳的、イデオロギー的理由があったが、沖縄の場合は、多くの軍高官に沖縄の人々に対する侮蔑があり、占領軍兵士の安全を確保することと同時に、沖縄の人々を心服させる狙いがあったことを、スーザン・L・カラザースは『良い占領?』で述べている。一九〇頁。
(80) 山本武利『GHQの検閲・諜報・宣伝工作』岩波書店、二〇一三年、一八三頁。
(81) 前掲、『占領軍治安・諜報月報』第二巻、一九四六年一一月三〇日、一三〇頁。
(82) 『朝日新聞』一九四六年三月二四日。
(83) この点に関して、ミチコ・タケウチも、「米陸軍省は日本国内の「慰安所」に関する大量の出版物に対して米国の女性の家族や従軍牧師の不満に素早く応じた」とし、「米占領軍による「慰安所」の廃止は、〝日本人女性の自由化〟という決まり文句として強調された」と位置づけている。Takeuchi, *op. cit.*, p. 94.
(84) 前掲『占領軍治安・諜報月報』第一〇巻、一九四八年一〇月一五日、四一―四二頁。
(85) 同前、一九四八年一一月一五日、一九三頁。
(86) 同前、一九四八年一二月一五日、四〇一頁。
(87) 前掲『占領軍治安・諜報月報』第九巻、一九四八年九月一五日、三五六頁。
(88) 柳沢茂子「終戦の日の私」『朝日新聞』「ひととき」二〇〇三年四月二二日。
(89) 前掲、『占領軍治安・諜報月報』第一〇巻、一九四八年一一月一五日、一九三頁
(90) "Admission of Japanese Wives of Australian Servicemen, part 1," *The Sunday Sun Magazine*, 1952. 2. 11(千田武志『英連邦軍の日本進駐と展開』御茶の水書房、一九九七年、四三三頁)。
(91) 前掲、コーエン『日本占領革命』一九七頁。
(92) 前掲、コーエン『日本占領革命』一九七頁。コーエン自身も日本女性と付き合い結婚し、占領終了後も日本に在住した。
(93) 前掲、カラザース『良い占領?』二一〇―二一一頁。
(94) 広岡敬一『戦後性風俗大系　わが女神たち』朝日出版社、二〇〇〇年、二六頁。メアリーは、敗戦の一年前に結婚したが、蒲田の婚家は空襲で焼失し、夫が戦地から帰らない中、身体が不自由な義母と義妹を抱え、特殊慰安施

設協会に応募し、「死ぬよりましだと考えて」、三〇人の女性たちと一緒に即席の性教育を受け、トラックで小町園に運ばれた。相手にした最高記録は一日五五人。

(95) 前掲、『神奈川県警察史』下巻、三四七頁。

(96) 前掲、平井『日本占領とジェンダー』四四頁。

(97) 一階級上がるごとに給料が一〇ドルずつ増加する。前掲、神崎『決定版・神崎レポート　売春』二〇一頁。

(98) 西田稔『基地の女』河出書房、一九五三年、一二五頁。

(99) 「まけていない女──タチカワ」は初出が一九五三年八月、掲載誌は不明。茶園敏美は、神崎清が、米兵をあごで使う女を称賛し、米兵から「黄色い便器」と呼ばれているパンパンたちを貶める言説の基には、外国人へ自分のセクシュアリティを売ることを自分で決める日本人女性たちを反省させ、彼女らのセクシュアリティを支配したいという神崎の欲望があることを読みとっている。茶園敏美『パンパンとは誰なのか──キャッチという占領期の性暴力とGIとの親密性』インパクト出版会、二〇一四年、六六─六七頁。

(100) VAWW RAC(「戦争と女性への暴力」リサーチ・アクションセンター)の日本人「慰安婦」プロジェクトチームによる九州調査での聞き取り。二〇一五年三月一五日。

(101) 定期性病検診を受ける場合、受診料は女性たち自身が支払ったようである。御殿場の場合、一人七〇円となっている。「従業婦健康診断実施について協力方御依頼について」(静岡県御殿場保健所から御殿場町長宛て、一九五二年五月六日)『米軍関係従業婦綴』。

(102) 前掲、神崎『決定版・神崎レポート　売春』一九六頁。

(103) テレーズ・スヴォボダ/奥田暁子訳『占領期の日本──ある米軍憲兵隊員の証言』ひろしま女性学研究所、二〇一一年、五二頁。

(104) Koikari, Mire, *Pedagogy of Democracy: Feminism and the Cold War in the U. S. Occupation of Japan*, Temple University Press, 2008, p. 166.

第二章 守るべき女性、差し出されるべき女性
――「満州引揚げ」と性売買女性たち

はじめに

敗戦による海外引揚者は六六〇万人に及ぶといわれているが、そのうち民間人は三四一万人とされる。海外引揚げのうち最も多くの犠牲者を出したのは、ソ連軍の侵攻を受けた満洲(約二四万五〇〇〇人)で、次いで北朝鮮(約二万六〇〇〇人)と、千島・樺太(約一万三五〇〇人)である。①

その中でも最も悲惨さを極めたのが、敗戦直前の「根こそぎ動員」によって壮年男性が不在となり、また守ってくれるはずの関東軍の主力は朝鮮国境まで南下するという事態のもと、ソ連軍の進撃と地元民の襲撃にあった満洲開拓団の人々であった。② 特に女性たちは、赤ん坊や子ども、老人を抱えての逃避行、集団自決、飢えや寒さ、感染症におびえながらの難民収容所生活、そして常にソ連兵の「女狩り」という性暴力の危険にさらされた。

満洲引揚者のライフ・ヒストリー研究のパイオニアである蘭信三《あららぎしんぞう》によると、一九四五年八月九日当

時、応召で不在の約五万人を除いた満洲開拓団在籍者二二万人のうち、約八万人(在籍者の三六%)が亡くなり、約一万人が中国に残留し、約一三万人が命からがら引揚げてきたという。当時、満洲には約一五五万人の日本人が在住していたが、そのうち、人口比で約一五%を占める開拓団員が、死者数では全体の半数近くを占めた。(3)

敗戦とそれにともなう海外引揚げに関する体験者の手記・回想録は、膨大な数にのぼる。しかし、戦後歴史学や社会学が研究対象としてこれらに向き合ってきたとはいいがたい。一九八〇年代から長野県の下伊那地区の「満洲体験」を聴き取ってきた蘭は、このテーマで学会発表をしてもほとんど関心を得られず、「孤独と不安に苛まれ」ながら研究を続けてきたという。蘭は、その背景に、戦後日本の反戦平和のなかで、「鍬の戦士」満洲移民には「傀儡国家満洲における土地侵略の尖兵」というスティグマが戦後日本社会の公式の歴史観として形成されていったことがあるとする。(4)同じく海外引揚げ研究をしてきた加藤聖文も指摘するように、戦後日本社会では中米ソのイデオロギー対立のなかで引揚げ者が冷遇され、引揚げ問題は戦後復興の過程で埋没した。その結果、日本国内の日本人と引揚げ者との認識にギャップが生じ、引揚げ問題は関係者の体験談の形でのみ語り継がれるようになったことも背後にある。(5)

また戦後歴史学が植民地支配の「加害性」を明らかにすることに力点を置いたため、引揚げ者を「被害者」として可視化する研究は二〇〇〇年代になるまで不足していた。(6)引揚げに関する膨大な手記・回想録は、戦後日本の「忘却の穴」を当事者たちが必死で埋めようとする行為であったのかもし

図１　満洲の地図．満洲開拓民入植図(満蒙開拓平和記念館提供)をもとに作成

れない。[7]

わたしは、ここ数年、アジア・太平洋戦争中の日本軍「慰安所」に関する研究のために、「日本の戦争責任資料センター」が悉皆収集した膨大な元兵士の手記・回想録(国立国会図書館蔵)を読み進めてきたが、関東軍兵士たち(や満蒙開拓青少年義勇軍)が目撃した性暴力の多さと、その在り方の多様性に驚いた。以後、兵士たちの証言に加え、民間人や満蒙開拓団の団員たちの手記・証言集を収集し、さらに聞き取り調査も行った。

それらの大量の記録を読み進めるなかで、「婦女子」への危害を最小限にするための「性の防波堤」とするべく、あるいは共同体が生き延びるために、居留地の日本人会や開拓団の幹部によってソ連側・中国側へ女性たちが差し出された事例の多さに衝撃を受けた。性暴力が行われる場を「慰安所」あるいは「接待所」、当該女性たちを「女の特攻」と呼んでいたという事実は、わたしがこれまで研究してきた米軍占領下の日本(内地)で起きていたことと二重写しになる。

第一章で見たように、政府の要人たちは敗戦三日後に占領軍「慰安所」やRAA(「特殊慰安施設」)の必要性を確認しあい、占領軍第一陣が厚木飛行場に降り立った日に合わせて「特殊慰安所」を開設した。同様の施設は全国の占領軍進駐先にも設けられた。「性の防波堤」を築くという発想で急遽集められた女性たちの多くは芸娼妓や元日本軍「慰安婦」たちで、彼女らは「女の特攻」と呼ばれ、警察署長や自治体の長から、治安を維持するのは「あなたたちの接待いかんにかかっている」と言いふくめられている。[8] 国家や共同体崩壊の危機に際して、戦勝者へ女性を提供することによってその存続をはかるという行為は、日本(内地)と満洲(外地)において同時進行で展開されたのである。

このような決定をし、女性を選別するのは、日本においても満洲においても男性リーダーたちであった。そして、「差し出すべき女性」として指名されたのが、都市部の収容所にあっては芸娼妓や元日本軍「慰安婦」など性売買者であり、開拓地であれば未婚女性や集団の周辺部に位置する女性たち(他の団の出身者)であった。

その一方、収容所でも避難移動中でも、ソ連兵に連れ去られようとする女性の身代わりにと「自ら」名乗り出た性売買者(「慰安婦」、芸娼妓、「水商売の女」、「その筋の女性」)に関する見聞記録も多く、彼女らの行動には胸を衝かれる。しかし彼女らは証言のなかでも他者化され、当事者の声は奪われたままである。

今回わたしは、極めて少ない数であるが、性暴力被害の当事者二人と、「自ら名のり出て犠牲になった」女性二人の貴重な証言を目にすることができた。以上のような過程で、敗戦・占領にともなう性暴力と家父長制による女性の序列化という重層的な問題を、ジェンダーの視点で考察したいと強く思うようになった。

海外引揚げや満蒙開拓研究の第一人者である蘭や加藤が指摘するように、「満洲体験」が戦後日本社会の「記憶の裂け目」⑨であるとしたら、さらにそのなかでも抑圧されてきた性暴力に関する記録と記憶に焦点を当て、最も声を奪われている被害当事者の姿を「歴史の忘却の穴」のなかから掬いだしたいと思う。

一、「引揚げ」女性をめぐる先行研究

引揚げ時に女性が経験したさまざまな受難については、一九四九年という早い時期に体験談として著された、藤原てい『流れる星は生きている』(日比谷出版社)が人口に膾炙している。満洲国新京に住んでいた母子が苦難を乗り越えて祖国へたどり着くという物語で、大きな反響を呼び映画化もされ、今日に至るまで国民の引揚げイメージの原型となっている。[10]

それ以降も引揚げ女性については、小説や回想録に膨大な記載があるが、女性史・ジェンダー史の視点で満洲における日本人女性の性暴力被害体験を論じた研究は少ない。[11] そのような中での草分け的論文に、古久保さくら「満洲における日本人女性の経験――犠牲者性の構築」(『女性史学』第九号、一九九九年)がある。古久保は、女性のレイプ被害に関して男性が公式に記録した文書では、「日本人の被害者性とソ連軍の加害者性、日本人の無力とソ連軍の暴力。敗戦国民の無念と戦勝国軍隊の横暴」という「「国民」の記憶」として描かれたこと、そしてその描き方が「ある日突然、見も知らない男に「無力な女性が」」という強姦神話になっている、と指摘。誰が誰に向けて体験を語るのか? に着目したスタンスで、レイプという体験をめぐる個々人の記述を読み返すことで、女性全体を無力化し、「客体」に押し込めるような「「国民」の記憶」の見直しを提案した。また、手記・回想録には第三者のレイプへの言及があまたあるのに、被害当事者のものが全くないのはなぜか、という問いを投げか

けた。

古久保と同じく、女性を定型化された性暴力被害者像におしこめるステレオタイプに見直しを迫ったのが、満蒙開拓団として岐阜県送出の黒川分村開拓団(以下、黒川開拓団)の性暴力被害者と関係者への聞き取りをしてきた猪股祐介と、山本めゆである。黒川開拓団は、現地中国人の襲来から団を守るために、占領軍であるソ連側と交渉し、その見返りに一五人の未婚女性(+四人の元娼妓)を「性接待」⑫に出すという苦渋の決断をした。近年、「性接待」に出された当事者が語り始めたことを契機に、マスメディアが多く取り上げるようになったが、それ以前の一九八三年に作家の林郁が丁寧な聞き取りをノンフィクション作品にし⑬、猪股も二〇〇〇年から彼女らの語りに付き添ってきた。山本は、引揚げ女性たちが受けた性暴力被害と、引揚げ港での中絶手術を「黙認」という形で押し進めた厚生省引揚げ援護事業をジェンダー視点で問い直してきた⑭。猪股と山本の論じ方には差異があるが、両者とも「ソ連軍兵士＝加害者」「日本人女性＝被害者」という二項対立的な図式ではとらえきれない仲介者・協力者・受益者の存在を見つめ、集団内部のジェンダーや年齢、階層など多様な差異による構造的暴力を浮かび上がらせている⑮。

わたしが国会図書館および個別に収集した引揚げ時の手記・回想録中、性暴力に関する記述があるものは一三四点である。その内訳は、満洲での体験が一一三点、北朝鮮一三点、中国五点、樺太二点、セブ島一点である。本章で扱うのは、事実上の植民地であった満洲と北朝鮮(合わせて一二六点)である。

分析対象とするのは、ソ連兵の性暴力、または現地住民の襲撃対策として、「性の防波堤」あるいは「接待」という欺瞞的言葉でなされた日本人女性への性暴力である。そのうち、居留民会や開拓団幹部が女性を差し出したという記述があるものは四四点、女性（多くが娼妓や元日本軍「慰安婦」）が「自ら犠牲になってくれた」という記述は二二点、元日本兵や中国人・朝鮮人の手引きでソ連兵へ性的提供をさせられたというものは七点、ソ連側から求められても「頑として撥ね退けた」り交渉をして退けた例が二点、日本兵による開拓団女性への性暴力が二点、そして性暴力被害を受けた本人の証言五点（強姦被害二点、中国人へ「配給」されたと語る開拓団員のもの一点、「自ら身代わりになった」娼妓出身者のもの二点）がある。

その他、ソ連軍の女性兵士による日本兵への性暴力の記述があるものが八点、引揚げ船内で米兵から性暴力を受けた記述が二点あり、これらの事例の意味を考えることは重要であるが、今回は対象外とする。

二、開拓団女性が強いられた性暴力

外務省管理局引揚課が作成した「満洲省別概況」（一九四六年）は、ソ連参戦後の開拓団のおかれた混乱状況を以下のように記している。

「八月九日のソ軍参戦は満ソ国境の東正面に位する当省〔三江省・牡丹江省・東安省〕々民にとつて正に青天の霹れきであつた。〔中略〕鉄道沿線に居住していた一般邦人は辛うじて避難列車に間に合つたが、ラヂオの備付もない僻陬《へきすう》にある開拓団の人達がソ軍の参戦を知つたのは二日も立つてからであつたという実例も少くなく、〔中略〕これ等の開拓団員は中央に避難すべく、団を捨て、鉄道の最寄駅に辿り着いた時には既に避難列車がなく、或は既にソ軍進攻後であつて、不幸にもその襲撃に遭い全滅した団もあり、或は日本敗戦と同時に態度豹変してソ軍と結託した土民や満軍の叛乱兵の掠奪を受け、或は又彼等を避けて山中に幾十日となく彷徨、雨風に打たれ、飢餓に襲われ大半が死亡したという団もある⑯」、「日本軍は潰走し居留民保護に当るものなく、平素から徹頭徹尾関東軍の威力を過信していた邦人の失望落胆は洵《まこと》に筆紙に尽し難かった⑰」。ソ連軍の侵攻前に列車で避難できた場合でも、奉天省新民街の住民(八九〇人)については、瀋陽へ向かう途中で「ソ連軍に停車を命ぜられ、女子を要求され、止むなく我方から接待婦を差出した所、その中の一名が逃亡を企て射殺さる⑱」と記されている。

関東軍が満洲北部の日本人を一顧だにせず朝鮮との国境付近にまで南下したことを、まるで国家の責任とは切り離して非難するような書きぶりである。また、ソ連軍の性暴力に対し、「接待婦」を差し出したことが淡々と記述されている。この時、ソ連軍へ「差し出された」多くの女性が芸娼妓や元日本軍「慰安婦」など性売買女性であったということは、のちに詳しく論じたい。

(1)　黒川分村開拓団の場合

冒頭の先行研究でも触れたように、ソ連兵へ「性接待」に出されたサバイバー(生き延びた)女性が公の場で語り始めた⑲ことをきっかけに、岐阜県送出の黒川開拓団が新聞・メディアで取り上げられ、近年はドキュメンタリー作品[20]にもなって人々に衝撃を与えている。

ソ連軍の進撃と現地住民二〇〇〇人もからの襲撃を受け、隣接する熊本県送出の来民《くたみ》開拓団は集団自決、黒川開拓団幹部も集団自決を考えるなか、ソ連側と交渉し、治安維持と食糧配給を依頼する見返りに未婚の女性一五人(満一七―二一歳)を差し出すという苦渋の決断をした。女性の選別をしたのは団幹部の年配男性たちである。サバイバーの一人、佐藤ハルエ(当時二〇歳)は、「(夫が)兵隊に行かれた奥さんたちには、頼めん。あんたら娘が犠牲になってくれ」と言われた」と、岐阜市民会館の証言集会で語っている。[21]この女性の選別(出征兵士の妻ではなく、独身女性が選ばれたこと)に関して、猪股祐介は「男性幹部と出征兵士のホモソーシャルな絆(「出征兵士が帰還した時、その妻を守れなかったとなると申し訳ない、という男性間の配慮」)が第一にあり、それに加えて、団内部の階層や出身地が黒川村ではない「よそ者」的要素が働いた」と指摘する。[22]

「性接待」を求められた女性たちは号泣し、団の年配者からは「一緒に死のう」という意見も出たが、副団長が「「団を守るのか、自滅するか。お前たちには、力があるんだ」と説得した」という。「性接待」から帰ってきた女性たちの体内を洗浄したり風呂を沸かしたりして世話をした鈴村ひさ子(当時一六歳)は、当初差し出されそうになったところを姉(安江善子《よしこ》、当時二一歳、二〇一六年死去)が幹部へ年齢を一八歳以上にするように交渉し、「その分も〔私が〕出るから」と志願してくれたお陰で、対象外となることができた。[23]被害女性たちは、ただただ受動的な被害者ではなく、限られた条件の下でも「交渉」する行為者でもあったのだ。なお、ソ連側へ差し出された一五人の団の女性たちの他に、北満から逃れてきて黒川開拓団に寄留していた四人の「娼妓」たちも「性接待」に出たことを、一九八〇年代に作家の林郁が犠牲となった女性の一人から聞き取っている。[24] この点に関しては、本章七節で詳しく見る。

「団を守るため」に「性接待」を耐え抜き帰国したサバイバーたち(一五人中四人が性病や発疹チフスにより現地で死亡)は、その後も共同体内の「汚れた女性」というスティグマ化(二次被害)に苦しむと同時に、「性接待」という事実が共同体内の「秘密」として、「なかったこと」にされることにも強い苦痛を感じ続けた。

それまで彼女らの語りは一部のルポルタージュや研究でこそ取り上げられてきたが、いずれも匿名であった。二〇一三年、満蒙開拓平和記念館での佐藤・安江の公的なカミングアウトの意味を、山本めゆは、「戦時性暴力のみならず引揚げそのものをめぐる従来型の記憶の限界をあらわにし、攪乱させたことといってよい[25]」という。また、安江の証言や、団員の多くが生還できたことは「尊いこと」と言い切る佐藤ハルエの語りを可能にした背景には、満蒙開拓平和記念館の現館長・寺沢秀文や黒川分村遺族会四代目会長の藤井宏之たちの、「不都合な歴史」も含めて「満洲体験」を引き受けようとする姿勢があることを見逃してはならない。[26] そのような支えがあるからこそ、佐藤ハルエの語り声は「年々、堂々として力強くなっているのでは」と、早い時期にインタビューをした林郁は語る。[27]

一方、わたしが注目するのは、ソ連軍撤退のときのシーンである。ノンフィクション作家の平井美帆は、ある男性団員の次のような回想録を紹介し、「敵味方を超えて男たちの連帯感が生まれていた」

と評している。

二十一年五月、ソ連兵が引揚げるとき、よく団の面倒をみてくれた〔ソ連軍〕司令官は、我々を本部の前の広場に集め、「世界の平和のためにお互いに尽くそう」と言って別れを告げた。その時、敵であったその人に別離の情を禁じ得なかったし、助けてくれたことに対し、しみじみ感謝した。[28]

一九八三年五月に一週間泊りがけで同開拓団の人たちに聞き取りをした林郁も、ある男性が「ソ連軍が撤退するとき、将校から習った革命歌を歌って見送った」と語ったことを覚えている。そして、その意味を「そのときは、革命思想に感激し、感化されたということでしょう」という。[29] 少女たちの「性接待」とは別に、男性幹部らは宴会場などでソ連兵と「交流」していたのだ。だとしたら、これは第一章の日本(内地)でも見られた敗者の上層部 - 勝者の上層部の「男性連帯」と同じ構造があるといえるのではないだろうか。

(2) 大古洞開拓団の場合

黒川開拓団の例は特異なものではない。ソ連側に強いられて、あるいは「交渉」して、類似の苦渋の選択をした開拓団は他にも多々あったと考えられる。長野県飯田・下伊那地域出身者が在籍した水《すい》曲柳《きょくりゅう》開拓団(吉林省)でも、現地住民から女性を出すように命令され、「二、三人行ってくれた」という証言がある。[30]

ここでは、ソ連軍から「軍用の慰安婦二名を出せ。出さねば男子を皆殺しにする」という命令を受け、「名乗り出た」二人の女性を送り出した第八次大古洞《たいこどう》下伊那郷開拓団（以下、大古洞開拓団）を取り上げる。

長野県下伊那町村長会が送り出した大古洞開拓団は、一九三九年に三江省通河県大古洞へ先遣隊が入植し、その後続々と団員を送り、敗戦時には総勢九七〇人となっていた。ここへ敗戦後、北方から避難してきた柏崎開拓団、大平山開拓団、集団自決を逃れた小古洞開拓団員（数十人）、佐賀県送出の漂河開拓団が加わり、収容人数は一四四二人に膨れあがった。

以下、ソ連参戦時から翌一九四六年五月のハルビンの収容所到着までを記した『太《ママ》古洞開拓団殉難の記（復刻）』（原本一九六八年、復刻二〇〇五年。[31] 以下、『殉難の記』）および、元阿智開拓団教師で残留孤児問題に心血を注いだ山本慈昭《じしょう》が『南信州新聞』に寄稿した記事「「大古洞」の避難記録発見」（一九七七年八月一二日、八月一三日）と、「太《ママ》古洞開拓団生存者の会」事務局長の宮島茂の新聞連載（『南信州新聞』「北国の思い出　開拓団の殉難日誌③」一九七七年八月一七日）を照らし合わせ、敗戦直後から団が直面した出来事を要点のみ時系列で示す（以下、引用は、『殉難の記』による）。

八月一〇日　通河県公署大使館地方兵事員より、在郷軍人全員（満一七—四五歳の健康な者）は佳木斯《ジャムス》へ召集命令。

八月一七日　通河副県長より、電話で日本軍全面降伏の報。団長は状勢判断のため大平山の関東軍陣地へ電話するが、既に「転進」した後。副県長も松花江を渡り方正へ脱出（「軍・県共われわれを見捨てたものとしか考えられない」と記されている。四頁）。

八月一八日　本部にて部落長会。沈痛、悲愴な激論のすえ、「日本開拓民として第二の故郷のこの地を無条件で退散することは余りにも悲惨である。玉砕するも最後までこの地に留まること」と全員一致し、国民学校へ集結し、籠城を決める。重要書類焼却（この間、小古洞開拓団の田中団長より「我々はこの地を墳墓と決めて入植したのであるから、相共に最後まで死守をしよう」との電話があり、両団の活躍《ママ》を誓った。四頁）。

八月二〇日　満人多数物盗りに来襲。団員三名、約二〇名の満人に捕らえられ、小銃弾薬を掠奪された後、撲殺される。殺気だった団員は、苦力《クーリー》二名をスパイと断定、一名を銃殺、一名を斬殺する。

八月二一日　隣接する小古洞開拓団員数十名が避難してくる。団長以下二百余名は服毒後、放火して飛び込み自決。五十余名は乞いにより家族を銃殺。自決におくれた者たちが集まって避難してきたという報をうける。

八月二二日　ソ連軍数十名トラックにて来団。本部に全員を集め、腕時計・紙幣・国防被服・食糧・弾薬など強奪。翌日からソ連兵による強姦多発、「満人の態度が悪化し、敗戦前と逆の様相」、「それでもひそかに情報を与えてくれる満人もある」。

現地の中国住民の他に「匪賊」による大規模な襲撃もあり、団幹部は、九月に入って清河鎮に駐屯するソ連軍へ討伐を依頼したが、一向にかなえられない。それどころか、ソ連兵による強姦事件も絶えない。対策として、若い女性は断髪し戦闘帽をかぶり男装したが、「ダバイ」(「出せ」)にやってくる彼らは上衣を脱がせるため、女性は草原に潜伏することにした。

一〇月一五日には、女性を求めてやってきたソ連の「悪兵」から逃げ遅れた団長夫人が犯されそうになった事件(「ロ助の所持する短剣を奪い、血みどろになって抵抗したるため、(中略)恐れをなして去る。全団員の模範として称えられる」。『殉難の記』九頁)をきっかけに、団の外交部長がソ連駐屯地へ抗議文を出すとともに、以下のような対策を決めている。

1、婦女子は早朝朝食をとり、昼食携行して山にひそみ、夕方帰宅すること。
2、要所に物見員をおき、ソ連兵来襲の折りは信号にて合図を送り警戒を厳重にする。(32)
3、万一犯されんとした時は、各自木綿針を所持し急所をさすこと。
4、二人以上肩を組んで絶対離れないこと。

(『殉難の記』九頁)

一〇月には、突如学校を襲ったソ連兵の強姦を阻止しようと立ち向かった団員が刺殺され、外交部長がソ連軍駐屯地へ抗議文を出している。その後、ソ連兵の来襲がしばらくなかったので女性を交えて農作業をしていたところ、ソ連兵が来るとの信号があり、団員は草原に隠れたがソ連兵は風上から火を放ち、三人の被害者が出た。この時も、団長はソ連軍駐屯隊へ抗議文を出した。一一月には「匪賊」の来襲も何度か受けている。そして、同月二三日、ソ連側から「慰安婦を出せ」という命令が来るのである。以下、『殉難の記』から抜粋する。

一一月二三日　ソ連軍の軍使？来団、次のような命令？を強示して来た。「軍国《ママ》の慰安婦を二名出せ、出さねば男子を皆殺しにする」。何んという無茶。
団長以下困惑、対策に頭を悩まし、明後日確答を約して軍使を返し、部落長会を終日催す。
その結果、一千余名のためにと自発的に名乗り出た。小古洞西田㉝、漂河西田の両婦人の悲壮な犠牲的決意となり全集団員感謝称讃す。

一一月二五日　早朝より無恥にもソ連兵馬車にて迎えに来る。全集団員校庭に整列、大久保団長から「私を始め各幹部が切腹すべきだが、千余名の当集団のため犠牲になってくれ」と血涙の挨拶。両婦人の挨拶の後〔中略〕、号泣の中を出発ソ聯駐屯部隊へ送出した。
原外交部長ら三名は部隊長と会見、かくなる上は絶対太古洞団をおそわないこと。両婦人の生命はもとより虐待しないことを確約させて帰団した（『殉難の記』一一頁）。

その後、一一月三〇日に「慰安婦としてソ連軍に勤務した両婦人意外に元気で帰団し、団長始め感謝の出迎えをなす」と記されている。

この「慰安婦」提供事件に関しては、一般の団員の証言も残されている。看護婦資格を有し、国民学校の学校衛生婦をしていた茅野玲子(一九二四年生)は、「ある日、集会の合図で集まったとき、外交部の方から婦人二、三人を出すようにロシア人に言われ、困っているという話があり、ついに来るものが来たような気がして、真っ青になったのです。そしたら、大古洞以外の一人が、大古洞の方々に大変お世話になっているので、私が行きます、と言ってくださった方がいて、ありがたかったという話でしたが、同じ女性として悔しく、ありがとうございます、お願いします、などとは言えないような気がし、何とも言えない悔しさを感じた㉞」と語っている。

夫が「根こそぎ動員」され幼子を二人抱えていた古川重子は、一度は団でも「全員校舎に火を放ち婦女老人を射殺自決を決意し」た場面があったと語るが、「この時、ある開拓団の女性(既婚)数名が、私共開拓団に今日まで命を助けて貰ったお礼に犠牲となってソ連兵の許へと申し出て下さったのでした。私共は、全員校庭に並んで泣きながらこの人達を見送りました㉟」と証言している。同様に、一家を挙げて一九四一年に入植していた北村栄美《えいみ》(旧姓・澤。一九三四年生)も、二〇二一年夏の満蒙開拓平和記念館での証言で、「大古洞以外の団の方が、大変おせわになったからと言っていけにえになって二人の人が申し出てくれました」と語った㊱(この「二人の女性の犠牲」に関しては、第三章の北村栄美の証言でさらに詳しく述べる)。

敗戦後、大古洞開拓団へは、前述の通り他の団から多くの者が身を寄せていた。大古洞開拓団員たちが現地住民やソ連兵らの武器・物資の掠奪にさらされ、蓄えていた食糧や家畜も奪われ、着ている衣服さえ剝ぎ取られた状況を知っているので、他の団員たちは「大古洞の人たちに世話になっている」という気持ちがあったことだろう。

しかし、ことの真相は、大古洞の団員たちが「自ら申し出てくれた」と語る事実とは異なっていたと考えられる。後年、中国残留婦人として初の国家賠償訴訟[37]を起こした三人のうちの一人で、敗戦後大古洞に身を寄せていた、漂河西松浦開拓団の西田瑠美子(当時一一歳)は、新聞のインタビューを受けた折、一六歳年上の長姉が、「開拓団の団長らに指名され、強姦を繰り返すソ連兵のところに送られた」、「凍える畑で大声で泣いていた。「ソ連兵のところにお嫁に行く」と聞かされた」と語っているのだ[38](図1)。つまり、ソ連兵へ差し出された女性は「自ら申し出た」のではなく、団長らの指名があったということである。姉たちはソ連兵への「接待」ののち帰団したものの、団の食糧は底をつき、極寒のなかで薪の備えもなくなり、三月、全幹部が協議して団は解散した。それぞれ自分の道を行くこととなり、ハルビンへ向かう者、中国人の苦力になる者、「満人の妻」になる者などに分かれた[39]。

瑠美子の長姉は、瑠美子たち妹を連れて清河鎮で中国人「妻」となり、他の姉たち三人も、瑠美子自身ものちに中国人「妻」となった。姉がソ連兵へ差し出されたことは、「恥ずかしくて裁判でも話せなかった」という。大久保真紀という長年中国残留日本人妻のことを取材してきた記者がインタビュアーであったからこそ、秘匿してきた事実を語り得たのだろう。

また、平井美帆によるノンフィクション『ソ連兵へ差し出された娘たち』は、岐阜県の黒川開拓団の「性接待」女性たちを対象としたものであるが、冒頭に「中国残留婦人」との出会いとして、八一歳の西田瑠美子のエピソードが記されている。北九州出身の瑠美子たち漂河開拓団が引揚げ途中で大古洞開拓団に寄留していたこと、「一番上の二七歳の「お姉ちゃん」」が外でおいおい泣いていたこと、

国に捨てられたのです

中国残留婦人 国賠訴訟あす判決

裁判でも話せぬ傷抱え

国の移民政策で中国に渡り、敗戦後も取り残された中国残留婦人ら3人が訴えた国家賠償訴訟の判決が15日、東京地裁で言い渡される。国から「自分の意思で残った」とされ、帰国時や日本での生活に国からの支援を長い間受けることができなかった。「私たちの戦後は終わっていない」。婦人らは70歳を迎えた。

（編集委員・大久保真紀）

「判決を聞きに行けないかもしれない」

原告のひとり、東京都府中市に住む西田瑠美子さん(72)は、提訴から4年2カ月、21回の弁論には1回も欠かさず出廷してきた。が、年末から体調を崩した。

西田さんは敗戦5カ月前の45年3月、佐賀県から開拓団の一員として一家で中国に渡った。

45年8月、ソ連軍侵攻。中国人やソ連兵に襲われた。

11歳だった。逃避行の中、16歳年上の長姉が夜、凍える畑で大声で泣いていた。「ソ連兵のところにお嫁に行く」と聞かされた。開拓団の団長らに指名され、強姦を繰り返すソ連兵のところに送られた。

長姉は約2カ月後に解放されて戻ってきた。だが、極寒の中、食べるものも着るものもない。長姉は西田さんらを連れ、中国人のもとに身を寄せた。西田さんもその後、中国人と結婚した。

「長姉はみんなの犠牲になった。恥ずかしくて裁判でも話せなかったけど、こんな犠牲があったことを知ってほしい」と西田さんは涙ぐむ。「多くの人は『戦後は日本でも苦労した』というが、日本が侵略した中国に残された私たち女は特に悔しい、悲しい、恥ずかしい思いをたくさんした」

国は敗戦当時13歳以上だった女性を残留婦人と呼び、「自分の意思で残った」として、身元が分からなかった残留孤児とは区別し、長い間支援の対象外としてきた。11歳だった西田さんは、身元がわかっていたため、長姉らと同じ扱いを受けた。

残留婦人らは94年に残留邦人等帰国促進・自立支援法ができるまでは、日本側の親族が帰国の責任をもつことが原則とされ、帰りたくても帰国できない人が多かった。

帰国への情報もなく、西田さんが初めて日本の土を踏んだのは88年。戦後43年もたっていた。長姉は、同じ年、帰国の手続き途中に、夢を果たせず中国で病死した。

帰国後も苦労の連続だった。中華料理店などで働き、夫と5人の子どもを呼び寄せた。夫の死後は、年金と生活保護で月9万円弱で細々と暮らす。生活保護を受けているため、夫の墓参りに中国に行くことは難しい。

「私たちは国に捨てられてこうなったのです。このままでは死んでも死にきれない」。西田さんは、長姉のことを思いながら15日を待っている。

都営住宅でひとり新聞を読む西田瑠美子さん。貯金通帳の残額は4万9464円。これがいまの全財産だ＝東京都府中市で

中国残留邦人による国家賠償請求訴訟

敗戦後中国に残された残留日本人孤児や残留婦人らが「国は帰国支援や帰国後の生活支援を怠った」と主張する。15日に判決がある残留婦人ら3人の訴訟は最も早く01年12月に提訴された。原告は72～77歳で1人2千万円の賠償を求めている。

これとは別に、残留日本人孤児の集団訴訟も全国に広がる。02年12月の東京を始めに全国15地裁で約2100人が1人3300万円の賠償を求めて提訴。大阪地裁の一次訴訟では昨夏、敗訴の判決が出た。

図1　中国残留婦人による国家賠償訴訟を伝える記事（『朝日新聞』2006年2月14日）

姉がいた部屋には「団長や指導員、父親らがい」たこと、を平井に語っている。「うちは、きょうだい、女の子が多い〔全員で七人姉妹〕ものだから選ばれた」と、選考の理由も語っている。[40]

以上から、表向きは女性たちが「自ら申し出てくれた」という「美談」に仕立て上げられ、団員たちへもそのように流布されたが、実のところ男性幹部による「指名」があったと考えるのが妥当だろう。集団自決直前で救われた漂河開拓団員である西田瑠美子の姉も、集団自決の生き残りの小古洞開拓団員の女性も「大古洞の人たちにお世話になっている」と考えていただろうし、指名されれば断りにくい立場であった。男性幹部たちにとっても苦渋の決断だっただろうが、より脆弱な女性を説得の対象としたのではないだろうか。

この重い事例は、集団の公的記憶がいかにつくられるのかの例として、わたし自身、オーラル・ヒストリーを研究の手法とする者の一人として、肝に銘じておきたい一件である。

（3）集団自決とジェンダー

同じ絶望的な状況のなかで、集団自決を選んだ開拓団と、大きなリスクを負いながらもその地にとどまったり、逃避行をしたりした開拓団との差はどこから生まれたのだろうか。

長野県佐久の人たちが入植していた小古洞開拓団は日本の敗戦と「根こそぎ動員」により成人男性が不在、避難を試みたが清河鎮を占領したソ連軍から威嚇射撃を受け、引き返した開拓地でも現地人の襲撃を受けて、八月二〇日、集団自決をした。この日、大古洞開拓団の北村栄美たちは、東の丘陵を隔てて小古洞の空が真っ赤に染まっているのを不安げに眺めた。翌日、小古洞から大古洞へ逃げて来た数十人の話によると、「団長以下二百余名は服毒後吾我に放火し飛び込み自決、松本ら五十余名は乞いにより家族を銃殺(41)」とのこと。栄美たちは、家のなかに女・子どもを入れて外から板を打ち付け、火をつけた後、銃を打ち込んだ、という話を生き残りの人たちから聞いている。「家のなかから、おばあさんたちの、なまんだぶ、なまんだぶ……という念仏と、子どもたちの、お母ちゃーん！　かんにんして！　と叫ぶ声が聞こえたって」と語る(42)。

集団自決を決めたのは団長で、実行したのは団に残っていた年配男性たちだと想像できる。『長野県満州開拓史　名簿編』の第八次小古洞蓼科郷開拓団員(戸数一三六、人口五六九人)名簿の「生死の事由」欄をめくると、「殺害」という言葉がずらりと並び、息を呑む。その数を個別に数えると、二七五人の「殺害」者のうち、「本人」(家長)二七人、「妻」七六人、子ども一六四人、老人八人である。男性は「復員」七九人、「戦死」四人となっており、敗戦直前の「根こそぎ動員」で兵士として召集された夫のみが生還し、「集団自決」で妻子は全員亡くなったというケースが最も多い。「集団自決」という決定は団長たち男性によってなされ、その決定に従い／従わされて女性と子どもは「殺害」された。召集された夫たちはシベリア抑留などで苦労をし、帰還まで時間がかかったものの、多くが「復員」することができた。小古洞のあまりにむごい名簿は、外地における「敗戦」が、内地のジェンダー構造(夫や父が戦死し、母子が残される)とは逆転する事例を静かに示している。なお、長野県全体でみると、敗戦時三万三千余人の開拓団員のうち、応召者(六七六〇人)の復員率は七八％、義勇軍帰還率七一％であるのに対し、団員家族の帰還率は四一％にすぎない[43]。この数字からも、いかに女・子どもと老人の犠牲が多かったかがわかる。

集団自決を考えながらも、黒川開拓団がソ連側へ女性を提供する見返りに暴徒化した現地人から守ってもらうという交渉を行った要因の一つには、隣接する熊本県送出の来民開拓団が二〇〇〇人の現地人に囲まれ、抵抗の末に団員一人だけを残し、二七五人が集団自決したという報が届いていたことがある[44]。

先述の西田瑠美子たち漂河開拓団も、大古洞へ避難してくる前、団長が一度は集団自決を決意した。八月一五日、一行は清河鎮へ向かい、そこから船で避難しようとしたが、すでに清河鎮は日本の警察や官僚、関東軍は逃げ去った後である。二、三日待ったが船も来ない。そこで希望を失った団長と生活指導員が「もうわたしたちの祖国日本はない。松花江に入ってみんなで死のう」と、集団自決を言いだした。しかし、みんな(女たち)は、「日本が戦争に負けたとしても国は必ず残る。希望を持って国へ帰ろう」と逆に団長を説得し始めた[45]。それでも団長は、松花江の川面へ向けて、前列から歳の順に団員を並ばせ、「君が代」を歌って、歌い終わったら最後列の年寄りが前の人たちを突き落として自決するという計画を押し進めた。ところが、歌い終わる頃、馬のひづめの音が聞こえて、馬に乗った大古洞の二人の青年が「今死ぬのは早いぞ。生きよう」と制止してくれた。そして、大古洞開拓団へ導かれ、そこで一冬越すことになったのだ[46]。

以上のような例からも、集団自決を決定するのは共同体の「家父長」として自らを任ずる年配男性

（「根こそぎ動員」から外れる四五歳以上の男性で退役軍人の可能性が高い）であった。まず、彼らの手で「女・子ども・老人」が殺害される。西田瑠美子の証言にあるように、団長らの集団自決に反対し、思い直させようとしたのは女性たちであることが多かった。意思決定の場が男性だけに占められると、「大和民族らしく、潔く死ぬ」、「女性の純血が犯される前に、自害するべき」といった戦時思想に殉じる方向へ向かい、何としても生き延びる、という発想が絶たれる場合が多く生じてしまったといえるのではないだろうか。

（４）ソ連側の要求を断った例

「集団自決」をするか、「性接待」を出すのか、という二者択一の枠組みから外れる行動をとった例がわずかだが二つある。どちらも北朝鮮での事例である。

一つは、連浦の第五八航空地区司令部に配属され、ソ連の侵攻により武装解除を受けた兵士が収容所で残した記録である。ソ連軍が「慰安婦を数十名用意しろと要求してきた」が、「司令官はガンとして応じなかった。その態度は実に頼もしかった」と記述されるのみで、どのように断ったのか、その後のソ連側の行動などは不明である。しかし、職業軍人の家族は一か所の建物に収容され、夜になるとソ連兵が銃で威嚇しながら女性の部屋に入り込んで乱暴を繰り返し、「私は日本軍人の妻だ」と言って自殺をした女性もあった[47]、ということであるから、司令官の「立派な」態度の裏には多くの軍人妻の犠牲があったことが想像される。

二例目は、興南に立地していた日本窒素肥料株式会社の職員・鎌田正二が手書きで記した『北鮮日本人苦難史』(一九四七年)にある、北部の漁港・新浦(日本人約一〇〇〇人在住)から避難してきた人たちの次のような経験である。八月二〇日頃、朝鮮の保安隊がソ連兵への「接待」のため、「女を二人出せ」と言ってきた。「女を人身御供《ひとみごくう》に出すほど辛いことはありません」ので、「何とかして勘弁して下さいと頼み込んでも許してくれ」ないので、相談の結果、「もと商売をしていた女の人」に頼んで、みんなでお金を出し合い、その女性一人にお金を持たせて保安隊へ差し出した。その時はそれで「勘弁して貰った」が、さらに一週間後、「女を五名出せ」と言ってきた。「いくら何でも人の奥さんや娘さんを出すわけには行きません。それだけは許して下さいと土下座して、頭を土にすりつけて頼んだ」が、聞き入れられず、「泣く〳〵住みなれた新浦を後にして逃げて来た」ということである。そのため、この避難民たちは原農里の寮の倉庫のコンクリートの上で一冬を過ごすことになった(48)。

「人身御供」には、性売買女性なら出せて、妻や娘だけは「いくら何でも出すわけには行」かないという娼婦差別と家父長的発想は見逃せないが、全員でその場から逃げ出す、という二者択一(女性を「性接待」に出すか、集団自決するか)ではない選択をした集団もあったことは記憶にとどめたい。

(5) 中国人男性へ「配給」された女性たち

子どもや親、兄弟姉妹を生かすために自ら「満人」の許に身を寄せた女性もあるが、ソ連軍と開拓団幹部、現地の中国人の三者が話し合い、団員女性たちを「中国人妻」とさせたケースがある。秋田県送出の牡丹江省綏陽《すいよう》県寒葱河《カンソウガ》石川郷開拓団（戸数三十余、人口一三六人）に入植した池端キサ（一九二二年生）の事例を、本人の手記（「ソ満国境開拓団の敗戦後」潟上市天王公民館文友『松濤』第六号、一九八一年）と彼女へのインタビュー（二〇〇六年一〇月三〇日の伊藤正による）、地元紙での紹介をもとにみていこう（地元紙『秋田さきがけ』（一九九四年五月二二日）では、Kさんと記載されている）(49)。

キサは、女子訓練所を出たあと「大陸の花嫁」（満洲に移民した男性の配偶者として渡満した女性たちをメディアがこう呼んだ。一九三七年以降、国も開拓団男性の現地定住を意図して団員との結婚をすすめ、拓殖講習会などで「花嫁」の育成に努めた）として、一九四二年末、秋田県出身の青年と農業雑誌の〝誌上見合い〟によって結婚した。石川郷開拓団は、ほんの数キロ東がソ連との国境である牡丹江省綏芬河の南に位置し、中国人一〇〇戸ほどのなかに開拓村が入り混じって住む集合開拓団であった。

「根こそぎ動員」によって、ソ連軍が進駐してきたとき団に残っていたのは、年配男性と約四〇人の女性と子どもだけであった。さらにソ連兵は十四、五歳の青少年たちも連行し、団は「全く婦女子ばかり」になってしまった。ソ連兵の「女さらい」にさらされる日々のなか、抵抗した女性は射殺され、子どもたちは栄養失調でドンドン死んでいく。明日をも知れぬ日々のなか、キサは生まれて九か月の娘を負担に感じ、赤ん坊の死さえ願った。

敗戦から二か月たった一〇月、ソ連側と開拓団代表、中国人が話し合いをし、団の女性たちが冬期間、現地の中国人独身男性へ「配給」されることになった。厳冬の冬を過ごすため、しかたがなかった。子どもと年老いた姑を連れて行く女性もあった。翌日、姑の一人が「嫁のじゃまになる」と井戸で首つりをしていた。

一九四六年六月、ソ連兵が引揚げを始めたが、中国人の「だんな」は帰国をゆるしてくれそうもない。妊娠した人もあれば、耐えきれず朝鮮人部隊へ助けを求めて逃げた人もあった。八月二三日、「妾」にされた女性たちの間に消し炭で書いた紙が密かに回覧され、「綏芬河駅から出る「最後の引き揚げ列車に乗ろう」」とあった。快く送り出してくれた「だんな」もあったが、キサの「だんな」は放してくれないので、妊娠のきざしを感じながらも、子どもを負ぶって逃げ出した。軍用道路へ出たところで荷台に中国人がたくさん乗っているトラックが拾ってくれ、駅までたどり着いた。「妾」にされた仲間たち一〇人が待っていたが、妊娠したり中国人の子どもを産んだりした仲間は現れなかった。

九月二七日、博多港に上陸したが、身体の異変に気が付き妊娠していたことが確実になった。人の勧めで博多の陸軍病院で人工流産の処置をした。現地応召された夫とも、この病院で再会。何も言わずうなずいてくれた。

中国人たちと混住した開拓団であったので、ソ連軍の暴行に対して現地の中国人からは「お前達はまだよい、中国人は満州事変当時強姦されたあげく日本兵に殺された。生かしておくだけよいではないか」と言われた。また、「だんな」から逃げて中国人のトラックに拾われたとき、一人の中国人から「この日本の女は一年も世話になったのに、逃げて行く」と言われたが、一緒に乗っていた姑娘《クーニャン》が、「日本でも中国でも良い人、悪い人がいる。そんな言葉を気にしないで帰国しなさい」と力づけてくれて、大声で泣いた。数年前に同じ境遇だった女性たちが集まったが、あまりに悲しい体験で、「だれもが秘話にしていた」[50]。

二〇〇六年一〇月三〇日、秋田県歴史協議会会員である伊藤正がキサに電話でインタビューを行った際に、キサは、中国人の「妾」にされたことを、「配給」という言葉を使って次のように語っている。

「十月の半ば、向こうだば寒いしべ。行きどこねぇどて三者会談やったわけ。日本人とロシヤ人と満人の部落長と、日本人の三十、四十代の年長の母さんたちと。なんとせばええがって。〔中略〕そこでおらだち全部、満人の独身者さ配給になったのさ。みんな一晩泣いたのもな……それで生かされたことは生かされたどもな……[51]」。

キサの言葉から、「三者会談」の日本側の代表は年長の女性たちであったことがわかる。前述したように、ソ連軍が団に残っていた十四、五歳の男性たちも連れ去り、団は女性たちだけの集団になっていた。

長らく「中国残留婦人」支援を行ってきた小川根津子は、中国の農村部にしみわたっていた男尊女卑の慣習(売買婚・一夫多妻・強制結婚)と、日本の「大陸の花嫁」に代表される家父長制を念頭に、「日本女性たちは、ふたつの国の女性蔑視と悪習が重なり合った輪のなかに、すっぽりとはまり込んだのだった」とする。中国残留日本人妻たちは、「日本人の被害者であったはずの中国農民が、ときに女たちの加害者に変わった。加害と被害、被害と加害が入り組んだそのいちばん芯のところに、さまざまな糸がからみ合って抜け出せずにいる女たち[52]」だとする。キサの事例は、この小川のいう、加害と被害の「さまざまな糸がからみ合」う関係性のなかに、さらに団内部の女性同士の関係＝年長女性と若い女性たちの上下関係も加えて考えるべきだと教えてくれている。

三、関東軍兵士が目撃した性暴力

一九四四年に勃利《ぼつり》満洲二〇五部隊へ配属されていた小澤茂は、敗戦後彷徨するなかでソ連兵による強姦現場を見た時のことを、次のように記している。「ソ連兵の略奪や婦女暴行は毎日何処かで行われていた。略奪は中国の暴民を連れ物取りをさせ、その中から自分たちのほしい物や、よい物をピンはねしていた。〔中略〕私は一度強姦の現場を見たことがあった。大道の真ん中で、女性の衣類を一枚一枚剝ぎ取り、回りに投げ捨てる。その衣類を中国人が先を争って持って逃げる。女性は完全に丸裸にされ泣いているが、ソ連兵は容赦なく嘗めたりさすったりしながら楽しんでいる様である。それを皆が輪になって見物する。〔中略〕ソ連兵はズボンを膝まで降ろし、無理な交わりで自分だけ満足し事が終わる。路上に裸で捨てられた女性は可哀想で仕方がないがどうすることも出来ない。この様な受難は日本人女性が多く、中国や朝鮮の女性は大声上げて泣き叫ぶので被害が少なかったという[53]」。

ソ連兵の「野獣のような」性暴力の例は枚挙にいとまがないが、特に、昨日まで支配していた国の衆人が見つめる中での凌辱は、新たな支配‐被支配関係を敗者と現地住民に見せつけるものであった。

この様子を、ソ連の女性兵士も笑いながら眺めていたという記録も複数ある。また、ソ連兵の性暴力は、日本人女性を主たる対象としたが、朝鮮人、中国人女性にも及んだことがわかる。

一九四五年八月一七日、満洲方面軍本部から武装解除の命令を受け、武器や実弾を没収された三九師団(藤部隊)浜田歩兵連隊配属の野砲四中隊の森川健吾(一九二一年生)たちは、四平街で、北から夢遊病者のごとく歩いてくる開拓団の老人や幼子を背負った女性たちと遭遇した。青年学校に駐屯し、歩哨に立った時に、「兵隊さん、助けて!」という悲鳴を聞いた。見ると衛兵所から少し離れた十字路でソ連兵二人が女性の下半身を露わにして強姦しようとしていた。森川が帯剣を引き抜いて飛び出そうとしたら、他の兵士に引き留められた。強姦している兵士の傍らで新式のマンドリン型の自動小銃を持った兵士が身構えている。この時の気持ちを彼は、「日本軍人、強者と自負していた私は、目の前で日本の女性が凌辱されるのをどうすることも出来ず、傍観する恥辱。やがて二名のソ連兵に犯された女性は衛兵所に向かって恨めしそうな顔をして、無言で立ち去った。武力の前の無防備の儚さを思い胸が張り裂けるようだった[54]」と書いている。

戦時性暴力は常に、勝利者への報奨と、敗者への「敗北の自覚」をさせるという意味をもってきた。女性の身体は、勝者にとって「戦利品」であり、敗者の男性集団に対する支配を見せつけるものでもあることは、多くのフェミニストたちによって指摘されてきた[55]。その証に、多くの強姦は、女性の夫や父親、公衆の面前で行われた。武装解除された関東軍兵士の森川の「無防備の儚さ」や「恥辱」という言葉は、「守るべきわが邦の女性」を守れなかった男性としての恥意識がよく示されている。

満洲における日本人女性への性暴力は、ソ連兵や中国人だけではなく、日本兵が行ったケースも幾つか記述が見られる。ここでは二例紹介したい。

錦州で武装解除を受けた関東軍の上等兵(第一〇八師団第二四二連隊第三大隊小林隊機関銃小隊)であった前田保仁(一九一五年生)は、八月末、満洲赤十字錦州病院の看護婦一二人が、隊へ保護を求めてきたときのことを記している。「暴民」と彼らに手引きされたソ連兵の暴力から看護婦たち二四人はちりぢりに逃れ、そのうち一二人が前田たちのところへたどり着いたのである。しかし、司令部の少尉と輜重隊《しちょうたい》の曹長が彼女らの幕舎に入り込み、「ソ連兵に散々痛め付けられた彼女たちの弱みにつけこみ」、酒、肴を与えて強姦した。一方、はぐれてしまった者のうち七人は、朝日街に駐屯していた中国軍部隊に飛び込んだものの、そこでも中尉による強姦を避けるために一人が青酸カリで服毒自殺をした。前田は、「私の常識ではとても理解できないことが、軍隊という大きな権力機構のかげに隠れて行われたのである」と書いている[56]。

次は、直接わたしが聞き取った事例である。満蒙開拓青少年義勇軍に志願し、東安省(黒竜江省)の勃利の東に位置する大東義勇隊開拓団へ一九三八年に入植した橋口傑(一九二七年生)は、一九四四年、数えで一八歳を迎え現役志願をして林口の第六〇三特警大隊へ配属された。四五年八月七日、勃利からソ満国境へトラックで移動中にソ連軍機の機銃掃射を受けた。トラックが故障したため出身母体である大東開拓団へ身を寄せたが、翌日ソ連軍の国境突破を知り、九日開拓団全員で南へ移動を始めた。泥でぬかるむ東安街道を行く開拓団の人々を、「どけどけ！　軍が優先だ、道を開けろ！」と関東軍の軍用トラックが追い抜いていった。

八月一二日に勃利にたどり着いたときは、すでに関東軍機甲師団が専用の列車で出発した後で、その直後ソ連軍がこの地を席巻した。橋口は二〇人の男性たちと県公署に残り、奥地からの避難民の誘導に当たった後、老爺嶺山脈を越え牡丹江を目指して山中を二か月間彷徨した。横道河子の山中、日本軍の下士官が飢えきっていた避難民の子連れの女性に対して乾パン一袋と交換に性交を強いた場面を目撃した橋口たち若い兵士らは、「こんな時になんだ！」と怒りが爆発して、一斉射撃で彼を撃ち殺してしまった。橋口は、現在もそのことを悔やんではいない。むしろ彷徨途中、神経症になって歩行困難になった仲間を置き去りにしたことがその後ずっと彼を苦しめている。[57]

四、ソ連兵の性暴力を退けるための主体的営為《エイジェンシー》

エイジェンシーとは、支配－被支配という権力の圧倒的非対称性のなかにあっても、被支配者側が持てる資源と機転をフルに使って生き延びようとする主体的営為をさす。[58] 勝ち戦に乗じるソ連兵のすさまじい性暴力に対して、女性たち（あるいは彼女らの属する集団）は、ただただ無力な被害者（傍観者）であったわけではない。ソ連兵の性暴力を避けるために、女性たちは自衛手段として、頭を丸刈りにし、顔に墨を塗って男装したことはよく知られている（ただし、すぐ見破られたが）。

当時、ハルビンと新京の中間地点にある田舎町の国民学校生だった華井和子は、毎夜ソ連兵の来襲

に怯えるなかでも、大人の女性たちが顔にバターを塗りその上に鍋墨を塗って男装したときの姿があまりに変なので子どもたちが笑うと、大人たちも互いの姿を見て笑い合った、という。女たちは夜になると屋根の上に登り、男たちは梯子を外して隠した[59]。

また、女性の個人的抵抗としては、ソ連兵が子ども好きだと聞き、子どもの尻をつねって泣かせたり、便壺の中に飛び込み、上半身を捕まえられて一度は引き上げられたものの、下半身が糞尿まみれだったので「赤鬼」(ソ連兵)も手を離して難を逃れたという行為が記録されている[60]。とっさの機転で、「この女は私の妻で妊娠五ヶ月だからだめだ」と、ソ連兵に手まね足まねをして、逃避行中の女性一人が連れ去られるのを防いだという、兵士の回想録もある(ただし、残りの六人は連れて行かれ、「口では言うことのできない辱めを受けた」と泣きながら帰ってきてその場に倒れた、ということである[61])。

収容所に「女漁り」に来るソ連兵対策として、元関東軍の工作隊員・鈴木武四朗は、和竜で次のような手段をとったという。見張りがソ連兵来襲を知らせると、工作員は女性を部屋の押し入れから天井裏へ隠したり、ガラクタを入れる物置に隠したりした。それでもソ連兵が思わぬところから現れたり、ちょっと見張りに油断があったりして間に合わないときは、老若男女問わず広い部屋へ集め、円陣の中心に若い女性を座らせ、周りを中年、老年の人垣で囲み、隣同士しっかり腕を組ませる。そしてみんなで大声を出し、中心へ分け入ろうとするソ連兵の壁になる。ソ連兵たちは外側の人々を殴ったり蹴ったりするが、人々は彼らにむしゃぶりつき、この抵抗が二、三十分続くと彼らは諦め、腹いせにマンドリン銃(弾倉部がマンドリンの胴のようにふくれているので、ソ連軍の自動小銃を日本人はこう呼んだ)を空へ向けて撃って帰って行ったという。[62]

円陣をつくって防御するという対策は吉林市近郊の龍潭《ロンタン》村でも採られた。満洲電気化学工業の理事・渡辺諒の回想録[63]を、富田武が『日ソ戦争　1945年8月――棄てられた兵士と居留民』のなかで以下のように紹介をしている。ソ連兵のトラックが近づくのを見つけると、国民学校の屋上に「赤旗」をあげて「歓迎」と見せかけ、それを合図に女性たちは校舎のなかなどへ身を隠した。それと同時に、ソ連兵は子ども好きなので円陣を破ってまで女性に襲いかからないだろうと考えて、国民学校の野外では子どもを中心に集団で女性を守る円陣をつくった。[64]

このように避難所での集団的抵抗や、個人で何とか難を逃れるために発揮されたエイジェンシーを尊敬の念をもって記憶することは重要であると思う。[65]

五、性売買女性へのまなざし――「性接待所」「性の防波堤」の設置

ソ連兵の「マダム・ダワイ」(女を出せ)という要求に対し、「性の防波堤」として「慰安所」を設けるという家父長的発想は、日本(内地)でも満洲でも共通していた。というより、RAAと同じく、上層部の男性たちは「先回り」して「性の防波堤」をつくった。その時、「防波堤」として差し出された女性たちは、芸娼妓、酌婦、女給、ダンサー、元日本軍「慰安婦」など性売買者であった。

『外務省警察史』を元に吉見義明は、戦争中(一九三六年頃)の満洲や朝鮮各地における性売買関連女

性（芸妓・酌婦・女給・ダンサー）の数を以下のように割り出している。(66) ここでは主な地域の数を記すことにするが、満洲全域の総数は、芸妓（一〇九〇人）、酌婦（一二六七人）、女給（二二七六人）、ダンサー（ハルビンとチチハルに一二九人）、舞妓（六人）である。このうちに、「満洲北部」（チチハルを中心とする八地域）に芸妓二七四人、酌婦二九二人、女給四二〇人、ダンサー一四人（計一〇〇〇人）である。ハルビン、牡丹江では、朝鮮人の酌婦、女給もかなりの数にのぼっていたことがわかる。以下、主な地区のみの数を記す。

- ハルビン　芸妓二八二人、酌婦三二一人（日本一四六人・朝鮮一七五人）、女給八〇六人（日本七九〇人・朝鮮一六人）、ダンサー一一五人（日本一〇七人・朝鮮八人）
- 綏芬河地区　芸妓一二二人、酌婦三〇四人、女給一九八人
- 牡丹江　芸妓一八六人、酌婦一〇二人（日本四〇人・朝鮮六二人）、女給三七四人（日本二八二人・朝鮮九二人）
- 佳木斯　芸妓六〇人、酌婦八人、女給一二九人
- チチハル　芸妓一六四人、酌婦一〇二人、女給二六四人、ダンサー一四人
- ハイラル　芸妓八八人、酌婦五八人、女給一八一人、舞妓五人
- 満洲里　芸妓二九人、酌婦三九人、女給一六三人、舞妓一人

以上から、満州全域に性売買関連従事者が存在し、外務省がつかんでいた従事女性の総数は五〇〇〇人近いことがわかる。[67] また、一九三三年に新京でメソジスト教会の創設に参加した平林広人《ひらばやしひろんど》は、満洲全域の芸妓娼妓、酌婦仲居、女給等の人数を一万二六三人とし、新京における同業女性数は女給を除いて、一九三二年から三四年の二年間に四倍の一二五四人になったと記している。[68] このような女性たち(朝鮮人女性も含めて)が、敗戦と同時に難民化した人々の列の中に加わり、あるいは収容所で隣り合わせになり、そして「性の防波堤」にされたのである。

(1) 男性による「性の防波堤」設置の例

敗戦時、鞍山市の民間会社に勤務していた武蔵正道(一九二一年生)によると、満洲製鉄の理事長をしていた岸本綾夫(一八七九―一九四六年、元陸軍大将)が、ソ連軍の進駐前に自ら市内の柳町へ「日本婦人の防波堤になってくれるように」依頼をしたという。そのお陰で新京や奉天などの他の都市に比べてはるかに治安状況が良かった、と記している。[69] 鞍山地区の治安維持については、同様に、当局者が「ソ連兵に玄人女を充てがい、彼女たちの涙ぐましい犠牲的精神のお陰で一般日本婦人はソ連兵の魔の手から難を逃れた由」として、これを当局の「果断な計らい」と称賛する記述もある。[70]

撫順《ぶじゅん》炭坑に勤務していた久保田勲は、先にソ連軍が進軍していた新京などの都市の情報を参考に、炭坑本部で市内にダンスホール、飲食を提供する施設を設け、芸娼妓ほか、周辺から避難してきた「そうした女性たち」を集め、「事情を説明して理解を取り付け」、ソ連兵相手の「慰安施設」を先回りして準備したことを記している。女性たちはソ連軍が撤退した後、次に進駐してきた中国の国府軍相手の「慰安婦」もさせられた。「軍隊が出入りする度に女性の要求があ」ったという。その女性たちのうち数人が隣家に「寄食」し、子どもの世話などを手伝ってくれる様子を見た久保田は「不幸な星の下に生まれ慰安婦に身を落としては居ましたが、気が良く素直で心根の優しい娘達でした」といい、「我々日本人全員が引き揚げるその日まで、我ら家族の「性の防波堤」として、その役目を果たしてくれました(71)」と書いている。

日本軍「慰安所」へ頼み、「慰安婦」十数名を軍属に仕立ててソ連軍幹部へ差し出した例もある。敗戦時に奉天第三方面軍司令部参謀だった坂本義和(一九二五年生)は、軍属の女性たち(通信隊の女性たちとみられる)に目を付けたソ連軍将校から「無理難題」を突きつけられ、ロシア語のできる少佐を通して、奉天の元「慰安婦」をソ連軍将校にそれぞれ「あてがった」。女性軍属を「救った」彼女たちを坂本は、「特攻隊の勇姿を見るような気がしてならなかった」と書く(72)。

八月九日の宣戦布告直後、一五〇万のソ連兵たちが満洲、朝鮮北部、樺太へ進撃した。朝鮮北部の豆満江《とまんこう》河口に駐屯していた湯川十四士(独立混成第一〇一連隊砲兵第四中隊)は、十数人でソ連軍の包囲網から脱出を図り、途中避難民と遭遇したり、朝鮮の保安隊が管理する難民収容所に身を置いたりしながら、北緯三八度線越えを果たした。彼は途中の駅で、ソ連兵を乗せた無蓋列車に裸にされた日本人女性が乗せられている光景を目にしている。難民であふれた街では、夜になるとソ連兵が四、五人で連れ立ってきては女性を連れ出し、廊下の隅などで「用を足」した。朝鮮人の保安隊員が手引きして、女性のいる家をソ連兵に教え、そのあとで彼ら自身も女性を「頂戴」していた。そのようななか、満洲の遊郭で働いていたという女性が二人「名のり出てくれ」た。「吾妻楼」に特別の部屋を用意し、ソ連兵が来るとこの二人が「対応してくれたので、それから悲劇は起こらなくなった」という。[73]

咸興《かんこう》市で難民生活をしていた元兵士の船越源一は、「女を出せ」というソ連兵の要求に対して、世話役が時間を稼ぐ間に「素人さん」を隠し、朝日館の「お女郎さん三人に人身御供」になってもらったと世話人から聞いている。連行された三人は翌朝、半死半生の状態で旅館前にたどり着き、玄関前に倒れ込んでしまったという。その事件を、彼は「素人さんの楯となって自らを犠牲にしながら耐えた彼女たちの心根は尊し」と書く。[74]

以上のように、男性が書き手の場合、一般婦女子を守るための「性の防波堤」必要論は疑うべくもないもの(「果断な計らい」)であり、「差し出された女性」への人権侵害は一顧だにされないか、あるいは「涙ぐましい犠牲的精神」「特攻隊のような勇姿」「心根は尊し」と美化される。古久保さくらは、男性たちの語りにはナショナリズムという共同性があるとし、「目前でのレイプに対して何もできないにせよ、開拓団の女性をソ連軍に提供するにせよ、自らの行動をやむを得ない行動であったと位置づけ、その弁明のディスコースの中で「敗戦国民の惨めさ」「開拓団のため」と共同性が強調される」[75]と指摘する。

（2）女性たちが書き留める「性の防波堤」

一方、書き手が女性である場合は、もっと複雑だ。敗戦を通化市で迎えた入江徳子は、ソ連軍駐屯司令部から日本人会へ「男子の使役と共に〝婦女子の奉仕〟」が申し渡されたとき、日本人会会長が相当悩んだ末に、「通化で足止めを食っていた元慰安婦だった人たち」に「犠牲になって」もらったことを書いている。せめてもの気持ちとして、「私たちは、犠牲になってくれる人のために大切にしていた訪問着や晴れ着を感謝しながらできるだけ提供した」[76]。

ソ連参戦と前後して、子どもを連れて、関東軍（二五二〇八部隊）の幹部であった夫の赴任地、黒竜江省の孫呉《そんご》から列車で避難し、新京で越冬した若尾和子は、約一年後に引揚げ列車に乗る。夜、高粱《コーリャン》畑で奉天へ向かう列車が止められ、ソ連兵が闇の中で銃剣を突きつけ「女を出せ」という要求をしているらしいと知る。一行の団長から女・子どもは荷物の陰に隠れ、毛布を頭からかぶっているようにと指示された。列車は二時間ほどで動き出した。団幹部が万一に備えて各車両に「慰安婦」を同乗させていたとのことで、「慰安婦たち数名が私共を助けてくれたのです」と記している[77]。

満蒙開拓団の義勇隊の生活指導員として各訓練所を巡回していた松永道子は、敗戦を嫩江訓練所で迎えた。嫩江街で「ロモーズ」（ソ連兵のことを開拓団員たちはこのように呼んだ）の靴音に怯える避難民生活を送っていたとき、街で「女としての商売をしておられた女性の数々の方々が「私たちが皆さんの防波堤になりましょう。」と言って下さり、官舎の一部をそのための部屋に用意した」と記す。ロシア語のできる男性は、「とても正視できませんよ。ロモーズは日本の女性をとてもひどくするのです」

と涙を浮かべて話したという。「せめて感謝の気持ちの一端にでも」とお金を渡したが、「あの方たちは無事に帰国されただろうか……とあの頃の苦しさを思う度に私は胸の痛む想いがする」と書いている。[78]

チチハルを出発して三八度線を目指して逃避行をした長沢孝子は、収容所生活をしているときにソ連軍が求めてきた「慰安婦の提供」に対し、日本軍相手に「水商売をしていた女たち」数人が「みずから志願して、ソ連兵たちに自分の身体を投げ出し」てくれたことを知る。そして次のように語る。「彼女たちを、そこまで追いやった責任の所在は、怒りをぶつける相手がどこなのか誰なのか」、「彼女たちの献身で救われたと思うと、今でも、頭から足の先まで凍結してしまうような、なにもしてあげられなかったわたしたちという、自責の念のこもった憤怒を覚えるのである」[79]。その後、孝子たちは朝鮮人の男性たちからも身の危険にさらされている。

(3) 少年の目、「守られる側」の女性たちの目

性売買女性へソ連兵の相手を依頼するのは、男性幹部だけではなかった。「マダム・ダワイ」という言葉が幼い子どもたちの口からも出るほどソ連兵の強姦事件が多発していた新京では、「女を三人出せ」という命令に対し、女性も含めた町内会の役員たちを中心に、「相応のお金は町内のみんなで支払うし、もし病気になることがあれば医療費はもちろん……」と「当てのない約束を交わし」て、「売春稼業の女性」に頼み込んだという。[80]

ソ連兵による強姦と大人たちの対策を少年の目から記したものも少なくない。大連で生まれ一四歳の時に敗戦を迎えた庄幸司郎は、ソ連兵の強姦・輪姦に対して、少年たちがソ連兵の見張りと通報役につき、女性を隠したり逃がしたりする役割を果たしていたが、大人たちが「結局「一般家庭の女性と素人女が困るので、早く十間町などの女郎屋を再開させよう」」と市内の遊郭を再開させたという。[81]また、彼は眼前で友人の姉が犯され、夢中で兵士にしがみついたものの銃で叩きのめされ、ただ突っ立って見ているしかできなかった自分のことを、「自虐心と無念さで一杯だった。私は一生このときのことを忘れることはできないだろう」と書く。と同時に、つい先日まで日本兵が、「あのときの姑娘《クーニャン》はよかったなあー。殺《や》るのが惜しかったよ」、「なあ、マラ兄弟さんよ」と言葉を交わしながら十間町へむかって歩いていたことも忘れていない。[82]

数か月後の秋、庄幸少年は、ソ連兵に強姦された友人の姉が、「派手なオーバーとどぎつい化粧」でソ連兵と腕を組んで歩いているのを見かけた。彼に気がついて、「チャスイ、オッチン、ハラショ」(時計、大変良い)と自分の腕時計を指しながら言ったという。[83]性暴力被害にあったことをきっかけに、日本(内地)で「パンパン」や「オンリー」と呼ばれた女性たちと同様の女性たちが、大連や新京などの大都市で生まれていたという証言は少なくない。[84]

「性の防波堤」は、居留民地区だけにつくられただけではなかった。北朝鮮の定州で難民として一年過ごした後、約六〇人の集団(元日本兵を含めた若い男女、子連れの母親、「豆しぼりの鉢巻き姿の遊女さん達」とその親方の約二〇人)になって引揚げを開始した野本泰子は、平壌駅の近くで野宿したとき、ソ連兵の襲撃を怖れて「人垣」をつくったことを次のように記す。「一方は倉庫の壁を楯にして、その一番奥の場所が女性の私達、その側に遊女さん達、一番外側の通路の際が男性達と、三層になって寝ることに決まりました[85]」。「性の防波堤」は、引揚げの途中にも、「守るべき女性」を最も奥に、その外側に「差し出しても良い女性」を布陣するという形でつくられたのである。この女性の二分化に、「守るべき女性」の側の筆者は疑問を抱いていない。

吉田律子は、東寧《とうねい》の関東軍「慰安所」で働いていた「慰安婦」たちと収容所で隣同士になった。「もし、ソ連兵がムスメダワイと押し入って来た時は、貴女達は素人で気の毒だから、私達がソ連兵の相手になってあげるからね」と言ってくれた彼女たちに対し、吉田は「この人達のお陰で幾度も難を逃れることが出来ました」と書く。「ところが、後に祖国日本に引き揚げの際、日本の陸地が見え始める頃になった時、この人達をはっきりと区別して蔑んだ者(婦女子)がいました。このようにガラリと変わってしまうという、悲しい事実、人の心の哀れをまざまざと見せつけられたのでした[86]」。この事例から、助けられた女性たちのなかにもある娼婦差別が浮き彫りになる。

「防波堤」にされた娼婦たちのささやかな「抵抗」も記されている。ソ連軍進駐に際して、大連市の有力者たちは居留民たちに全戸、赤旗(赤地にハンマーと鎌と星のソビエト社会主義共和国連邦の国旗)を掲げるように指示し、婦女子には外出を控え、やむを得ない場合はモンペを着用するように呼び掛けた。同時に女漁りに来るソ連兵対策として、花柳街であった逢坂町の娼妓たちに、ソ連兵の相手をするように懇請した。しかし、あまりに荒々しい扱いにけが人や病人が続出したこともあり、彼女たちは「あんな連中の国旗には、これがふさわしい」と、自分たちの赤い腰巻を物干し竿にくくりつけ、各戸に掲げた。[87] 大連では、逢坂町だけではなく、美濃町の料理屋街の芸者たちも「犠牲」にされたという。

（4）女性が立案・経営した「安寧飯店」

地域のリーダー的女性（道官《どうかん》咲子＝「お町さん」）、敗戦時四二歳）が日本人会へ提案して、安東《アントン》市（現・遼寧省丹東市）に設けた「安寧《あんねい》飯店」にまつわる話も記しておかねばならない。ノンフィクション作家の藤原作弥（一九三七年生）は、戦前、父に連れられ朝鮮（清津）から満洲の興安街へと移住し、ソ連参戦の直前に南満洲の安東市へ逃れ、一冬そこで難民生活を送った。その少年時代を『満州、少国民の戦記』に記し、同市で「慰安所」をつくり「日本人社会の〝安寧〟に貢献した」という「お町さん」のことを書いている。以下は、藤原が戦後、関係者を訪ねて明らかにした内容である。

石川県江沼郡南郷村（現・加賀市）生まれのお町さん（一九〇二年生）は、夫と死別後、一人娘を親戚に預け、金沢の温泉旅館で住み込み女中として働いていた（この頃から「お町」を名乗ったようである）。一九四〇年、金沢出身の事業家に誘われて満洲へ渡り、安東近くの湯池子《タンチーズ》温泉の料亭の女中頭を任された。敗戦後、ソ連軍の進軍が近づくにつれて近隣から寄せられる「婦女暴行」事件に頭を抱えた日本人会の幹部は、地元の芸娼妓たちから「おねえさん」「おかあさん」と慕われていた彼女を見込んで対策を求めてきた。お町さんは、急遽安東ホテルと幼稚園を改造して、「特志《とくし》挺身《ていしん》娘子《ろうし》軍《ぐん》」という名の「慰安所」を二か所開設したが、「人身御供」のような「慰安所」の采配を振るうことに激しい葛藤を感じていた。そこで、お町さんは、日本人会で渉外部長をしていた浜崎巌(日本研削材工業専務)へ高級キャバレー(「安寧飯店」)設置の構想を持ちかけた。

「客層はソ連兵だけでなく中国人や一部日本人にまで拡げ、酒肴をふんだんに提供し、音楽やダンスで陽気な雰囲気を盛り上げ、客と女性たちの交渉は当事者たちの自由契約とする」[88]という彼女の構想に対して、日本人会の浜崎は大いに賛同し、お町さんが「マダム」になることを条件に、五万円の開設準備金を用意した。浜崎の部下の近藤正旦(一九一二年生)がお町さんの補佐役に就き、新京の建国大学やハルビン学院の出身のロシア語や中国語のできる元学徒兵五人とハルビン在住四〇年の「遣り手婆《ばば》あ」(元「からゆきさん」[89]か?)を通訳に据え、元関東軍の炊事班にいた四人を板前にして、「従業員女性」二〇人を集めて四五年一〇月、安東会館に「安寧飯店」の看板を掲げた。

「店」の経営方針は、以下のようなものであった。①有料キャバレーとする。②従業員女性にはできるだけ難民を採用する。③ただし生命の危険がともなうので、安全の保証はできない。④利益が出た場合は難民救済対策の資金として使用する。⑤政治的に無色とし、客の国籍は問わない。⑥ただし一般の日本人市民はオフリミットとする[90]。

「安寧飯店」を利用する者の約八割はソ連兵であったが、八路軍幹部たちのなかにも(「囲い者」=オンリー)を求めてくる者もあり、国民党兵士も密かに通って「国際色豊かな」様相を呈した。一九四六年三月、ソ連軍が撤退し、八路軍が入城すると、軍紀に厳しい八路軍政府によって「安寧飯店」は

三千人の日本人を死から救う

道官咲子さんへ感謝の碑

満州から帰国した生残りの有志ら三木村で除幕式

花まつりの八日午前十時から石川県江沼郡三木村字吉崎に建てられた顕彰碑の除幕式が盛大に行われた。その碑面に刻まれた「道官咲子」の名を見つめる人々の目にもいいしれぬ感じみと涙がこもっていた――

今は亡き道官さん

それは昭和二十年八月新京国境の街安東へ押しよせた避難邦人は五十万人に達し、ソ連軍、中共八路軍、国府軍が三つどもえとなって主導権を争っていた当時その道官咲子さん（当時四十二歳）は同市大東旅館経営の満洲ホテルの女中頭だった。江沼郡南郷村字上河崎に生れ、京都市の陶工と結婚したが夫と死別、一子正子さんを抱いて湯涌温泉白雲楼、芦原温泉、金沢市木ノ新保あかめ湯などで女中奉公のすえ渡満、同ホテルへ入ってそのきょう気をうたわれていたが敗戦とともに、街にあふれた避難民を救うため咲子さんが経営していた「キャバレー安寧飯店」を開放する一方、日本人会の渉外係りとして、ソ、中、国府の三軍司令部に日参して、兵隊たちの邦人迫害を緩めることを嘆願しつづけ、咲子さんを頼って逃げて来た人々をかくまった。

咲子さんの活躍はめざましかったため中共軍は国府軍のスパイとにらみ、二十一年八月、日本人会の助命運動も空しく銃殺された。

「皆さん、私は一足先に日本へ帰ります」と一言を残して東陽子刑場に死んだ咲子さんは、三千人の日本人を窮死から救った。

その救われた中の一人、当時満州国満和鉄本部員和田喜一郎氏（[illegible]）＝現福井県坂井郡川西村湯小学校教諭＝が三年前、ソ連から帰国、兄の和田喜一氏（[illegible]）＝福井県金津町吉崎頭、慶寿住職＝に咲子さんの俠きょうとその死の顛末を語った。喜一氏は同じ線に結ばれた東京都板橋区志村前野町、ゼノビア光学重役近藤正巳氏とともに各地に呼びかけ、十五万円の浄金を得てこの顕彰碑が完成した。

和田兄弟、近藤氏をはじめ咲子さんを命の恩とする人々が全国から碑前にあつまった。その除幕の綱を引いたのは、咲子さんが渡満するとき、福井県の知辺にあずけられて成人した遺児佐々木正子さん（[illegible]）＝佐世保市松田町＝だった。

図２　『北国新聞』（1956年4月9日）

閉鎖命令を受け、三月三一日に看板を下ろした。奇しくも日本（内地）のＲＡＡの性的「慰安所」が四六年三月に閉鎖されたのと時を同じくして、「安寧飯店」も約半年間で営業の幕を閉じた。

ソ連軍撤退のあと、国民党軍と八路軍が激しく入り乱れるなかで、お町さんたち「安寧飯店」関係者は八路軍に国民党のスパイ容疑で捕らえられ、お町さんは四六年九月一六日に銃殺されたと伝えられている。

彼女の「功績」を記憶している近藤たち安東時代の人々が発起人となって、一九五六年四月八日、故郷の加賀市吉崎町に「道官咲子碑」が建てられた。碑の建立を伝える当時の地元紙は、「三千人の日本人を死から救う、道官咲子さんへ感謝の碑」という見出しで、「キャバレー安寧飯店」は、「街にあふれた避難民を救うために」開放されたものであるとし、「ソ、中、国府の三軍指令部へ日参して、兵隊たちの邦人迫害を緩めることを嘆願し」たという記述になっている[91]（図2）。しかし、藤原が紹介する新聞記事（『毎日新聞』石川県版、日付なし)には、「日本人女性を救った殉教の烈女」として、「難民数千人分の食糧や衣服を供出して救護活動に挺身し、一般婦女子の貞操を守るため慰安所を建設して安東七万人の日本人の安寧(安全)に貢献した」と讃えられているという文脈である。(92)

現在でも、お町さんは「【わがまちの偉人】敗戦後の旧満州ソ連兵防ぐ盾に　道官咲子」というタイトルで、「「日本の女性や子どもを守るため」と日本人会に請われ、ソ連兵を身をもって接待する「安寧飯店」を開いた」、「安寧飯店のおかげで、安東の一般女性の被害は少ないとうわさされた」(『北陸中日新聞』二〇二〇年七月三〇日)という文脈で報じられている。

お町さんが難民救済に尽力し、多くの人々を救ったことは間違いない。しかし、一般婦女子の「安寧」のために、次々進駐してくる軍隊向け「慰安所」をつくったという事実が、讃えられるべき〝お町伝説〟として記憶され続けてよいのだろうか？　資金こそ企業の個人から提供され、規模も小さかったが、これは日本(内地)のＲＡＡの満洲版ではないだろうか？

六、満洲国の首都・新京――「女の特攻」

引揚げ港の一つであった山口県の仙崎では、引き揚げてきた人々から満洲の様子が続々と伝えられた。地元紙である『防長新聞』は、これらの情報を「平壌地区」「上海南京地区」「新京地区」と分けて、刻々と伝えた。一九四五年一一月一〇日時点で、新京では「ソ連軍兵士による邦人婦女子の暴行

□□の□に接し既に「特攻女性」を組織し□□への暴行侵入を防止した」ことが報じられている(図3)。

男性たちが「性の防波堤」づくりにやっきになっている姿を、女性として批判的に見ている記述もある。八月九日、非常呼集で出て行った関東軍(通称満州二六四四部隊)兵士の夫と別れて、他の軍人家族とともに牡丹江駅から幼子を連れて避難列車に乗った千代倉喜代は、新京の収容所で寮生活に入った。寮の役員男性は、「ロ助対策」にと頼んだ「特攻隊」がやってくる際に、喜代たちへ「今まで男が特攻隊になってお国の為に偉大な犠牲を払ったが、今度は女が特攻隊として国の為に犠牲となる時だ」と言った。喜代は、「人事《ひとごと》だと思って「犠牲、犠牲」と簡単に口にするが、一体私達人妻を何だと思っているのだろうか。憤りで吐き気をもよおしてきた。犠牲など真っ平ごめんだと、心でひそかに誓い堅く覚悟を決めた」。その「特攻隊」の女性たちは三〇人くらいで、「アストラカン〔羊の毛織物〕の擬《まが》い物《もの》みたいなシューバ〔外套〕をはおって、真白に化粧し、言い合わせたように唇を紅く染めて」、互いを「姐《ねえ》さん姐さん」と呼び合っていたという。夜六時に出かけ、翌朝七時頃に帰ってくる彼女らに対し、「行っていらっしゃい」「お帰りなさい」と「くれぐれも感謝の気持でお願い」するようにと、喜代たちは男性役員から言われている。(93)

特攻女性隊組織
栄養失調者が續出す
新京地區

図3　新京で特攻女性隊が組織されていることを伝える.『防長新聞』(1945年11月10日)

新京で戦前から料亭を営み、新京料飲組合の役員をしていた寺川要は、ソ連軍に破壊された新京一の料理店「あけぼの」に「奥地で軍相手に商売をしていた女」(「慰安婦」)三〇人を連れてきた北海道出身の土建業者・清水という男を入れて、ここを第一号慰安所として開業させた。同様に、ソ連兵と中国人によって破壊された料理店「やよい」を第二号慰安所として開業し、二五人の女性を集めて働かせた。秋には「慰安所」は七軒に増え、「慰安婦」は二五〇人となり、その組合もできた。(94)

ソ連軍側からも日本人居留民団事務所へ「慰安所」設置の通達がなされた事例があったことを、第五政府官舎に入居していた梅室圭三(一九二二年生)が記録している。ソ連軍が新京に進駐した直後、民家に侵入した兵士による強姦や抵抗した女性の殺害が多発したため、ソ連軍側が「慰安所」設置を指令してきたのだ。市内の吉野町にあった「妓館」の女性を説得して開設したという。(95)

佳木斯から子どもを二人連れて新京へたどり着いた畑富士江は、ソ連兵や中国兵(国民党軍)の「防波堤」として日本人会がつくった「娼妓の家」で、病気(梅毒)で倒れた娼婦たちの子どもの世話係となることで居場所を確保した。その「娼妓の家」は、当初「その道のプロ」を募集したのだが、奥地から命からがら逃げてきて、紹介者の甘言(子どもに温かいミルクを飲ませられる等)にのせられた、明日の食べ物にも困る「奥さんたち」も含めて四〇人ほどが働いていた。ソ連軍撤退後は、中国軍兵士や一般の中国人が相手になった。客の多い時は、「疲れた疲れたと蒼褪めた顔をして、特別支給の生卵を二つ続けざまにすすりながら、また各部屋へもどって行った」。

富士江は、「ベテラン」の娼婦が「ずぶの素人が荒稼ぎなんかしたら命がいくつあっても足りないよ」と助言してくれたのに、「素人」ということで人気が出て、荒稼ぎの末、猛烈な梅毒で全身冒された女性が「天罰なのね」と涙する姿を、「だれが自業自得だと責めることができようか」と書く。そして「一歩外へ出ると、中国兵がいっぱいうろうろしているが、彼女達のお陰で、自分達の身が守られているのかもしれないと思うと辛かった」と記している[96]。

新京では、日本人会がオープンさせたダンスホールで働いたり、ソ連兵の将校と腕を組んで歩く日本人女性たち(回想録にはパンパン、オンリーと書かれたものが散見されるが、日本(内地)で米兵相手の女性につけられた蔑称が当時、満洲でも果たして使われたかどうかは疑わしい)用のドレスを仕立てる仕事も必要となった。敗戦の時に新京の女学校の三年生であった長池秀子は、ミシンが得意な母親が、ソ連兵相手の女性を束ね彼女らから「お母さん」と呼ばれていた女性に頼まれて、ドレスを何枚も縫っていたことを覚えている。「ああ、この人たちがいなかったら、私たちの今はなかったのかもしれません」、「このやりきれない犠牲の深さを思う時、半世紀過ぎた今尚、胸が痛むことしきりです」と結ぶ[97]。

北部の香蘭団から四〇〇人以上を率いて避難してきた辻口茂野は、新京のある旅館で、廊下を通った際に飛び出して来た芸妓の次のような言葉を聞き取っている。「妾達はスキ好んでコンナ事をされるのでない。何をされても頭も上げれぬ日本の男共やないか。素人の女達の無事を冀えばこそ死ぬ想いを秘め犠牲になり苦しむ妾達を笑うのかい——この気持解らんかネー」[98]。

性暴力を受けた女性たちは、その後、妊娠や性病感染にも悩まされねばならなかった。引揚げ女性への「医療行為」は、朝鮮北部からの引揚げ女性に対してまず京城帝国大学医学部の医師たちが行い、さらに引揚げ港、博多への上陸後は、外務省の在外同胞援護会救療部と厚生省引揚救護局が開設(一九四六年三月二五日)した二日市保養所でも行われた[99]。

ＧＨＱ／ＳＣＡＰの指導の下、引揚げ援護業を担当するのは厚生省となり、一九四五年一一月には社会局内に引揚援護課が設けられた。引揚げ港は全国で二五か所が指定され、満洲、朝鮮、中国からは博多、佐世保、仙崎、大竹などから上陸することになった[100]。厚生省は、引揚げ港に位置する国立大学医学部長を呼び出し、引揚げ女性の性病、妊娠による「異民族の血に汚された児の出産のみならず家庭の崩壊を[101]防ぐために、「水際で食い止める必要がある」と、「医療行為」への協力を要請した。当時中絶手術は違法であったが、厚生省の要請を受ける形で、九州大学医学部グループが国立福岡療養所、国立佐賀療養所で中絶手術を行った。

上記のように、ＧＨＱ‐厚生省というラインで国家により秘密裏に行われた中絶手術と、京城帝国大学の自主的な難民救済事業の一環としての中絶手術という、二つのケースがあったことは近年人口に膾炙するようになってきた[102]。しかし「水際」だけではなく、難民が多く流入した新京にはソ連兵などによって強姦された女性が「治療」を受ける「救護施設」があったし、なかには中年の女性医師がやむにやまれず自己判断で中絶を行っていたという記述もある[103]。またハルビンなど大きな都市でも、病院や診療所で強姦被害にあった女性たちの中絶手術がなされていたという記録もみられる。

七、自ら「防波堤」になった女性たち

ここまで、居留民会や開拓団の男性幹部たちによって「性の防波堤」が各地につくられたこと、「差し出すべき女性」として名指しされたのは娼妓や「水商売の女たち」や元「慰安婦」であったことを見てきた。これらは、ソ連兵に強姦されそうになったときに遊郭の女性が進んで身代わりになってくれた、という数々の証言と表裏一体のものである。

満蒙開拓青少年義勇軍山梨中隊の隊員であった岡部頼平は、敗戦後無蓋列車でハルビンへ到着した際、奥地から逃げてきた、顔を黒く塗り頭の毛を焼きモンペを破られた女性たちの一団から、「私たちは娘さんたちに助けられたのよ。暴徒に襲われたとき娘さんたちがきて、後は私たちが引き受けるから早く逃げて下さい」と言われたことに対し、「この娘さんたちは日本人の慰安婦の方だったのだろうか」と書いている[104]。

北朝鮮の興南で敗戦後の一冬を過ごした前述の日本窒素肥料の鎌田正二は、北からの避難民の体験談の他に、街で見聞きしたソ連兵による強姦事件の数々を書き留めている。そのなかで、白昼、衆人の見守るなかで起きた「元娼妓」による「身代わり」行為を書いている。トラックに乗ったソ連兵が二人の女性を捕らえ、「放心状態でボーッとして」いる二人を連れ去ろうとした。「男達はたゞ遠くでどうなることかと見てゐたのであったが、もと松□楼の遊廓にゐた娼妓だつた三人の女が、急を聞いて馳けつけ、トラックに飛び乗ってソ聯兵に媚態を示し乍《なが》ら、その奥さんと娘をトラックから突き落

し」、自分たちはトラックで運ばれていった、という。「此の三人の行為に人々は涙で見送つてゐた。此の話は興南全体に伝へられて、今まではさげすまれてゐた、かういふ女に対して、勃然と感謝の念を湧き起したのであつた」[105]。「奥さんと娘」という男性にとって守るべき二人が無力な姿であるのと対照的に、元娼妓は身を挺した能動性が称賛され、「感謝」されている。

以上は男性の書き手による「自ら防波堤になった」女性たちに対する記述である。一方、前述のように書き手が女性の場合、複雑な心境がその筆致に表れている。浜松開拓団員であった熊切トミは、到保から線路伝いに逃避行し新京の難民収容所で生活していたとき、ソ連兵の「女を数名出せ」という命令に、「収容所の水商売にかかわっていた人達が、私達が犠牲になるといって進んで行ってくれた」という。「まるで人身御供だと思った」。トミは、「私達難民婦女子は、こういう人達が陰にいて一般人を守ってくれた事を忘れてはならないと思う」、私は「いつもそっと手を合わせて感謝しているのである」と書いている[106]。

敗戦直前に夫が召集され、奉天から集団移動をして平壌で収容生活を経験した金田茂登女は、「女を出せ」という強いソ連兵の要求に、三十五、六歳の「お産婆さん」が「犠牲」になってくれたと記している。「内地へ帰っても身よりは誰もいませんから、私が行きます」と行ってくれたが、五日後に無残な姿で帰ってきた。みんなで「体を拭き清めてやりましたが、皆口を閉ざしたままでした」という[107]。「自ら」身代わりになることを申し出た女性たちには性売買経験者が圧倒的に多いが、帰国しても身寄りのない女性による名乗り出もあったのだ。

さて、本章二節で見た、黒川開拓団で「性接待」に出された一五人の女性たちの他にも、北満から逃げてきて団に寄留していた四人の娼妓(軍「慰安婦」だったとみられる)たちが「接待」に「同行させられていた」ことに関しては、平井美帆の著作[108]を除いて言及がない。林郁はこの四人の存在を、「接待」に出された一五人の女性のうちの一人、安江善子から聞き取って『大河流れゆく』に次のように書いている[109]。

四人の女性たちは、自決したがる少女たちに「がまんしても生きたほうが勝ちよ」、「ロスケにパンやスープをねだるんだよ」と教えてくれたという[110]。二〇二二年一月、わたしが林に電話でその点を質問すると、団員だったS青年(当時一七歳)から、この四人は正絹和服地のモンペを着ており、源氏名以外は名乗らず、片言のロシア語でソ連将校からハムなどを貰うなどしていた、と聞いたという。「おそらく日本軍人が利用する高額の売春宿で働いていた女性だと思う」と話された。この四人は「自ら」「性接待」に出て、ソ連軍撤退後「自立命令」が出されると、すぐ団を離れそのまま連絡なし、ということである。

ここで、わたしが重要だと思うのは、団の少女たちの他に娼妓(「慰安婦」)も「接待」に出た事実をも見逃さないことと、なぜ彼女らが「自発的に」対応したのか、ということだ。

わたしは林へ、なぜ「自ら」行ったと言われるのか、「自分から選んだように見えても、見えない強制力が働いたのではないか?」と問うた。林による答えは「彼女らは逃避行中に寄留している存在なので、団にお世話になっている、という思いがあったのだろう。そうせざるを得ない状況に置かれていた。そのような選択をさせてしまうことを、見えない強制といえば、そうともいえる」と言われた[111]。「見えない強制力」については、同じく本章二節(2)で見た、大古洞開拓団からソ連軍へ出された二人の女性の「名のり出」と同じ力学が働いていると考えられないだろうか。

いずれにしてもわたしはこの性売買経験者たちが、「がまんしても生きたほうが勝ちよ」と少女たちを励まし、また相手側に食べ物などを提供させていたというエイジェンシーに目を見張る。

八、当事者の語り

古久保さくらが「満州における女性たちのレイプという経験が、歴史的事実として当然視されながらも、〔中略〕個別具体的な被害者による記録がほとんどない[112]」と、指摘するように、山のようにある強姦の記録の中で、実際に被害にあった当事者の語りは、ほとんどないと言ってもよい。今回、わたしが収集したなかで、自分が受けた強姦について記したものは二点、中国人男性へ「配給」されたという手記が一点(本章二節(5)で述べた)、「性の防波堤」として「自ら」身代わりとなった記録は二点である。

まず、自分自身の強姦体験を書いている事例からみてみよう。夫(満洲第七国境守備隊)とばらばらになり、身重の身で苦難の末、奉天にたどり着いた水野つねは、逃避行中、ソ連軍の蛮行に対し、「満人」たちが笑いながら「日本兵もクーニャンに同じことをしたので、今度は日本人がやられる番だ」

と言うのを聞かされ、日本軍も同じことをしていたことを知った。強姦された仲間の女性のなかには、子どもを残して青酸カリで自殺した人も出たが、つねは「いくら日本人の恥といっても、ソ連兵の仕打ちに命を落とすなんてよく考えてみると馬鹿らし」い、と思っていた。

一二月末に出産したが、赤ん坊は四時間後に亡くなった。奉天の街で仕事を探して歩いていたところ、ソ連兵に家屋に連れ込まれたときに銃を突き付けられ、兵士の「自由になってしまいました」と告白している。それ以前にソ連兵に布団の中に連れ込まれ、「満語」で「ヨーピン、ヨーピン」とお腹が痛いという真似をして、難を逃れたことがあった。「ここで死んだら今までの苦労した甲斐がなく、日本に帰るまで頑張ろうと思」うつねは、性暴力を避けるために「万策を使い」、万策尽きると「なんと言っても命の方が大事」と、その瞬間を耐え抜いた。エイジェンシー溢れる彼女は、「このことは主人がなくなるまでかくしとおしてきました」と、手記を結んでいる。[113]「隠し通す」ことも立派なエイジェンシーである。それでも、彼女は夫が亡くなった後、このことを書き残さずにはいられなかったのだろう。

もう一つの当事者の語りは、中国残留婦人の国家賠償訴訟を起こした原告三人のうちの一人、鈴木則子さんがつくったNPO法人「中国帰国者の会」が行った聞き取り集(『わたしたちは歴史の中に生きている――「中国残留邦人」と家族10の物語』)のなかの証言である。

山形県送出の馬《ま》太屯《たいとん》開拓団の乙坂幸子(一九二四年生)は、方正県で避難生活を送っていた。お産で亡くなった親子を女性三人、男性一人で埋葬しているところへ現れたソ連兵に「ダワイ」と銃を向けられ、女性だけ馬車で拉致された。途中、町の病院の前を通るとき「助けてぇ、助けてぇ」と叫んだが、大勢の人は見ているだけだった。

連れて行かれた先は方正県の日本人学校跡で、ソ連兵が二、三十人ほどいた。幸子たちより前に拉致された女性たちが四人いて、全員で七人、兵隊がそれぞれ「僕はこの人、僕はこの人」と選び、ポンと三段ベッドにそれぞれ置かれた。そこにいた通訳の「中国人のお爺ちゃん」に、「我慢しなくちゃいけないよ、負けた国だからしかたがないよ」と言われて諦めたが、気持ちがおさまらない。食事を与えられるが、喉を通らない、明日は殺されるか、あるいは逃げようかと考える日々がソ連兵が引き揚げるまで四五日間続いた。

避難所まで送られて戻ると、みんなは戻ってこられたことを喜び、温かく迎えてくれた。かわいそうだと泣いてくれた⑪⑭。集団で拉致され、ソ連兵の集団に長い期間にわたって性暴力を受けたという辛い体験を乙坂が語れたのは、「中国帰国者の会」という安心して体験を共有できる場と信頼できる聞き手たちの存在があったからであろう。

次は、直接本人の口からではなく、重病で話せなくなった姉に付き添っていた弟から語られた事例であるが、当事者の語りが弟の口を介して表現されていると考えられるので、「当事者の語り」として扱う。一九四三年頃、母や弟(話者)が疎開している間、京都に残って女学校に通っていた姉が突然行方不明になった。敗戦一年後に中国から引き揚げてきた姉が、その後少しずつ語ったのは以下のようなことであった。

新聞に載った「慰安婦急募」の広告を見た姉は、兵隊さんの「慰問」ぐらいに考え、指定された旅館で面接を受けた。応募者にはあでやかな着物姿の年配の人が多かったが、自分も「採用」と告げられた。事実を知ってからも逃げられず、中国の戦場へ一年、次いで満洲へ送られた。敗戦後、「女や子供の避難民に混じって逃げ回る或る日、ソ連兵が女を出せと無理に娘さんを連れ去ろうとしたのを見兼ねて私が相手にと出掛けましたが、戻ってみると皆から感謝されるどころか、冷たい蔑みの眼で見られ耐えられない或る日、引揚げが始まり半病人でやっと故郷に辿り着きました[115]」。この事例は、日本人「慰安婦」＝娼妓という通説以外に「慰安婦募集広告」を見て応募した者があったことを示している。第六章(二七六頁)で紹介する串田文子も不合格となったものの偕行社の募集広告を見て応募をしている。

最後は、山野たつ江という名前で、大連の遊郭から始まって、北支、満洲と日本軍「慰安婦」として働き、ハルビンでソ連兵へ差し出された経験を記したものである。問いかけに応える本人語りの様式で記述されているので、誰か(男性)が聞き取ったものを文字化したのかもしれない[116]。たつ江は奈良県の貧しい農家の三女として生まれ、一六歳のときに大阪の難波芝居小屋付近の小料理屋でわずかな前借金と引き換えに女中として働き始めた。不景気の波に押されるようにして一九三三年、大連へ渡り、逢坂町の遊郭の娼妓となった。性病に感染しないように気をつけ、定期性病検診をきちんと受けた。性病をうつされて入院したら利子がかさんで前借金が増えるためである。一九三七年、日中全面戦争になってからのことは、以下のように語っている。

「私の体の上を大勢の兵隊が通って行った、その数は思い出せないほどだったね」、「私達は商売だけで〔兵隊たちと〕寝たんじゃないよ。お国の為に戦う兵隊さんに、しっかり戦っておくれ、そして、死なないで帰っておくれよって、私たちも一緒に戦っている気持だったんだよ。判ってくれる？　そう、女も戦ったんだよ。裏通りの朝鮮の女なんか、一日に五十何人か相手にしたんで、ひどい熱で死んだけど、可哀想だったね[117]」。

その後、たつ江は、奉天、吉林、牡丹江へと「都落ち」していく。敗戦はハルビンで迎え難民として一冬を過ごしていたとき、日本人の引揚げの世話をする「日僑団体の世話人」から、ソ連兵が「女を出せ」と言っている、「みんなが生きて帰るためだ、眼をつむって協力して下さい。頼みます」と最初に目を付けられ、懇願された。「バカッ、アホウ、商売で体が汚れていても、心は美しいんだ。とぼけたことを言うなっと言いたいところだけど、小さい子供たちを見ると、母親をそんな目に合わせちゃ、後生が悪いとあきらめたのよ。赤鬼に自由にされるなんて……男には分るまいね[118]」。

結局、差し出されたのは、最初に目を付けられた元「慰安婦」（たつ江）の他に、「未亡人」「夫が応召中の奥さん」であり、彼女たちは次々に性暴力の対象にされた。たつ江たちは、中国の葫蘆《コロ》島から博多港へ到着した。「九州に船が着いたとき、それまで、「ご苦労かけました。まことに済まなかった。終生ご恩は忘れません」といってきた引揚団の幹部は、私たちを見向きもしなくなったのよ。ハルピンから船に乗るまでの間、何か危険な状態になれば、私たちや傷ついた女を犠牲にしてきたのに、その傷跡に慰めの言葉ひとつかけなかったんだよ。犯されて身ごもっていた奥さんは堕胎手術をした……性《たち》の悪い病気をうつされていた未亡人の処置、あとは医者の仕事で責任がない、と言わんばかりの冷たい態度……⑲」。

以上、「自ら」「性の防波堤」となった元「慰安婦」女性二人の証言から、その動機に「連れ去られそうになった娘さんを見兼ねて」、また子どものいる母親を「そんな目に合わせちゃ、後生が悪い」という心情が働いていることがわかる。この証言は、その場に居合わせた他者が伝える「自ら」身代わりになった性売買経験女性の発したという言葉――「素人さんより、私達の方が慣れているから」（一〇五頁）や、自らトラックに飛び乗って連行される「一般女性」を突き落とし、ソ連兵に媚態を示しながら「敢然と」連れ去っていかれた娼妓たち（一一四頁）の心情を表現したものといえるだろう。この二つの語りは、日本人「慰安婦」の証言が少ないなか、彼女たちの動機や心情を知るうえでも貴重である。

撫順の寺で避難生活をしていた女性は、「女を出せ」と迫るソ連兵へ抵抗し殴られている住職の姿を見かねて、「私が行きます」と自ら進み出た元「慰安婦」が連れ去られながら言った言葉を書き留めている。「心配しないで、私は慣れているから⑳」。「私は慣れているから」と言って、「自ら」防波堤になった性売買経験者たちにとっても、それはまさに強姦の場であったことを、林郁は前掲の『大河流れゆく』で、「ユキ」から聞き取っている。ユキは仙台の製糸工場で工女をしていたが、新天地満洲の豊かさを聞かされ一九三六年、周旋人について海を渡り、ハルビンの料理屋で軍人客相手に性売買をした。売れなくなって奥地の富錦の軍用の料理屋へ送られたユキは、敗戦後、方正の難民収容所で開拓団の人たちから、ソ連兵の相手となって「わしらを救ってくれ」と懇願されたという。ユキは林に次のように語った。

「ロスケにただで乗られるのは強姦ですよ。しょうばいじゃない。……慣れてはいても、しょうばいよりずっと苦業です。病気もうつされました。脳梅みたいに気い狂った娘さんもいます。つらいからと、水かぶって凍え死にの自決をした娘さんもいました。しょうばいがつらいときは、百姓をきらった罰《ばち》だと自分にいいきかせていましたが、戦争のときは農家の娘さんもひどくやられた。あれは罰じゃないでしょう？　ああ、もう思い出したくないです。私は引き揚げ後に〔性病は〕高いペニシリンで治しましたが、〔心の病は〕忘れる薬がなくて困りました[121]」。

「犠牲になってほしい」と懇願した男性たちは、引揚げ船から日本の陸地が見えた途端、態度を豹変させ、何も言葉を掛けなくなった。上陸と同時に彼女らは「敗戦国の恥辱」として忘れてしまいたい存在になったのだろう。

まとめ

山のような手記・回想録を読み終えて、「引揚げ体験」がその人のその後の人生に与え続けている影響の深さを痛感した。開拓団の人々が名状しがたい被害を受けたことは言うまでもないが、「比較的スムーズに」帰国できた場合でも、心に澱《おり》のようなものを抱えて戦後を生きている。

満鉄関係の仕事をしていた父のもと新京で娘時代を過ごし、一年ほどの難民生活を経て仁川から佐世保へ引揚げてきた女性（当時一五歳）は、「人生観を変えた引揚げ体験」と題した手記を『平和の礎――海外引揚者が語り継ぐ労苦』に寄せている。そこでは、自分の体験は「もっとすさまじい引き揚げ体験者がたくさんおられる中で、苦労も少なくまだまだ幸いのほうだったのかもしれない」としながらも、引揚げ体験によって「純粋に人を信じるという心がなくなった私は、意地悪くすぐに人をひんむく癖がついてしまった[122]」と述べている。収容所を定期的に一泊するソ連のトラック部隊による強姦を防ぐために、父がソ連軍の隊長と交渉をし一泊のかわりに女性を提供することになった。「犠牲」となってくれる女性たちに父が手をついてお願いしていたことを書き添えている。

また、五歳という年齢でソ連に抑留された父と離れ、母と二人で難民生活を送った中川綾子は、具体的な苦難の記憶はあいまいであるのに、戦後六〇年経っても「少女が血の海の中で、ギャーと叫んだり」、「大きな海に一人ぽっちでプカ、プカ、浮いている自分」を夢に見てうめき声をあげるという。中国人等が泣き叫ぶお姉さんたちを馬小屋や河原へ連れて行く光景、その後、そのお姉さんたちを「オンリー」「パンパン」と誰からともなく呼び始めたこと、引揚げ船の中で病気になったときに「オンリーのお姉さん」がハーシーチョコレートや干しぶどう、缶詰などを食べさせてくれ、「あかね空」を一緒に眺めた記憶は鮮明だと書いている[123]。

おびただしい数のソ連軍の性暴力証言を読みつつ、この性暴力に対して、わたしは国際慣習法としての「ハーグ陸戦条約」（一九〇七年締結）に違反する戦争犯罪として、歴史的責任を問うべきではないかという思いを強くしている。ハーグ条約の第四六条では、占領地における「家ノ名誉及権利、個人ノ生命、私有財産」の尊重がうたわれている。「家ノ名誉」という家父長的な言い回しながらも、そこには、強姦による屈辱的な行為にさらされないという家族における女性の権利が含まれている。

榎本和子(一九二五年生)は、日本兵たちが敗戦直前まで行っていた性暴力も念頭に置きながら、ハルビン近くの長嶺子にあった満州基督教開拓村[124](第二次日本基督教開拓団、一九四五年四月入植)で受けた、ソ連兵による「男狩り(強制連行)」や「女狩り」の経験、旧内務公館の地下室で強姦されてもどってきた女性たちを囲んで、ほとんど聞こえない声で涙を流し合った経験を、以下のように書いている。

あのソ連兵たちは、いまどんな心境でいるでしょうか。国家の命令で戦争に行ったんだと、自分が強姦者であったことを忘れてしまっているでしょうか。忘れられないで生きているでしょうか。日本兵だった人はどうでしょうか。どの戦争が終わるときも、そこから恐ろしい戦後が始まります。戦争は終わった。戦後も終わった――国家の指導者がそんな話をするとき、嘘っぱち、と心が叫びます[125]。

「女の特攻」とか「性の防波堤」「性接待」という欺瞞的な言葉で「敗戦処理」を身体一つで引き受け、言葉を発せられないまま戦後日本社会の公的記憶から消されてきた性売買女性たちのことを、わたしは「歴史の忘却の穴」から少しは浮かび上がらせることができただろうか。わたしたちは、どうしたら彼女たちの〝かたきをとる〟（＝名誉回復を成す）ことができるのだろうか。

（1） 加藤聖文『海外引揚げの研究――忘却された「大日本帝国」』岩波書店、二〇二〇年、一七一頁。
（2） 富田武は、一九四五年七月に出された関東軍の「対ソ作戦要綱」は「やむを得ない場合は連京線〔大連―新京間〕、京図線〔新京―図門間〕以南の領域を確保して持久を策」するというもので、それは「満州の大部分を放棄し、首都と関東軍総司令部を通化に移転し、「皇土朝鮮」だけは死守しようというわけである」としつつ、「しかし真意は、すでに作戦を練っている「本土決戦」までの時間稼ぎだったのではないかと思われる。（沖縄が受けた扱いと同じである）」と指摘している。富田武『日ソ戦争　1945年8月――棄てられた兵士と居留民』みすず書房、二〇二〇年、六二―六四頁。
（3） 蘭信三「満洲引揚者のライフヒストリー研究の可能性――歴史実践としての『下伊那のなかの満洲』」福間良明・野上元・蘭信三・石原俊編『戦争社会学の構想』勉誠出版、二〇一三年、一四五―一四六頁。
（4） 同前、一五一頁。
（5） 前掲、加藤『海外引揚げの研究』二頁。
（6） 前掲、蘭「満洲引揚者のライフヒストリー研究の可能性」一六八頁。
（7） また、引揚げ者のなかに戦後日本の文学の一翼を担った人々が多いことに注目し、引揚げが作家などの表現者の誕生と不可分の関係にあるとみて、それを「引揚げ文学」と名付けたのは朴裕河《パクユハ》である。朴は、「引揚げ者」という呼称は「植民者」というべき存在をあいまいにすると注意をしつつ、「引揚げ文学」は、その植民者性ゆえに、「日本近代文学」の中で居場所を与えられなかった」とし、それが同時に戦後日本のなかで「引揚げが忘却されてきたことと同じ構造」であるという。朴裕河『引揚げ文学論序説――新たなポストコロニアルへ』人文書院、二〇一六年、一五頁。
（8） 広島県で最初に米軍の進駐先となった海田町の町長・肥田琢司の言葉（肥田琢司『政界追想』私家版、一九六四年、一九一頁）や、安浦ハウスを開設した横須賀署長・山本圀士の言葉（平井和子『日本占領とジェンダー――米軍・

売買春と日本女性たち』有志舎、二〇一四年、四二頁)。

(9)　前掲、蘭「満洲引揚者のライフヒストリー研究の可能性」一六七頁。

(10)　成田龍一は、藤原ていによる手記には、「他者」である朝鮮人の記述がなく、女性たちへの性暴力にかかわる記述も「慎重に避けられ、性的な体験はかかわり知らぬ他人のできごととして記されている」と指摘している。「「引揚げ」と「抑留」」『岩波講座　アジア・太平洋戦争四　帝国の戦争体験』岩波書店、二〇〇六年、一八五頁。

(11)　管見の限りでは、加納実紀代「「国策移民」の女たち――大日向村を中心に」(女たちの現在を問う会編『銃後史ノート復刊2』一九八一年)、同「満洲と女たち」(『岩波講座近代日本と植民地5』岩波書店、一九九三年)、もろさわようこ「移民・引揚げ・開拓者として」(『解放の光と影――おんなたちの歩んだ戦後』ドメス出版、一九八三年)。池川玲子は、『「帝国」の映画監督・坂根田鶴子――『開拓の花嫁』・一九四三年・満映』(吉川弘文館、二〇一一年)で、「満映女性監督」坂根田鶴子の一本の映画を通じて、戦争と満洲開拓と女性表現者の関係を分析している。ルポルタージュとしては、長野県送出の開拓団の女性たちの体験を、丁寧に聴き取った林郁『満洲・その幻の国ゆえに――中国残留妻と孤児の記録』(筑摩書房、一九八三年)、同『大河流れゆく――アムール史想行』(朝日新聞社、一九八八年)がある。難民生活の中で中国男性へ売られた日本人妻たちの聞き取りを行った小川津根子は『祖国よ――「中国残留婦人」の半世紀』(岩波新書、一九九五年)で、「残留婦人」は、「ふたつの国(日本と「満洲国」)の女性蔑視と悪習が重なり合った輪のなかに、すっぽりとはまり込んだのだった」と重要な視点を記している(一六一頁)。ルポルタージュとしては他に、陳野守正『大陸の花嫁――「満州」に送られた女たち』(梨の木舎、一九九二年)、杉山春『満州女塾』(新潮社、一九九六年)がある。

(12)　猪股祐介によると、「性接待」という語は、新聞や雑誌報道で使われるようになった語で、開拓団では「接待」と称されていたという。猪股祐介「語り出した性暴力被害者――満洲引揚者の犠牲者言説を読み解く」上野千鶴子・蘭信三・平井和子編『戦争と性暴力の比較史へ向けて』岩波書店、二〇一八年。

(13)　前掲、林郁『大河流れゆく』。なお、林によると、黒川開拓団の「性接待」に関するルポの初出は一九八三年九月の月刊誌(槙かほるの名で「満州開拓団・処女《おとめ》たちの凄春」『宝石』光文社)であったが、全く「無反応」であったという。掲載雑誌は遺族会が買い占めたという話を後年知った、とも語る(二〇二二年一月一九日聞き取り)。長い間開拓団員にとって秘しておきたい記憶であったことがわかる。

(14) 山本めゆ「引揚の記録/記憶における性暴力の主題歌――「水子の譜」を学び越えるために」『福岡　女たちの戦後』第二号、二〇一七年。

(15) 山本めゆ「戦時性暴力の再-政治化に向けて――「引揚女性」の性暴力被害を手がかりに」『女性学』第二二号、二〇一四年、同「引揚者の性暴力被害――集合的記憶の間隙から届いた声」『シリーズ戦争と社会3　総力戦・帝国崩壊・占領』岩波書店、二〇二二年。猪股祐介「満洲移民女性と戦時性暴力」前掲、福間他編『戦争社会学の構想』、前掲、猪股「語り出した性暴力被害者」。

(16) 加藤聖文監修・編集『海外引揚関係史料集成』第二五巻、『満洲篇――「満洲省別概況」(一)』ゆまに書房、二〇〇二年、一一頁。

(17) 同前、一一頁。

(18) 加藤聖文監修・編集『海外引揚関係史料集成』第二八巻『満洲篇――「満洲省別概況」(四)』ゆまに書房、二〇〇二年、一三五頁。

(19) 満蒙開拓団を最も多く送出した長野県では、二〇一三年四月、下伊那の阿智村に満蒙開拓平和記念館が開設された。館では、開拓団の史実とともに定期的に「語り部」による体験談を聞く会が催され、同年、被害当事者の一人であった佐藤ハルエさん(当時二〇歳)が初めて実名で被害を公表した。続けて、安江善子さん(当時二一歳、二〇一六年没)も実名で証言活動を行っている。

(20) NHK・ETV特集『告白――満蒙開拓団の女たち』二〇一七年八月五日放送。のちに、川恵実、NHK・ETV特集取材班『告白』(かもがわ出版、二〇二〇年)として書籍化。平井美帆『ソ連兵へ差し出された娘たち』集英社、二〇二二年。

(21) 「「性接待」語る、満蒙開拓の女性たち」『朝日新聞』二〇一八年八月二〇日。

(22) 前掲、猪股「語り出した性暴力被害者」一七七頁。

(23) 前掲、『朝日新聞』二〇一八年八月二〇日。

(24) 前掲、林『大河流れゆく』九六頁。林氏からのメール(二〇二二年一月一七日)。

(25)　山本めゆ「神聖化と卑小化のあいだで――引揚げと性暴力被害をめぐる記憶の形成とその揺らぎ」『植民地文化研究』第二〇号、二〇二一年、一八―一九頁。

(26)　「性接待　伏せられた記憶」、黒川分村遺族会会長・藤井宏之さん「満洲開拓団の悲劇、犠牲の上の次世代、寄り添い伝えねば」、満蒙開拓平和記念館長・寺沢秀文さん「告白の勇気に応えるために」『朝日新聞』二〇一八年一〇月二〇日。

(27)　林郁氏、電話での聞き取り。二〇二二年一月一八日。

(28)　前掲、平井美帆『ソ連兵へ差し出された娘たち』二八一頁。

(29)　林郁氏、二〇二二年一月一七日メール。

(30)　「満洲から増の原の再開拓へ――吉林省水曲柳開拓団」(語り手　寺沢テツコ)、満蒙開拓を語りつぐ会編『下伊那のなかの満洲　聞きとり報告集8』二〇一〇年、二〇頁、「集からはぐれて自決をまぬがれ――水曲柳開拓団」(語り手　高野ミツ)、同『下伊那のなかの満洲　聞きとり報告集7』二〇〇九年、五三頁。

(31)　原本は、敗戦と籠城のなかで日誌をつけた大古洞小学校長・近藤恵本部団員らによって記され、一九六八年に「太古洞開拓団生存者の会」会長・前沢覚郎、事務局長・宮島茂によってまとめられたものである。原本を復刻したのは、澤宜二郎(当時一六歳)で宮野田部落に在住、敗戦後大古洞開拓団本部の警備員として出向していた。自分の記憶と照らし合わせ、原本に註を入れている。なお、原本は「太古洞」と記されている。地図上の地名「大古洞」が正しいが、原本のママにしたという(『太古洞開拓団殉難の記』復刊に当たって」)。

(32)　「信号にて合図を送る」とは、同開拓団の北村栄美(一九三四年生)によると、旗を上げて合図をした、という(二〇二一年七月一一日聞き取り)。また、同開拓団に寄留していた西田瑠美子も、以下のように語っている。「清河鎮が見える学校の屋根の上に白い旗を付けて、ソ連軍や中国人の姿が見えたら旗を倒して知らせるようにしたわけ。女性は毎朝起きたら顔に墨と泥を塗りつけて、全部坊主頭にして、兵隊さんの帽子をかぶって、足にゲートルをまく、そして旗が倒れたら、一目散に学校の裏のトウモロコシ畑に逃げるんです」、「残った老人や子どもたちがソ連軍や中国人の相手をするわけ」。中国帰国者の会編『わたしたちは歴史の中に生きている――「中国残留邦人」と家族10の物語』二〇一一年、一二二頁。

(33) 長野県開拓自興会満州開拓史刊行会編『長野県満州開拓史　名簿編』(一九八四年)中の第八次小古洞蓼科開拓団員の名簿には「西田」という姓は見当たらないが、ここでは『殉難記』の記載のママとする。
(34) 語り手　茅野道寛・茅野玲子「旅順師範から開拓団教師に――第八次大古洞下伊那在満国民学校」満蒙開拓を語りつぐ会編『下伊那のなかの満洲　聞きとり報告集4』二〇〇六年、二四七―二四八頁。
(35) 古川重子「大古洞からハルピンへ脱出」飯田荘戦争体験文集作成委員会編『激動の時代を生きて――飯田荘の老人は語る』一九九六年、一〇二―一〇四頁。
(36) 二〇二一年七月一一日聞き取り。
(37) 中国残留婦人三名(鈴木則子、藤井武子、西田瑠美子)が国に対し、早期帰国実現義務違反、自立支援義務違反、精神的損害の賠償として一人二〇〇〇万円を求めて東京地裁へ起こした。
(38) 「国に捨てられたのです――中国残留婦人　国賠訴訟あす判決」『朝日新聞』二〇〇六年二月一四日。西田瑠美子ら三人の訴えは、東京地裁にて「非常なほどの事実は認定」されたが、請求は棄却された。
(39) 前掲、『太古洞開拓団殉難の記』一四頁。
(40) 前掲、平井美帆『ソ連兵へ差し出された娘たち』一四―一六頁。
(41) 前掲、『太古洞開拓団殉難の記』五頁。
(42) 北村栄美さん、二〇二二年四月二日聞き取り。
(43) 『長野県満州開拓史　総編』一九八四年、七一九頁。
(44) 高橋幸春『絶望の移民史――満州へ送られた「被差別部落」の記録』毎日新聞社、一九九五年、三六頁。
(45) 西田瑠美子の「陳述書」(東京地方裁判所平成一三年(ワ)第二六二六一号損害賠償請求事件で、甲第二一七号証として二〇〇五年二月八日に提出したもの。原告代理人弁護士　石井小夜子作成)五頁。
(46) 前掲、中国帰国者の会編『わたしたちは歴史の中に生きている』一二〇―一二一頁。
(47) 柏木俊文「抑留の木」特操広島会『陸軍特別操縦見習士官　出陣学徒乃奮戦記』一九九五年、一六九―一七〇頁。
(48) 鎌田正二『北鮮日本人苦難史』私家版、一九四七年、七九―八〇頁。
(49) 「秘話あり「大陸の花嫁」」「ユーラシアを駆けた男――高橋義雄漂泊の旅路41」『秋田さきがけ』一九九四年五月

二二日。
(50) 池端キサ「ソ満国境開拓団の敗戦後」伊藤正編『満洲開拓団史料　満洲開拓団雄勝郷の最後』私家版、二〇〇七年、四七―四九頁。
(51) 前掲、伊藤正編『満洲開拓団史料』五二頁。
(52) 前掲、小川『祖国よ』一六一頁。
(53) 小澤茂『私の従軍記』一九九九年、私家版、五四―五五頁。
(54) 森川健吾「軍隊生活回想録」新世紀に戦争を語り継ぐ会・児玉辰春・熊川賢編『三世代がいま語るわたしの戦争』二〇〇九年、一二〇―一二一頁。
(55) レイプが野生化した男性の本能によるものではなく、「戦争兵器」、支配 - 被支配を確認する行為であったことを指摘したのは、S・ブラウンミラー(Brownmiller, Susan, *Against our will: men, women and rape*, Fawcett Books, 1975)やB・リアドン(『性差別主義と戦争システム』山下史訳、勁草書房、一九八八年)、長谷川博子「儀礼としての性暴力――戦争期のレイプの意味について」(小森陽一他編『ナショナル・ヒストリーを超えて』東京大学出版会、一九九八年)など。長谷川は、レイプを「性表現を用いた攻撃である」とし、「相手に精神的肉体的苦痛と死の恐怖を与えるために集団の面前で行われるのが普通であり」、「彼らの優位性と支配を「敵」の瞳に焼きつけ、刻印する儀礼である」という。二八七頁。
(56) 前田保仁「「満赤」錦州病院看護婦たちの悲劇」福山琢磨編『人の心を破滅させる戦争をやってはならない　孫たちへの証言19』新風書房、二〇〇六年、一二三―一二四頁。
(57) 橋口傑氏聞き取り(二〇一七年三月二七日)。橋口(宮崎県出身、「富士の語り部の会」会長)は、その後、八路軍に流用され、野戦病院で働き、同じように万山十開拓団出身で看護婦として流用されていた女性(倉野氏、一九二六年高知県生)と結婚し約七年弱、中国大陸を縦断した。
(58) エイジェンシー概念について上野千鶴子は、「完全に自由な「負荷なき主体」でもなく、完全に受動的な客体でもない、制約された条件のもとでも行使される能動性」と定義している。上野千鶴子「戦争と性暴力の比較史の視座」前掲、上野他編『戦争と性暴力の比較史へ向けて』一一頁。

(59) 華井和子「激動の満州を逃れて」一九九六年、一〇五頁。
(60) 独立行政法人平和祈念事業特別基金編『平和の礎——海外引揚者が語り継ぐ労苦16』二〇〇六年、四四七頁。
(61) 井上良吉「祖国への脱走」『歩兵第二百四十六連隊史』(非売品)、一九九五年、三五七頁。
(62) 鈴木武四朗『投降せず栄光の帰還』旺史社、一九九九年、二〇〇—二一一頁。
(63) 渡辺諒『大いなる流れ——満洲終戦実記』満洲終戦実記刊行会、一九五六年、一五一—一六頁。
(64) 前掲、富田『日ソ戦争　1945年8月』二五八頁。
(65) それはドリス・E・バスが、ルワンダでの集団レイプ事件を裁く国際戦犯法廷で、すべてのレイプがフツ族からツチ族へのものに還元され、パターン化されたレイプ物語のなかで共同体の破壊が強調され、男性のレイプ被害とフツ族女性の被害が不可視化されたという時事に警告し、「被害者の脆弱性の程度や利用可能な資源、勇気ある行為や機転にも光を当てることの重要性」を主張していることとも通じる。Buss, Doris E., "Rethinking 'Rape as a Weapon of War'," *Feminist Legal Studies*, vol. 17, No. 2, 2009, pp. 145-163.
(66) 吉見義明『買春する帝国——日本軍「慰安婦」問題の基層』岩波書店、二〇二一年、一七三—一七六頁。
(67) 別のデータ(外務省調査部『海外各地在留本邦内地人職業別人口表』)によると一九三七年の「満州」の芸妓・娼妓・酌婦その他は、一万一七九八人となっている。前掲、吉見『買春する帝国』、表22、二〇三頁。
(68) 平林広人「新満洲国に於ける邦人の風紀に就いて——女性十字軍を興せ」『婦人新報』第四三五号、一九三四年三月(『日本婦人問題集成　第一巻』ドメス出版、一九七八年、四八七—四九一頁)。平林広人(一八八六—一九八六年)は、青山学院神学部講師、興農学園校長を経て、一九三三年に渡満。戦後は児童文学の翻訳に尽くす。彼は同報告のなかで、「真の王道楽土の満洲国を完成せしむるか否かは、男性のする軍事、政治、治安、経済各工作の他に賢明にして温い徳性を抱いて先駆する女性によらねばならないものが頗る多くあります」とし、「売笑婦」ではなく、「日本民族の名誉の為め、日本女性の真価の為に、進んでは東洋平和確立の為めに女性十字軍を興せ！」と主張している。
(69) 武蔵正道『アジアの曙——死線を超えて』自由社、二〇〇〇年、三八頁。
(70) 国松弘『シベリア大地を彷徨う』あきつ出版、一九九六年、四四頁。

(71) 久保田勲『望郷南満州鉄道』共同文化社、一九九〇年、四一頁。
(72) 坂本義和『ラーゲリ物語――兵士が初めて語るその真相』みるめ書房、二〇〇〇年、九三頁。
(73) 湯川十四士『脱出！――日本軍兵士の朝鮮半島彷徨』光人社、二〇〇六年、一九三頁。
(74) 船越源一編『鏡城――終戦前後の自分史』私家版、一九九三年、一五〇頁。
(75) 古久保さくら「満州における日本人女性の経験――犠牲者性の構築」『女性史学』第九号、一九九九年、七頁。
(76) 入江徳子「身代わりになった元慰安婦の方々」『女たちの太平洋戦争』朝日文庫、一九九六年、八八頁。
(77) 若尾和子『北斗の星』私家版、一九九六年、一一八―一一九頁。
(78) 松永道子「虚像満洲国での私の果敢ない青春」兼重拓友会『満洲開拓青年義勇隊嫩江訓練所兼重中隊史　魂魄燃えて』一九九六年、二〇四頁。
(79) 中谷和男『いのちの朝――ある母の引揚げの記憶』ＴＢＳブリタニカ、一九九五年、一三〇頁。本書はジャーナリスト・中谷による長沢孝子の聞き書きをまとめたものである。
(80) 渡部ヒロ子『おんなたちの満州』萌芽社、二〇〇六年、七一頁。
(81) 庄幸司郎『原郷の「満洲」』文遊社、一九九五年、二二二―二二三頁。著者は、ソ連軍の性暴力について語ることは、「社会主義や共産主義が誤解されることを恐れ、その名誉を傷つけること」になるのではないかと配慮し、これまで語らずにきたが「三十年間の遠慮がちの発言をやめてここに事実を記さねばならぬ」と書いている。二二三頁。
(82) 同前、二三一頁。
(83) 同前、二三四頁。
(84) パンパン、オンリーという言葉は、日本本土で米軍相手に売春する女性への蔑視を含んだ新しい呼称として使われたが、それと同じ言葉が新京や大連でも、当時使われたのかどうかは批判的に検証する必要があるが、本書では、回想録の表記に従う。
(85) 野本貞夫・野本泰子『幾星霜』私家版、一九九六年、三六八頁。
(86) 吉田律子『杳《とお》い日に』私家版、一九九三年、三六頁。

(87) 富永孝子『大連・空白の六百日』新評論、一九八六年、九四―九五頁。
(88) 藤原作弥『満州、少国民の戦記』文元社、二〇〇四年、二八五頁。
(89) 一九世紀後半から一九二〇年代にかけて、日本国外へ渡り売買春に従事した女性たち。主として、多くを輩出した九州北西部で「外国(唐《から》)行き」と称されたことに由来する。分布地域は時代とともにアリューシャン列島から中国・東南アジア・北米大陸・中東に至るまで拡がった。正確な数字はつかめないが、一九一〇年代初めには二万二〇〇〇人余に及んだといわれている。満洲については、倉橋正直『北のからゆきさん』(共栄書房、一九八九年)が詳しい。
(90) 前掲、藤原『満州、少国民の戦記』二八五頁。
(91) 『北国新聞』一九五六年四月九日。
(92) 前掲、藤原『満州、少国民の戦記』二八七頁。
(93) 千代倉喜代「大陸の死線を越えて――シベリア抑留者家族の苦難苦闘の記録」『いわれなき虜囚』第二二号、一九九二年、二一五―二一七頁。
(94) 寺川要「新京慰安所繁昌記――ソ連軍進駐に活躍した大和撫子たち」『別冊週刊サンケイ』第四一号、一九六〇年、七九頁。
(95) 梅室圭三『狡猾で、怖いロシア――徴兵は嫌だ!!』文芸社、二〇〇九年、二二一―二二三頁。
(96) 畑富士江『松花江のほとりに』森村書院、一九九八年、一八二―一八八頁。
(97) 長池秀子「中国での敗戦」高澤計以責任編集『太平洋戦争を生きた少女たち――尚絅卒業生の記録と追想』二〇〇三年、一〇九―一一〇頁。
(98) 辻口茂野「香蘭団の末路」藤田繁編『石川県満蒙開拓史』一九八二年、四八八頁。
(99) この問題についてほぼ初めて詳しく伝えたのは、自らも引揚げ者である上坪隆の『水子の譜――引揚孤児と犯された女たちの記録』(現代史出版会、一九七九年)である。
(100) 『引揚援護の記録』第一巻、クレス出版、二〇〇〇年、四―五頁。
(101) 樋口恵子「引揚女性の「不法妊娠」と戦後日本の「中絶の自由」」前掲、上野他編『戦争と性暴力の比較史へ向けて』二〇七頁。
(102)　山本めゆは、二日市療養所の医師たちの活動が英雄視され称えられる傾向にあること、一九八一年に建てられた二つの碑に、「被害者女性」の居場所が無いことに違和感を示している。「二日市保養所」との出会いと再会」『福岡女たちの戦後』第一号、二〇一六年。「水際で食い止める必要」から、仙崎港にも「不法妊娠」の「特殊婦人」対応があったことが、最近になって明らかになったと樋口恵子は書いている。前掲「引揚女性の「不法妊娠」と戦後日本の「中絶の自由」」二〇九―二一〇頁。
(103)　平和祈念事業特別基金編『平和の礎7』一九九七年、三七二頁。
(104)　岡部頼平「思い出すままに」黄金子朋友会編『戦後五十年記念誌　北辺の追憶』一九九六年、三三頁。
(105)　前掲、鎌田『北鮮日本人苦難史』六一頁。
(106)　熊切トミ「難民生活」長谷川要一編著『満州に夕日落ちて』一九八五年、二八二頁。
(107)　金田茂登女「奉天より母と子の引き揚げ体験記」神流地区戦後五〇周年記念企画実行委員会編『戦後五十年を振り返って　戦争体験記』一九九五年、二九二頁。
(108)　平井美帆は、「接待」に出された女性の一人・玲子さんから以下のような証言を聞き取っている。北から避難してきた七人の男性たち(関東軍の軍人とみられる)とともにやって来た七、八人の女性たち(軍「慰安婦」か売春宿の娼婦だったとみられる)が、「性接待」ではなく、ソ連兵の(酒宴などの)相手をしていた。前掲、平井美帆『ソ連兵へ差し出された娘たち』三〇〇―三〇五頁。
(109)　この「慰安婦」の存在に関しては、猪股祐介が、元黒川開拓団員であった男性からも、「関東軍についてきた「慰安婦」が「接待」に出てくれた」旨の聞き取りを行っている(二〇一八年一一月一〇日の猪股によるインタビュー記録、猪股提供)。
(110)　前掲、林『大河流れゆく』九六頁。
(111)　林郁氏、二〇二二年一月一八日聞き取り。
(112)　前掲、古久保「満州における日本人女性の経験」一頁。
(113)　水野つね『ソ連軍と女のたたかい』『ぼくもんちん』第三一号別冊、一九九三年、一一一―一一二頁。

(114) 前掲、中国帰国者の会編『わたしたちは歴史の中に生きている』八八―八九頁。
(115) 高田幸男「二人の乙女」極光の集い『地獄を見た男達』第七号、一九九八年、一〇三―一〇五頁。
(116) 『いわれなき虜囚』の発行人である「シベリアを語る会」の事務局へ、どのような経緯でこのような語りが記録されたのか、電話で問い合わせたが、第一巻から第二一巻まで編集をした男性は二〇〇一年に亡くなり、娘に当たる方はこの当時のことはわからないとのこと。
(117) 山野たつ江「女のたたかい」内藤清香他編『いわれなき虜囚』合輯本第二巻、三・四号、一九九六年、一八七頁。
(118) 同前、一八八頁。
(119) 同前、一八九頁。
(120) 沖田和代『天上の花――満州で何があったか』東京図書出版会、二〇〇四年、九六頁。
(121) 前掲、林『大河流れゆく』八九頁。
(122) 南風洋子「人生観を変えた引揚げ体験」平和祈念事業特別基金編『平和の礎19』二〇〇九年、一〇六頁。
(123) 中川綾子「あかね空」朝日放送編『語り継ぐ戦争――1000通の手紙から』東方出版、二〇〇六年、一九六―一九八頁。
(124) 戦争中、日本基督教団は、賀川豊彦の提案で満洲へ約二〇〇人のキリスト者を入植させている。場所はハルビンの西南約一六キロにある長嶺子で、団長は堀井順次であった。このことに関して牧師・戒能信生が「満州開拓基督村 隠された史実との出会い」(二〇一八年一二月二二日、NHKラジオ第二)で語っている。
(125) 榎本和子『エルムの鐘――満州キリスト教開拓村をかえりみて』暮しの手帖社、二〇〇四年、一〇六頁。

第三章
集団自決とジェンダー
――開拓団少女の「引揚げ」体験

はじめに

わたしが北村(旧姓・澤)栄美《えいみ》さんと出会ったのは、二〇二一年七月、満蒙開拓団を全国で最も多く送り出した長野県の下伊那に開設された満蒙開拓平和記念館を訪れたときだ。同記念館は、民間の寄付をもとに県や自治体が補助し二〇一三年にオープンした、全国でも唯一の満蒙開拓に特化した民営の博物館である。

訪れた土曜日は開拓団関係者(「語り部」)による証言の日で、この日は、栄美さんが同記念館で初めて「語り部」をする日に当たった。長男の彰夫さん(一九六〇年生)が質問をし、栄美さんが答えるという形で話が進み、会場の参加者が北村家にお邪魔して親子で交わされる語りに耳を傾けるかのようなほのぼのとしたムードとなった。途中、突然、彰夫さんが、「黒川開拓団のようなことは無かったの?」という質問をされ、わたしは予想していなかった質問に身を乗り出した。栄美さんは、「うーん、黒川のようなことは……」と、ちょっと間を置き、「二人のよその団のひとがいけにえになってくれたの」と答えられた。「犠牲者」でもなく、「身代わり」でもなく、「いけにえ」という印象的な言葉を使われた。

講話終了後、一緒に訪問した友人とともに栄美さんを囲んで話をうかがった。女性を求めてやってくるソ連兵の姿が見えたら旗で合図をするのが子どもの役割だったこと、その様子を茶化す替え歌を子どもたちがつくっていたことを聞いた。栄美さんがその場で歌う「ロモーズの歌」を聞いたとき、鳥肌が立った。

図1　満洲へ発つ1か月前自宅の前にて．右端が栄美．大事な『女子幼稚園』を持って(1941年5月)

本章では、第二章で取り上げた長野県送出の第八次大古洞下伊那郷開拓団へ、父母に連れられ一家六人で入植した北村栄美さん(以下、栄美)の語りから、ひとりの女性のライフ・ヒストリーを通して、満洲体験や敗戦、引揚げ、そして「引揚げ後」を考える。特に、集団自決をめぐるジェンダーや、成人女性たちがさらされていた性暴力に対する子どもたちのまなざし、引揚げでも、「引揚げ後」でも、生き延びるために発揮される子どもの知恵と力に注目したいと思う。また、ソ連軍へ「提供させられた」二人の女性に関しても、栄美自身が見聞きした後日談を紹介し、セクシュアリティの視点で考察する。

一、大鹿村を後にして

澤栄美は、一九三四年三月、長野県下伊那郡大鹿村に父・富雄、母・ますゑの二番目の子どもとして生まれた。長野県の満蒙開拓団送出数は全国でも突出している（約三万三〇〇〇人）が、その背景には養蚕業の衰退による経済的困窮、耕地面積の狭さに加えて、行政や教育界のリーダーに満蒙開拓推進論者が多かったという複合的な要因があった[1]。

全国的に、寒村では一九三二年からの「農山漁村経済更生運動」に乗じて、開拓団への送出を条件とした補助金を得ようとする動きも盛んであった。大古洞開拓団も下伊那郡町村会が送出の母体で、栄美は「さかんにあっちからこっちから出るように言ってきて、しまいには村から何軒か出すようにと半ば強制的だった」、「村に迷惑かけるわけにはいかんでな」と渡満の背景を語る。また、二年続けて土砂災害に遭い、田んぼに大きな岩が流れ込み、稲作が出来なくなったことも一家の背中を押した。豪雨は自然災害であるが、背後の山は「久富《くとみ》さま」と呼ばれた資産家の山で、その山が丸裸になるほど木が伐採されたことも土砂災害が起こった要因の一つだと、栄美は思っている。

一九四一年春、澤一家は出征兵士の見送りと同じように、村のお薬師様の前の集会場に集まった人々に送られて大鹿村を発ち、初めて見る電車（飯田線）に乗り、名古屋の母の実家へ寄って別れの挨拶をした。このとき、大切にしていた雑誌『女子幼稚園』（図1で栄美が手に持っている）を置いてきてしまったことを栄美は後々まで悔やんだ。ここで大鹿村の伊藤家一行と合流し、新潟から出航、朝鮮の雄基に上陸して、図佳《とか》線で佳木斯《ジャムス》を経て、泥水の大河・松花江を船で航行し、三江省通河県の大古洞開拓団、宮野田部落へ入植した。

開拓団は一三部落に分かれ、それぞれ故郷の伊那谷にちなんだ名前を付けていた。現地着後、栄美は髪の毛が抜けてしまうほどの高熱を出して、生死の境を彷徨《さまよ》った。満洲の水が合わなかったのだろう、なかには家族全員が死亡した家もあった。入植以来亡くなった人々の墓の多さを目の当たりにし、一命をとりとめた栄美は、子どもながらも開拓団の生活の厳しさを知った。

大古洞国民学校②二年生に編入したものの、栄美は隣部落への子守奉公、家畜の飼育と妹たちの世話に追われて、まともに学校へ通うことが叶わなかった。やっと豚にエサを与え終わるのは、同級生たちが帰ってくる頃か、たとえ授業時間に間に合ったとしても立たされるだけであったが、母はいつも、「立っとるだけでもいいから、学校へ行け」と、栄美を学校に行かせたがった。その親の気持ちが「今になってよくわかる」と栄美は言う。

このような状態が続いた末、国民学校六年生の時に敗戦。学校は閉鎖、難民生活のなかで、母や弟妹と別れ、兄と二人で引揚げてきた栄美は、以後まったく教育を受ける機会を失った。義務教育を受けられなかったことに由来する不便さや悲しさは栄美の人生に常について回ったが、それ以上に、思慮深く気丈だった母をはじめ、人生の節目節目で出会った人々のことを「わたしの生きた教科書」と誇りにしている。

二、開拓団の生活

入植した年、その翌年と、宮野田部落の人々は共同作業で水路を引いて耕し、葦を引き抜いて田んぼらしくなったところで、くじ引きをしてそれぞれに土地を割り当てた。田んぼや水路に関しては、元々この地を耕していた人々があり、③ その跡に自分たちが水路を引いたり、田んぼを作ったりしたことを、栄美より五歳年上の兄・宜二郎が『下伊那のなかの満洲　聞きとり報告集2』④ で語っている。

ノロと呼ばれる鹿や、雉、鶴が稲を食べにくるのを子どもまで一緒になって必死で追い払って、やっと四五年に軌道に乗り、「今年は米が食えるぞ、米が食えるぞ」とみんなで楽しみにしていた。それ以前も米は少しは収穫できたが、一九四一年から軍へ供出しなければならなくなって、開拓民の口にはほとんど入ることがなかった。

「王道楽土といったって、そういう現実から考えるから、わたしらは、政府は信用できないと思うよね。子どもでも」と、栄美は一つ一つの満洲体験から思うのである。

開拓団の人々は出身地ごとに、図2のような部落をつくっていたが、破線で囲んだ「朝日部落」には被差別部落出身者と左翼運動をした人たちが入植し、学校の前には朝鮮から移住してきた人たちも住んでいた。朝日部落のHさんから頼まれて栄美は子守に行くようになった。誰かから聞いた朝日部落を指す差別的な言葉を帰宅して意味もわからないまま口にしたら、母に「そんなことを言ったら口をひねるぞ」と叱られた。朝日部落は他の部落と違って丘の上にあり、周りが土塀で囲われていなか

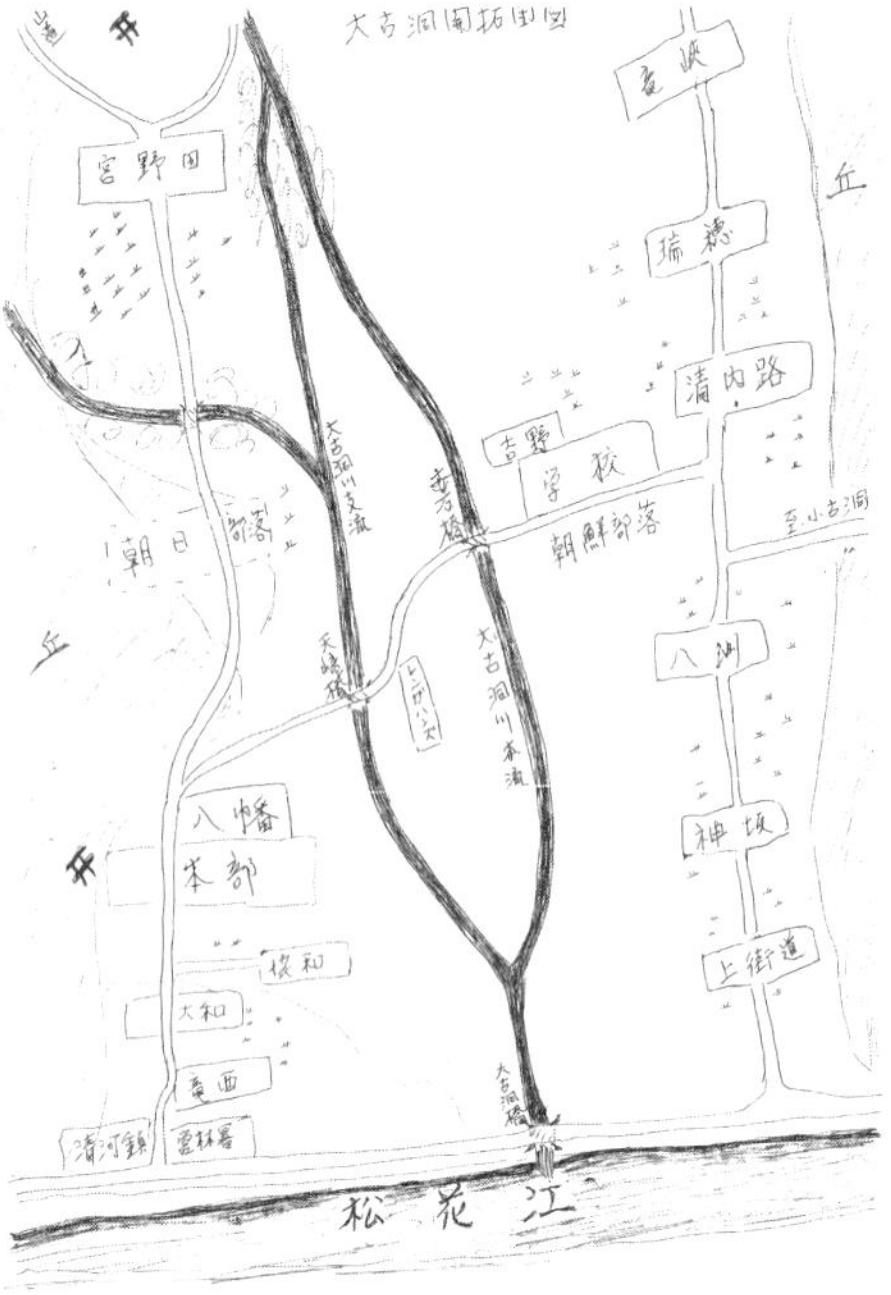

図2　大古洞開拓団概略図（北村栄美・画）

ったことが子ども心に不思議に思えた。

入植した年の暮れに三男・文明《ふみあき》が、一九四四年の一二月に四女・洋子が生まれ、家族は八人になった。母は二人の出産を夜中に独りでこなし、家族でさえ気がつかないうちに産後の処理をするような気丈な人だった。

一九四二年暮れ、父は奥山で伐採作業中に倒れてきた大木の直撃を受け、頭が陥没する大けがをし、瀕死の状態で山から下ろされてきた。一冬、人事《じんじ》不省《ふせい》になり、医者もいない診療所で、母が付き添った。その後肋膜炎を患った兄も診療所へ入った。家では一〇歳の栄美を頭に、妹と二人の弟の四人だけの生活で、凍てつく井戸からの水くみ、馬・豚の世話、「焚きもの」（薪）採りまで栄美の小さな肩にのしかかってきた。最低気温零下三〇度になる満洲では、「焚きもの」は切らすことができない。一人で野山に採りに行くときは、オオカミがいつどこから出てくるかと一時も気が抜けない。凍てついた木の枝を折ると、ピーンと鋭い音があたり一面の空気を震わせた。

二か月後、やっと両親は帰って来たが、その間に母は目を患い、父は何とか回復したものの五分前に喋ったことも忘れるような状態で、指を動かすのにも不自由した。このような状態の父までも、敗戦直前の「根こそぎ動員」の対象になった。

この間のストレスと栄養不足からか、栄美は、突然目に針金を突きさされたような痛みとともに一時失明した。母はお金もないのに隣の小古洞開拓団から医者を呼んでくれ、医者が与えてくれた目薬をさすようになって徐々に回復できた。

八月一〇日、通河県公署(県庁にあたる)から満一七歳から満四五歳までの男性へ召集命令がくだった。「三日分のおにぎりと藁草履を持って来い」との指令で、母は急ぎ何足も藁草履を編んだ。父は団のみんなと一緒に行けることが嬉しいようで、ニコニコしながら「ちょっくら行ってくるでな。おりこうにしてるんだぞ。じき帰ってくるでな」と栄美たちの頭を撫でて、「奉公袋」と母のつくったおにぎりを腰にさげ、みんなの後について行った。このとき召集された大古洞開拓団員は五九人、佳木斯の松花《しょうか》部隊へ組み込まれている(5)。その後、父はシベリアへ送られ、クラスノヤルスクで病気だということで帰され、北朝鮮の興南収容所で死んだと人づてに聞かされている。

三、敗戦――「玉砕」は男の思想

八月一七日、本部へ集められた部落長が帰ってきて、栄美たちへも敗戦が知らされた。前述のようにこのとき、小学校六年生だった栄美は、学校から拡がった麻疹《はしか》に罹りフラフラしながら母の着物の裾をつかみ、「洋子はどうなるの?」と、まだ生まれて八か月の妹のことが心配になった。その晩は不安で、三、四家族が一か所に固まって寝た。

他の部落は学校か本部へ集結した。『太《ママ》古洞開拓団殉難の記』によると、団長は状況把握のため「大平山の関東軍陣地へ電話するも、既に転進のあと」で、県公署へ電話をしたら「副県長は既に通河街在住の日本人と共に〔中略〕松花江を渡り方正方面へ避難せり」と知らされている。翌一八日には、清河鎮の日系警察官も方正方面へ発ち、大古洞開拓団は北満に孤立することとなった。

この日、本部において部落長会がもたれ、「日本開拓民として第二の故郷のこの地を無条件で退散することは余りにも悲惨である。玉砕するも最後までこの地に留まること。既に軍・県共われわれを見捨てたものとしか考えられない」、「男女武器を持って戦い得るものは徹底抗戦、最後の場合は全団員及び家族を校舎に収容自決、更に石油(多量の保有有り)を撒布して放火、全員アッツ島の勇士の如く玉砕すること」と記されている(『殉難の記』四頁)。

このような団長らの決定を栄美は以下のように語る。

宮野田〔栄美たちの住む部落〕は、山の方から匪賊が来るかもしれんで、来たら、どっかの家に火をつけてのろしを上げりゃあ、それからこっちへ逃げてこい、と。そして学校へ集まって、最後の一人まで戦って死ぬちゅうことをそのときに〔決めた〕。これ、男の衆ばっかりよね、おじいさんばっかり(笑)。今、思えば面白いでしょ、だけどわたし思うのは、軍隊いうものはそういうもんだと。だけど最後の一人まで戦って死ぬんだと、そのとき決めたけど、そういう都合のいいことがいっぺんも無かった(笑)。おばさんたちを守るために、おじいさんたちが一生懸命考えてくれたんだけどね(笑)。

栄美は、「最後の一人まで戦って死ぬ⑥」という「玉砕」の思想は、男性的、軍隊的発想であり、現実にはそのような場面は一度も訪れなかった、と笑う。「玉砕」の思想は、当然「集団自決」の実行へとつながる。

八月二〇日、栄美たちは河東側の丘の向こうの小古洞の空が真っ赤に燃えているのを見た。翌日、小古洞開拓団は集団自決をはかり、最終的に死ねなかった人たち数十人が大古洞へ逃げてきた。第二章二節(2)で述べたように団長以下二百余人は、「服毒後吾我に放火し飛び込み自決、松本ら五十余名は乞いにより家族を銃殺の上、自決におくれた者を集めて避難」(『殉難の記』五頁)してきた。したがって、大古洞に到着したときのかれらの顔は「泥埃にまみれ、髪の毛は焼けちぢれ、目玉があるだけで、この世の者とは思えない形相だった」と栄美はいう。

集団自決を決めたのは団長たち男性幹部である。女・子ども・老人はそれに従わされた。『殉難の記』には、「乞いにより家族を銃殺」と記されているが、家族に「乞われた」というより、成人男性が「家長」としての責任で女・子どもを殺害したと考えるのが妥当だろう。長野県の開拓団に関係する人々が一家に一冊必ず携えているという長野県開拓自興会満州開拓史刊行会編『長野県満州開拓史』（全三巻、一九八四年）の『名簿編』の第八次小古洞蓼科郷開拓団のページをめくると、一人ひとりの名前の下の「生死の事由」にずらりと並ぶ「殺害」という文字に息を呑む。一家の主である男性は「復員」、妻以下子どもたち全員が「殺害」となっているケースが最も多い名簿は、「集団自決」という名の女・子どもへの暴力と、敗戦後の「外地」におけるジェンダー非対称な構造を静かに浮かび上がらせている。

小古洞からの避難民は竜西・大和など六部落とともに学校へ収容された。他の部落の人たちは本部で、栄美たちは清内路と三か所に分かれて集団で暮らすことになった。敗戦になった直後、一瞬、みんな投げやりになり、大切にしていた鶏や豚を殺して食べた。馬や牛は尻を叩いて野に放ったが、不思議なことに夜になったら帰って来た。栄美は、二〇一一年の福島の原発事故のときに、置き去りにされ、やせ衰えた家畜たちの様子に自分たちのあのときの姿を重ねたものだという。

学校から発生した発疹チフスや栄養失調で一〇歳以下の子どもがバタバタと死んだ。食糧も底をつき、連日「匪賊」の襲撃を受け、先の見えない生活のなかで絶望していたので、親たちは子どもたちが「死んでくれた」という言い方をした。

栄美の家でも、九歳のちい子（千裕《ちひろ》）が赤痢に罹り真っ赤な血を鼻から口から出し、末娘の洋子も咳きこみ衰弱した。かつて兄の肋膜炎を治した経験から、一家はアスピリンを使っていたが、残りが少なくなっていた。母は一つの決断をし、栄美に「ちい子にだけ薬をやれ、洋子の重湯《おもゆ》はちい子にやれ、一人だけでも治したいから」と指示した。栄美が内緒で自分のお粥を洋子に与えると、頬がぼぉーと赤くなり、笑顔を浮かべた。栄美は食べ物のもつ力に目を見張った。そのことに気づいた母は、「可哀そうに。何時までも苦しめるだけじゃあないか」と厳しく栄美を叱った。薬を止めて約三日後の一九四五年一〇月一七日、青い顔に変わった洋子は亡くなった。

塩鮭の木箱に洋子の亡骸を寝かせ、ちり紙で作った花を添えて凍てつく土の中に埋《い》けた。栄美が毎日のように土葬場所へ行くのを見て母は、「こっちで引き留めていたら極楽へ行けない」と栄美の行動を止めたが、ある日、栄美は洋子を木箱から出して抱っこして号泣している母の姿を目撃した。

四、「匪賊」は悪い連中ではない

宮野田の自分たちの家に戻ってみると、家は「満人」に荒らされてすべて持ち去られていた。そこへ「匪賊」がやってきて、全員集合させられた。金を持っていないかどうかの身体検査が始まった。兄と部落長はからげられ(縛られ)ている。栄美は真夏だというのにねんねこばんてんを着て、服を丸めて赤ん坊の頭のようにし、それをおんぶして自分の番がくるのを待っていた。服を丸めて人形にしたのは、一枚でも多く服を残しておきたいという母の知恵であった。栄美は恐怖で泣き出しそうなのを我慢して、赤ん坊をあやすように、身体を小刻みに揺すっていた。いよいよ栄美の順番がきたとき、母がぱっと胸を出して「乳をやるで来い」と呼んでくれた。栄美は母の胸に飛び込んで、背中の赤ん坊に見せかけた服のふくらみを母の乳房に近づけた。その瞬間、兄が中国語で「匪賊」の気を引くように一生懸命話しかけてくれて、結果、検査を逃れることができた。兄は「ニューピーズ(生意気)だぞ」と言われ殴られ、叩かれても叩かれてもしゃべり続けていた。

　このとき、「兄は、鉄砲の先に赤い布をつけとったよ、何のつもりやら」と、栄美は笑う。宮野田部落には、熊に噛まれて動けないおじいさんと、動員年齢に達しない男性が三人か四人いただけ。一七歳の兄が一番年上になる。「カラ元気出しとったんでしょう」と、年齢以上の働きをしようと懸命だった兄の姿が栄美の記憶に鮮明だ。

　このエピソードに表れているように、母や兄の意図に気づきながらも栄美を見逃してくれる中国人の大らかさは、日本軍とは違う、と栄美は強調する。「匪賊っていったって、昨日までわたしたち日本人のところで、苦力《クーリー》として働いていたような人ばっかり。悪いことするような連中じゃない。ただ長年、着るものや食べるものもなく、さげすまれていた人たちが日本人の飼っていた馬に乗って鉄砲かついでやってくるだけ」。

　大古洞開拓団の本部では、戦争中二人の「満人」を使っていた。大事にしていたので、彼らが本拠地とする清河鎮へ帰った時に「ここの衆は悪いことをしなかったので、ひどい仕返しは控えて欲しい」と言ってくれたらしい。そのことも、この開拓団が、集団自決という選択を迫られるような場面を一度も迎えることがなかった背景の一つにあるだろう。

五、「子ども」たちのあっけらかんとした強さ

二〇二二年二月二四日、ロシア軍がウクライナへ軍事侵攻して始まったロシア・ウクライナ戦争。栄美は軍事侵攻を受け破壊された街の映像や、夫や父親と別れて国外へ避難する女・子どもの姿を見て、泣けて泣けて何日間か、食事も喉を通らなかった。そして、記憶の底に沈んでいた、ソ連兵の姿がまざまざと蘇ってきた。

それは初めてソ連兵を見たときだった。妹の千裕が百日咳で寝ている部屋へ、二人のソ連兵が編上靴のままダダッと入ってきた。「マダム、ダワイ！」(女を出せ！)と、布団をバッとめくったときに、妹が咳きこんで洗面器に血がまじったものを吐いたのを見て去った。「あの時のやつだ！」と、テレビのロシア軍を見た瞬間に思い出した。「カッと見上げたら、こんな高いところにベルトがあって、鼻がこんなに長くて、ビー玉が二つあったのよ。緑色のビー玉」、「あの時のあいつと一緒だ」、と。忘れていたことも、何かの瞬間に思い出すことがある。栄美は戦火の下にある人々へ、「生きてくれー！」と心の中で叫んでいる。

『殉難の記』によると、八月二二日、ソ連軍の使者が来団し、日本の敗戦を告げた。武器を取り上げ、本部付近の住民を集めて腕時計や紙幣などを掠奪して去った。翌日から、連日ソ連兵の掠奪や強姦が始まる。女性たちが顔に墨を塗って男装しても、彼らは服を脱がせて検分するのですぐに見破られた。

団で相談して、女性たちは日中、草原に潜伏することにした。栄美たち開拓団員は、ソ連兵のことを「ロモーズ」と呼んだ。彼らは、駐屯する清河鎮から大和坂を登って、日中に軍服姿で鉄砲を担ぎ馬を蹴立ててやってくるため、団ではその姿が見えると屋根の上に昇り旗をあげ、帰って行ったら旗を降ろすという合図を送ることにした。ソ連兵の来襲の合図を受け、栄養失調で弱っていた赤ん坊を負ぶって草原に身を隠した母親が帰ってきて見てみたら背中の子は死んでいた、ということもあった。合図を送るのは子どもたちの役割で、我先にと屋根に上って旗の上げ下げを行った。命がけの日々にもかかわらず、「匪賊」やロモーズが帰ってしまえば、不思議なほどに、みな開き直って明るく、子どもたちは「軍隊小唄」(一九三九年)をもじって次のような替え歌さえつくった。

「ロモーズの歌」
今日も来る来る、ロモーズが／大和坂を馬《そく》で来る
女探しに来るのでしょ／おばさん、逃げる、その姿
ホントにホントにごくろうさん

子守や家畜の世話でほとんど学校へ通えなかった栄美にとって、敗戦は大きな転機となった。前述したように、一九四四年、山で大けがをした父と父に付き添った母、さらに肋膜を病んだ兄が診療所へ入り、家を留守にしていた間、国民学校四年生だった栄美は、妹弟たちの食事の用意と、豚

や馬、鶏の餌を炊くことで精いっぱいの日々だった。友達が学校へ行く間、栄美は一人でオオカミの出没する山へ「焚きもの」を採りに行かねばならない。学校へ行くどころではなかった。

そのようなある日、校長先生が狩りで栄美の家の近くを通ると知って嬉しくなり、庭を掃き、髪をとかして待ち、その姿を見つけて大声で挨拶し、丁寧なお辞儀をした。校長先生は、「おー、あまり学校を休んでばかりおると、お父さんとお母さんが監獄へ入れられるぞ」と言って通り過ぎた。「校長先生が言われることだから本当だ！」と思った栄美は、それ以来、恐怖の日々を過ごした。

敗戦の報が届いたと同時に、学校は閉鎖となった。「学校がなくなる。みんなも学校へ行けなくなる。私ばっかりじゃない」。誰にも言えずずっと胸に秘匿していた、父母が監獄へ連れて行かれるという恐怖から解放されて、やっと安心した。それ以降、みんなと気楽に遊べるようになった。「匪賊」が襲来しても、団のエライ人から「死ね」と言われても、みんなと同じでいられることは、栄美にとって嬉しいことであった。


敗戦になってから、それまで学校におった時には、できる子、できない子とか、いろいろ区別、差別があったじゃない、でもこの時になったら、いっさい、それがなかった。子どもたちが、ものすごくあっけらかんとして、たくましかったと思う。みんな、できること何でもやる、ほいで、助ける。本当にあの時の子どもの団結力というのは、あれが本当の人間の姿なんじゃないかって。勉強は関係ないの。学校ないんだから、何もできない子も、いばっとった子もいざとなったら一緒になって遊べる。それから歌もつくった。

〔鍋墨を塗って〕黒い顔をしとっても、ボロを着とっても何もはずかしくない。今から思うとすがすがしい。

歌も歌うし、もう死ぬだけなんだし、日本へ帰りたいと思う暇もない。ただ、そこにある物を分け合って食べればいいんだ。ただ「ひたすら最後の一人まで戦って死ぬ」〔という団長たちの決定〕がなくなっとった(笑)。それは団のおじいさんたちが考えてくれたんだけど、女と子どもがやっぱり強かったと思う。あれが男がやっとったらおさまらん。

――ああ、すごい言葉ですね。

うん。ね。生きるっていうの。物を生み出すこともすべて女がやった。

学校へ行ける/行けない、勉強のできる/できないに関係なく、子どもたちは「生きるために平等」で、団結し、協力し合い、そのさまを栄美は、「今から思うと、すがすがしい」と言い切る。そして子どもたちは「最後の一人まで戦う」という団の男性たちが敗戦直後に下した悲壮な決断とは無縁の「生き延びる力」に満ちていた。

六、「いけにえ」になった二人の女性へ

第二章二節(2)で触れたように、ソ連兵への女性の「提供」に関して、栄美は一般団員と同じく、「漂河と小古洞開拓団から二人の女性が、自らいけにえになってみんなを守ると申し出てくれた」と語る。一一月二五日に本部にいた栄美は、校庭前に団員が集合し、団員号泣のなか二人をソ連側へ送り出した場には参加していない。しかし、『殉難の記』では五日後(栄美の記憶では約二週間後、「漂河開拓団の西田」の妹・瑠実子の記憶では三か月後)に団へ帰されてきた二人を、こともあろうに団の内部から心無い言葉で迎える人たちがあったことはよく覚えている。

これは、あの、いわゆる人間の性《さが》の恐ろしさだと私は思っとるの、なんていうの、中には、あの衆、いいことしてきたで、どやったね？　大きかったかね？　という人たちがいたの。そういう人も男の人には飢えとるの。わたしは子どもで意味がわからんのに、ものすっごく卑劣だ〔と思った〕。だってそんなところへ二人行くなんていいことじゃないじゃない。許せんなーと、その時は思った。

――それは女性が言うのですね？

女性が言うの。それは今、考えるんだけど、その人も、人間的に飢えとる、若い身体の女性が子どもだけ押し付けられて、ね。そいう言葉が出ても不思議ではないな。

――けど、今の時点では……

この人たちも飢えとったんだな。悲しかったんだな。大人になって考えると、戦争のなかで出てきた問題なんだなと。

ソ連兵への「性接待」として提供された女性たちが、出されるときこそ感謝されたが、帰ってきた後は「汚れた女」として貶められ、差別的視線にさらされたという例はよく見られる。第二章五節(3)でも多数あげた。

性暴力の犠牲者へ差別的なまなざしを向けた者は男性に限らず、女性にもあったことが、この栄美の証言からもわかる。子どもの栄美はそれに対し「卑劣だ!」と怒りを覚えたが、年を重ねた現時点で振り返ってみると、そのような言葉を発した女性たちも、夫不在のなか独りで子どもの命を守らねばならない緊張した日々を生きていた。

そして、栄美はこうした若い女性たちも性的に飢えていたのだろうという。「女性は性的に受け身である」という男性仕立ての常識を覆し、女性にも性的欲望があると主張したのは日本では一九七〇年代に展開されたウーマンリブ(第二波フェミニズム)である。栄美は、フェミニズムの論理こそ知らないが、長い戦後史を生きるなかで、そのことを体験的に獲得していたのだろう。

七、達連河炭鉱へ、そして弟を中国人へ預ける

一九四六年三月二〇日、栄美たち一家は十数家族四〇人ほどの集団で大古洞開拓団を離れ、松花江

の対岸にある達連河《ターレンホウ》炭鉱の苦力募集に応じることにした。この決断は母が行った。戦争中、満洲炭礦株式会社が運営していた炭鉱は、主な設備や機材をソ連軍が持ち去ったあと、中国人たちが建て直しをはかっていた。給料は出ないが、宿舎があり主食と石炭を与えてくれるという募集条件を信じることにしたのである。中国人の苦力を使っていた日本人たちが、今度は苦力として使われることになった。松花江の氷が溶ける前に向こう岸へ渡らねばならない。

大古洞開拓団本体には、現地にとどまって農業を続けたいという意向の者が多かったが、少しずつ離脱したり、「満人」の苦力になる者、「満人妻」になる者などが見られた。⑦依蘭《イーラン》に駐屯する朝鮮独立軍⑧によっても精米施設や機械などを強奪された。

五月七日、ハルビンに向けて移動することを決め、当時この地域をおさめていた国民党軍・八路軍に所持品検査(没収)を受け、「満人」に「怒号と涙」で見送られて、現地を後にした。六月一八日、ハルビン着、花園収容所に収容される。伝染病が蔓延し、八月二五日までに四九三人中、団長、学校長以下二七五人が発疹チフスで死亡した。九月四日、全員に引揚げ命令が出る。⑨

一方、炭鉱労働者となった栄美たちは達連河の病院だった建物へ入ることになり、共同生活が始まった。「主食あり」とのはずであったが、開拓団が供出した高粱《コーリャン》・粟などは倉庫にうず高く積まれるうちに蒸れて塊になり、洗うと白い水となって流れ、底に残るのは皮だけ。栄美は、騙されたのではなく、日本人が「満人」にしたことと同じことをされただけだと思った。野辺のあらゆる食べられる草を摘んでは、塩で味付けして食べてしのいだ。

次々と栄養失調で倒れる人が出るなか、末の弟の文明も腹だけが膨れあがり目玉がギョロギョロになるほど痩せ細り、このままでは二、三日も持たないだろうと思えた。母は、「もう一人も死なせたくない、死なせるよりはなあ」と言って、以前から、「ぜひ、子どもを育てさせてくれ」と言ってきていた「満人」・李広林《リコーリン》の許へ、日本へ帰るときには返してもらう、という約束で文明を預けることを決意した。李広林は、電設屋で子どもがなく、栄美の兄が彼の下で働いていた。

約束の日の夕方、栄美は文明を李広林のもとへ連れて行った。近くには朝鮮軍や八路軍、国民党軍などの軍隊の駐屯地があり、山へ入ったら死体がたくさんあり、悲しさに加え、本当は殺されるのではないかという怖さもあった。李広林の家へ着いたものの、文明が泣き出したのを機に踵を返して、文明をおぶって母のいる病院跡へ走って帰った。玄関の扉にカギがかけられていたので、窓の下へ廻ってトントン叩くと、母は何にも言わずに手を伸ばして文明を受け取り、ベッドにあげて寝かせてくれた。母は待っていたのだ。

翌朝、日本語を使える朝鮮人を連れて李広林のほうから迎えにきた。兄は「また、昨夜みたいに帰って来いよ」と栄美にささやいたが、到着後に栄美は追い出されてしまい、しょんぼりと帰ってくるしかなかった。

母からは、文明を見に行くな、と禁じられていたが、しばらくして千裕とそっと見に行った。あんなに痩せていたのにふっくらと肥えて、ちょこっとこっちを向いて口をつぼめてえくぼをつくりニコッと笑った。笑ったがこっちへは来なかった。「行けれん、と思ったのかなあ」。あの幼い文明の顔が栄美が見た最後となった。

帰国後、栄美は長い時間をかけて現地に残留した人々との文通を重ね、文明の様子を知ることができるようになった。しかし、文明は一九八四年一二月二〇日、農作業中の事故で亡くなってしまった（享年四二歳）。文明は達連河の残留邦人の集まりへも参加せず、一貫して、自分は中国人だ、と主張していたという。中国残留孤児として、肉親を捜し、帰国を切望する人々をテレビなどで見て胸がゆさぶられる一方、栄美は、「自分を中国人として生き通した弟は、あっぱれだと思う」、「そう思うように、自分に言い聞かせている」と語る。そして、弟と妹が生まれて、育って、亡くなった国である中国を大切にしたい、敗戦後、侵略者だった日本人に広い心で接してくれたことを忘れてはいけないと思っている。

図3　1995年の訪中で，澤一家が住んでいた宮野田部落の家の辺りで拾った石に，亡くなった3人の名前を書き，自分で縫った袋に入れ，大鹿村への墓参のときに持参している

八、母たちと離れて、兄と二人で「引揚げ」

一八歳になって、各地の情報を集め、集団のなかで大きな役割を担うようになっていた兄が、依蘭から「今年最後の日本への引揚げ船が出る」という情報を得てきた。病人がいて動けない三軒だけを残し、「満人」の妻になった人にも、文明を預けた李広林にも連絡を取る間もなく、土砂降りのなか依蘭へ向けて出発した。黙々と歩き続けた夕暮れ、目の前に大きな川が現れた。松花江だと記憶しているが、日本軍によってどの橋もことごとく破壊されたなか、どうやってこの濁流を渡ったのか、栄美は覚えていない。たどり着いた大理石の洋館の街・依蘭には、蠟燭の灯がゆらゆら揺れていた。栄美たちが入った洋館内は帰国をめざす人たちでびっしりと埋まっていて腰を下ろす場所もなく、夜が明けるまで濡れたまましゃがんで過ごした。

翌朝、船乗り場では、石炭が山のように積んであるボートの先にポンポン蒸気が繋いであった。この石炭船で松花江を下り、いったん佳木斯に向かう。船からすべり落ちないように石炭にへばりついていると、すれ違う旅客船に乗っている人が盛んに、こちらへ向かって叫んでいる。達連河で親しくなった「満人」だ。「マスヱ〜、エッコ〜、チッコ〜、坊〜」と呼んでいた。こちらは石炭に両手でつかまっているので手を振ることもできず、言葉も発せられない。その人に一言でもお礼を言えなかったことが今も、悔いとして残っている。

佳木斯に着くと、寺で迎えてくれた日本人が「ご苦労様でした」とおにぎりを配ってくれた。ここで、初めて避難民を助ける日本人会[10]の人々に出会った。達連河を出るとき、すでに病気で衰弱していた大鹿村出身のおタケおばさんをずっとおぶって連れてきたおじさんが、おばさんに「おタケさんよ〜、このままここへ置いていっていいか、坊だけは連れて行ってやるからな」と言うと、おばさんは手を合わせた。「穴掘って、ここへ埋めて行っていいか」と問うとコックンと、頷いた。水を与えると「ゴックン」と喉を鳴らして飲み込んだ。栄美の耳にはその音が今でも残っている。そして、みなでお寺の隅を掘って、草を集めて枕にし、おばさんに砂をかけて埋めた。

船に乗って渡河するその朝、めずらしく母が、栄美が用足しに行くのに「ついて行ってやる」とついてきた。オオカミが出るような夜の野原へでも栄美を独りで行かせるような厳しい母の、思わぬ優しさに栄美は戸惑った。二人きりになったとき、母は着物の胸を開き、栄美の顔を包み込んで、これまでの栄美のがんばりをほめてくれた。こんな優しい言葉を母からかけられたのは初めてで、栄美は不思議な気がした。母は、「わたしと小さい子どもがいると、体の弱い兄さんの負担になるので、ここからは付いていけない。千裕と良明《よしあき》とここへ残る」、「何としても兄さんを日本へ帰したい。途中で兄さんが死にかけるようなことがあったら、大声で力の限り呼んでくれ、栄美が兄さんを助けてくれ」と言った。

母は、達連河でつくったブリキの鍋で、どこでどうやって手に入れたのかごはんを炊いて栄美に持たせ、一枚しかない布団を栄美の背中の袋へ入れてくれた。布団といっても、ロモーズに掠奪されたあと、残っていた布切れを集めて一枚の布に縫い合わせたものだ。抱きしめる母の腕が岩のように固く感じられ、思考停止状態だった栄美は、母の決断に従うしかなかった(11)。

船に乗るとき、ふと振り返ったら、駅舎の柱のところで妹と弟が顔を二つ重ねてこちらを見ていた。二人とも母とともに七年後に帰国してきて、現在は八〇歳過ぎのおじいさんとおばあさんになっているが、今でも弟と妹の夢を見ることがあると、このときの顔のままだ。引揚げ後、母たちが残留したことについて、近所の人のなかには「いい人がおるで、帰ってこんのだ」と言う人がいた。栄美は、満洲での敗戦と逃避行の現実を知らない「内地」の人との埋めがたい溝を感じた。

満洲国の首都であった新京に着いたとき、おタケおばさんを埋めたおじさんが坊を連れて何処かへ行き、帰ってきたときは、坊を連れていなかった。そして風呂敷に包んでいたマントウ(肉まんのようなもの)を栄美たちの一団にくれた。

だーれも文句言わなんだよ。これ、坊の命や、坊の金やとわかっとるよ、みんな。だけど、わたしも、誰も文句言わずに食べたよ。

その後、一行は鉄道で移動し、錦西などの収容所で何日間か過ごした。葫蘆島から博多へ着いたのが一九四六年一〇月、飯田に着いたのは一〇月三〇日のことであった。その間、兄は集団の取りまとめの仕事で駆け回り、数日に一度栄美の様子を見にきてくれた。

九、少女が一人で生きる力

飯田に着くと、婦人会の人たちがジャガイモとカボチャを蒸して接待してくれた。その場にそれぞれ親戚の人たちが迎えにきており、栄美と兄は叔父(父の弟)に迎えられた。義理の叔母は「ご苦労さんだったなー」と山ほどサツマイモを蒸して出してくれた。

その夜、ふかふかの布団のなかで、栄美は天井を見つめて、「引揚げは終わった。この家で嫌われることをしたら、どこにも行くところがない、自分の一番悪いところを直さなければならん。いつもお母さんに返事をハイ、と言え、呼ばれたら、すぐ返事をして、すぐ立て、と注意されてきた。絶対に守ろう」と思いながら、いつの間にか寝入ってしまった。

兄は鉛筆材工場へ就職。叔父の家では男の子が二人あり、食事はサツマイモばかりで米のご飯が出ない。貧しい生活をしていることが栄美にもわかった。あるとき、叔母に連れられて、鼎《かなえ》村の叔母の友だちの家へ遊びに行った。その家には五人の男の子があったが、暮らし向きは叔母の家よりよさそうに見えた。子守や手伝いが必要だと思った栄美は、お勝手で洗い物を手伝っているとき、思い切って、「おばさん、わたしをここへ置いてくれへんかな」と頼んでみた。満洲では野宿することがあっても仲間がいた。しかし日本では、独りで寝るところを確保しなければならない。

おばさんは驚いて、「おりゅうさん、この子変なことをいうよ。あんた、何をやったんな？」と、叔母のほうを振り返って言った。叔母がいじめているのかと思ったらしい。叔母は、意外にも「はるちゃん、この子な、何にも知らんけど働く事と尻が軽い(すぐ動く)ことでは天下一品や、置いたってくれんかな」と頭をさげてくれた。この言葉のお陰で栄美は、この家へ住み着くことができた。母の言葉通りにやってきたことが栄美を助けた。

このおばさんの夫は韓国人で、表では飲み屋を営みながら、裏では濁り酒をつくっていた。栄美は毎日、原料の米の買い出しに農家へ行って、愛宕《あたご》坂という急なつづれ坂を一斗五升（約二三キロ）の米を背負って登り、飯田で麹に換えて、下ってくる。農協へ行くときは二斗の米をしょって行って精米する。そしてその米を蒸して麹を加える。四斗桶が二階の押し入れに隠してあり、手を入れてかき回して夏は五日、冬は一週間布団で包んで、濁り酒をつくった。この濁り酒から焼酎を絞る。

夜は濁り酒を飲みに来る人もあるし、買いに来る人もある。裏からそっとサイダービンを差し出し、「一合ください」と買いにくる駐在所の奥さんには少し多めにサービスする。駐在所の奥さんも「黙認」なので、密造酒の摘発を受けることはなかった。

栄美は、「今晩もここで眠れるように」、「追い出されないように、追い出されないように」といつもそれを考えて働いてきた。ここへ飲みにきていた客に繊維関係の女子工員の募集人がいて、愛知県の一宮の個人機屋を紹介してくれた。一二歳の栄美の使われ方を見ていた近所の人たちの間で、「エイコちゃんは、あそこにいたら死んでしまう」と心配の声がささやかれるようになり、それがおばさんの耳にも入った。おばさんも愛知県へ行くように勧めた。この鼎村のおばさんの家で栄美は一九四八年まで、約二年間働いた。

一宮へ行っても、栄美は、盆と正月には、このおばさんの家へ「帰省」した。まだ母の行方を知ることができない栄美にとって、鼎村のおばさんの家は唯一の縁ある場所であった。

一〇、「出会った人がわたしの教科書」

栄美はほとんど学校に通えなかった。まともに行けたのは、満洲へ行く前の一年生のときだけ。したがって、ひらがなは書けても、漢字が書けなかった。それこそ「洞」という字も読めなかった。引揚げてきたときは時計を見ることも知らなかった。栄美は、鼎村のおばさんの家で働いていたとき、次のような「自学自習」を身に付けていった。

「橋」っていう字を覚えるのに一週間ぐらいかかったよ。荷物をしょって歩いて、松川に架かる橋を渡るときに、木ヘンにノを書いて、大、口、囲んで口。荷物をしょって歩いてきて、橋を渡るときに、こっちは何年に作った何橋と橋の名前をひらがなで書いてある、そして反対をみると、あっちは漢字で書いてある。ほんでいっぺんに欲張らんから、なんべんでも〔繰り返して覚えた〕。

母と弟妹が引き揚げてきたのは一九五三年九月のことで、佳木斯で別れてから七年後のことであった。兄が舞鶴へ迎えに行き、栄美たち一家は、岐阜県が用意した各務原《かがみはら》の工場の寮へ入った。再会のとき、母は別れた時の顔、そのままであった。八路軍の病院へ入って負傷した兵士の手当てをしながら、各地を回り、最後は通化にいたという。

夫・北村修保《のぶやす》(一九三二年生)とは、知人の紹介により一九五八年に結婚。彼は一九七一年に共産党

図 4　渡満する時，大鹿村の人々が集会を開いて見送ってくれた薬師堂の前にて．夫・修保と(2013 年)

から大垣市議会議員選挙に出馬し、初当選。何度か落選もしたが計五期市議を務めた。党籍は共産党であったが、地元民のためであれば何でも心血を注いで走り回ったので、人々からは「北村党」と呼ばれたりしていた。

一九七〇年代、結婚後に住んでいた大垣市の静里地区で新たに婦人会組織をつくる動きが起こったとき、「新しい」婦人会をつくる機会にできればと栄美は考えた。新しい婦人会とは、自治会長などの年配男性たちの言いなりになるような、上から言われて赤い羽根を配るような、かつての国防婦人会のような会ではなく、自分たちで必要なことを決めて実行する婦人会だ。

みんなで相談して会則をつくって総会を持ったら、栄美は婦人会の書記に選ばれてしまった。まともに学校に通えず識字教育を受けられなかった栄美は、頭を抱えた。大垣市議として走り回る夫をサポートして、栄美自身も表に出て活動する機会が多くなるうちに、「ああ、わたしは字が書けるような顔をしとったんだ！」と自らを省みた。

書記に選ばれた栄美は悩んだ末に、「これは隠しようがない」と思い至った。次の総会の会場で、二〇〇人の会員を前に、「実は、わたしは字が書けない」と伝えた。満洲引揚げ体験を初めて語ったのもこの時だ。婦人会のみんなは「手伝うから書記はやって欲しい」とは言ったが、「自分がやる」と言う人はいなかった。

それでは、この機会にみんなから勉強させてもらうことにしよう、と腹をくくった。「通達」一枚でも、一字の誤りでさえ修正液を使うということは誤魔化すことだ、と考え、一日かけて書いた。義務教育をきちんと受けられなかったことを「わたしが恥ずかしがっていたら、戦争で苦労した人はみんな恥ずかしいことになってしまう」と栄美は言う。しかし「恥ずかしくはないけど、悲しいよ。みんなが歩んだ人生を同じに歩めなかった悲しさは一生残る。字は勉強しなければならない」と力を込める。

学校の教科書ではなく、「出会った人が私の教科書」――栄美が人生のなかでつかみ取った言葉だ。

まとめ

栄美たちを厳しく育てた「恐ろしいほど気丈」な母・ますゑは、その分、愛情の深い人でもあった。思慮深く、機転を利かせて何度も困難を乗り越える姿を子どもたちに示してくれた母は、二〇〇三年に九三歳で亡くなった。

母たちの引揚げ後、念願がかなって各務原で家族全員一緒に住めるようになったのだが、「栄美に一番苦労を掛けた」と、母が何かにつけ遠慮するのが、寂しかった。「引揚げ体験」とは、日本の植

図5　自宅付近の春の風景の中で(2023年3月)

民地責任や、中国人やソ連兵との関係だけではなく、「内地」の人々と開拓団員、開拓団内部の関係性、そして個々の家族関係までを視野に入れてはじめて全体像がみえてくることを栄美の話は教えてくれる。

「戦争と性暴力」――近年、日本でもやっと被害者が長い沈黙を破って語るようになった。この重いテーマも、「ロモーズの歌」に代表されるように、子どもの目線からはまた別の感覚でとらえられていた。敗戦によって一時「学校」という存在が吹き飛んだとき、子どもたちは生きるために団結し、まったき平等の世界を体験した。「満洲引揚げ体験談」も、子どもの視点で語られると、定型化された「女性受難の物語」とは異なる側面をわたしたちに見せてくれる。

「引揚げ後」も自分の居場所を自分で確保するために、一二歳の少女がとった主体的営為《エイジェンシー》には目を見張るものがある。現在も、ウクライナをはじめ世界のあちこちで戦火のもとで恐怖に怯え、難民と化している子どもたちがいる。確かに、戦争の最大の被害者は子どもたちだが、かれらの生き延びる力も信じたい。栄美のライフ・ヒストリーはそれを教えてくれている。

大古洞開拓団は、敗戦直後こそ男性幹部によって「最後の一人まで戦って死ぬ」という決定がなされたが、栄美はそれを「おじいさんたち」の発想だとし、「そんな場面は一度もなかった」と笑い飛ばす。それどころか、第二章で触れたように「犠牲になった二人の女性」のうち、漂河開拓団の「西田」の妹、西田瑠美子によれば、団幹部の決定で松花江に入水して集団自決をしようとしていたとき、団の女性たちからは自決反対の声があがっていた。そこへ大古洞の青年二人が馬を飛ばしてやってきて思いとどまらせ、大古洞開拓団へ導き入れてくれたという。(12)集団のなかで家父長的存在である「おじいさんたち」とは異なる、女性や若者の生き延びようとする行動も書きとどめたいと思う。

ただ、栄美は、大古洞開拓団の幹部の「おじいさんたち」が敗戦後その地にとどまる決定をしたことで、逃避行による犠牲者を出さずにすんだこと、他の開拓団からの避難民もどんどん受け入れ一冬をともに乗り越えたことをあげて、「団のおじいさんたちは、よくやってくれたと思っているよ」とも語る。

一族の墓所のある出身村の大鹿村も好きだが、栄美にとって故郷は、阿智村の満蒙開拓平和記念館である。「本当の故郷」は中国だが、なかなか行くことはできない。わたしが訪れたとき、栄美の自宅前の庭には黄色い福寿草が満開だった。春、松花江へ注ぐ大古洞河の氷が溶けると、広大な丘陵にはいっせいに福寿草、すずらんやちょん花(翁草)、湿地帯に桃色の絨毯を敷きつめたようにサクラソウが百花繚乱のごとく咲く。福寿草は、「わたしたちが侵略者でなければ、まるでおとぎの国に住んでいたような」日々だったという栄美の記憶に応えて、長男・彰夫が八八歳の誕生日にプレゼントしてくれ、庭に植えたものだ。

現在、満蒙開拓平和記念館をはじめ、さまざまな学習会での「語り部」として、またメディアのインタビューなどに応じて満洲体験を平和への願いを込めて語る自分の姿を、二〇一六年に亡くなった夫に見てもらいたい、と栄美は思っている。

聞き取り日

二〇二一年七月一一日　阿智村の満蒙開拓平和記念館にて(「語り部」として)
二〇二二年四月三日、四日　岐阜のご自宅にて
二〇二二年五月二一日　静岡市鎌倉文庫にて(静岡県近代史研究会例会での語り)
二〇二二年一〇月九日　満蒙開拓平和記念館にて

＊北村栄美さんの歌う「ロモーズの歌」音源を、岩波書店ホームページ(https://www.iwanami.co.jp/)の『占領下の女性たち――日本と満洲の性暴力・性売買・「親密な交際」』ページに掲載しています。

(1)「日本全国から送りだされた開拓民――長野県が最も多いのはなぜ?」『満蒙開拓平和記念館(図録)』二〇一五年、二三頁。
(2) 開拓団では若い家族の入植者が多く、子どもの数も多く、大古洞開拓団では一九四〇年に在満国民学校を開設。母郡から近藤恵校長を迎え、四四年度は、児童数二三五人、職員数一〇人となっていた。長野県開拓自興会満州開拓史刊行会編『長野県満州開拓史　各団編』一九八四年、二八七頁。
(3) この地域は「匪賊」(反満抗日遊撃隊など)の出没する地域であったこともあり、治安維持の名目で、一九三六年頃、元々ここに住んでいた中国人の七部落全員を清河鎮へ強制移住させ、入植者である日本人部落の周囲には土塀を設置したことが前掲『長野県満州開拓史　各団編』に記されている。二八五頁。
(4) 澤宜二郎「八路軍をみた開拓少年」満蒙開拓を語りつぐ会編『下伊那のなかの満洲　聞きとり報告集2』二〇〇

四年、一九七―一九八頁。

（5）満洲開拓史刊行会編『満洲開拓史』一九六六年、二一九頁。『日ソ戦争　1945年8月――棄てられた兵士と居留民』（みすず書房、二〇二〇年）で、宮田武は、「根こそぎ動員」によって、関東軍は形式上は二四個師団、九個独立混成旅団に達したが、各単位は定員の七割も満たしておらず、「彼ら新兵は三八式（明治三八年日露戦争時の五連発弾込め式）歩兵銃と弾丸さえ行き渡らず、訓練もろくに受けず、〔中略〕第二線陣地構築の労務に狩り出された」と述べている。六四頁。

（6）敗戦時の大古洞開拓団の大久保団長以下部落長の決定に関しては、前掲『長野県満州開拓史　各団編』でも、「警備隊長に熊谷義雄（五三歳、下伊那郡智里村）を選任し、男女武器を持って戦いうる者は徹底して抗戦し、最後の場合は、全団員家族を校舎に収容して自決をはかる。さらに石油をまいて放火し、全員玉砕する」と決定したとある。この間、小古洞開拓団の田中団長からも電話で「われわれはこの地を墳墓と定めて入植したのであるから、ともに最後まで団を死守しよう」と言葉を交わしたとある。二八九頁。

（7）「昭和二一年五月二九日」付、大久保湊（団長・ハルビンの新香坊収容所で発疹チフスにより六月二四日死亡）による大古洞開拓団の「生活状況」によると、一九四五年八月一五日現在、団員数七〇二人（大人＝四〇歳以上・男五八人／女二〇二人、小人・男二一七人／女二二五人）で、圧倒的に女性と子どもの集団であったことがわかる。また、「満妻」四人、「鮮人妻」三人とあり、中国人や朝鮮人の妻になった者があったことが記録からもわかる。「自決者」の欄が空欄であることは大古洞開拓団の特徴である。『北満農民救済記録』（一九四六年五月、各団の幹部の報告を集めたものを、塚原常次が二〇一四年に編集、復刻）一九七頁。残留者数に関しては、長野県開拓自興会満州開拓史刊行会編『長野県満州開拓史　名簿編』から拾うと、二〇人（女性と子どもがほとんど）である。

（8）一九三〇年代から満洲において朝鮮独立を目的として活動をしていた抗日パルチザンで、日本敗戦後は中国共産党満洲委員会の指揮下にあった非正規軍。

（9）『太古洞開拓団殉難の記』（原本一九六八年、復刻二〇〇五年）一三―一八頁。

（10）八月一七日に満洲国政府機構は瓦解、九月五日には関東軍組織も解体したため、在満日本人を保護する後ろ盾は消滅した。取り残された日本人たちは自己防衛のために各地で日本人会（居留民会）をつくった。八月一九日、ソ連軍の長春入城の前日、長春では長春日本人会が結成され、二二日には佳木斯にも日本人会がつくられている。満洲各地における日本人会結成一覧は、加藤聖文『海外引揚げの研究』(岩波書店、二〇二〇年)六一頁を参照されたい。

(11) 母たちと別れたときのことを兄・宜二郎は、「出発しようとして歩き出したとき、気が付いたら、上の妹しかおらんのです。どっかではぐれちまった」と語っていることから、母が下の子どもたちと残留を決めたことは、独断で、栄美にだけ知らせたということがわかる。母の残留の理由を宜二郎は、「満洲行は母が決めたことだし、母には、帰っても頼るところが全然なかったから」だろうと、述べている。前掲、澤「八路軍をみた開拓少年」二二一頁。

(12) 西田瑠美子「つかまえた、本当の人間の暮らし」中国帰国者の会編『わたしたちは歴史の中に生きている——「中国残留邦人」と家族10の物語』二〇二一年、一二〇—一二一頁。

第四章 「働く女」が支える街
――熱海の住民と「パンパン」たち

上野　同胞の男を裏切った女には、最後は落魄してもらわないと困るわけですね。でもそうじゃない言説ってないんでしょうかねぇ。〔中略〕瀬戸際に立った女の生存戦略を誰も咎めることができない時代だったでしょう。〔中略〕〔米兵は〕圧倒的な強者であっただけではなく、日本の男よりずっと女に対してスマートだった。負けた日本の男に対してある種のざまぁみろ気分だってないとは言えないですよね。

加納　それは靡《なび》きますよね。物ももらえるしね。

上野　そうですよ。家族も潤って、そのときには孝行娘をやれたわけでしょう。身体を張って一家を支える。なぜそういう女の経験が言語化されていないんでしょうね。やはりタブー意識があるのでしょうか。（上野千鶴子・加納実紀代「フェミニズムと暴力――〈田中美津〉と〈永田洋子〉のあいだ」加納実紀代責任編集『文学史を読みかえる7　リブという〈革命〉』インパクト出版会、二〇〇三年、四〇―四一頁）

はじめに

敗戦後、焼け跡の街頭に現れた、主として米兵相手に売春を行う女性たちには、戦前の娼妓でもなく、戦争中の「慰安婦」でもなく、まったく新しい「パンパン」という呼称が当てられた[1]。呼称の新しさは、彼女たちのあり様の「新しさ」も表現しているように感じられる。

「街娼」＝パンパンが戦前の性売買女性と違う点に関して、古久保さくらは以下の二点をあげている。①「占領軍兵士相手」という客層の差異。②「衆人の目の前に、昼夜を問わずその存在が見えるものとして登場し」、「派手な化粧をし、原色の洋服を着こなし、買い手である占領軍兵士と腕を組み町を闊歩する。グループを作ってたむろする」ことをあげ、「彼女たちは、従来の私娼のように隠れた存在であることを拒否し」たとする[2]。

同時代の社会は、彼女たちの存在の「新しさ」を受け止めかね、戸惑い、社会学者や福祉関係者たちは数々の「実態調査」に乗り出した。竹中勝男・住谷悦治が占領期に京都社会福祉研究所の研究員を動員し、GHQ軍政部厚生課長の助言を得て街娼二〇〇人へ行ったアンケート調査をまとめた『街娼——実態とその手記』[3]と、渡辺洋二が東京で二年間かけて学生を動員して行った『街娼の社会学的研究』[4]はその代表である。労働省婦人少年局も一九五三年に東京大学の泉靖一をはじめ、東京都立大学、東京学芸大学などの学者グループに依頼して東京都の「赤線」[5]地区の実態調査を行い、それをもとに五五年三月「赤線区域調査報告書」を公開し、「赤線」以外の集娼地区や基地周辺の調査については「戦後新たに発生した集娼地域における売春の実情について」(一九五五年一一月)にまとめた。

竹中・住谷たちの調査は女性史研究でもよく参照されるが、茶園敏美は、調査員自身の持つ「街娼」へのバイアスを批判的に検証し、記録された女性たちの多様な語りを析出し、彼女たちがGI(一般兵士)と交渉する場(コンタクト・ゾーン)の存在を浮き上がらせている。⑥西川祐子も竹中たちがまとめた街娼たちの調査票のなかから、「調査者たちの質問をはぐらかし、嘘を言い、おどろかせ、圧倒し、いたぶりながらも」、彼女らの「内面を吐露する言葉、観察だけではわからない当事者の言葉」を読み取っている。しかし、西川はこの本の出版自体が、京都社会福祉研究所所長・竹中勝男が、戦前行っていた軍事厚生から戦後の社会福祉へ、占領軍軍政部の権力を利用しておこなった「アクロバット的転身劇」の意味を持っていることも突き止めている。⑦

個人の調査では、売春防止法制定へ向けて大きな役割を果たした評論家・神崎清が、『売笑なき国へ』(一燈書房、一九四九年)を皮切りに、全国の「赤線」、「青線」、基地周辺を歩いて報じ続けた一連のレポートや書籍⑧もパンパンたちの姿を克明に記録している。神崎が足で集めた大量の記録や情報は、女性史・ジェンダー史研究に貴重な資料を提供し、わたしもしばしば引用してきた。その一方で、彼自身の綴る文章ににじみ出る「転落女性」への侮蔑的なまなざしや、パンパンの出現などを「社会病理」⑨ととらえる姿勢には違和感をぬぐえない。そこには第六章で見るような敗戦国男性の屈折した思いが反映されているように思う。⑩

日本占領史の観点からパンパンに多くの紙面を割いているのは、ジョン・ダワー、マイク・モラスキーの著作である[11]。日本占領に関する研究の蓄積は膨大であるが、日本の男性研究者による著作にはパンパンの記述は非常に少ない[12]のに対して、アメリカの男性研究者がパンパンの存在に注目するのは、敗戦国‐戦勝国という立場の差異が、研究者自身のジェンダー意識にも影響を与えているからだろうか。占領国側からは、パンパンを「セックス・ワーカー」と位置づけ、米兵とパンパンの関係を日米の国際関係と絡めて論じたサラ・コブナーの研究がある[13]。

わたしは、『日本占領とジェンダー――米軍・売買春と日本女性たち』にて、GHQによる占領下、被占領国女性への「日米合作」によって振るわれた性暴力(「狩り込み」や強制性病検診)の実態を明らかにした。本章では、前著で強調した占領による構造的性暴力の下でも、生き延びるために発揮された女性の個人としての主体的営為《エイジェンシー》に注目するとともに、パンパンたちの姿を、「社会調査」とは違う住民の記憶から浮かび上がらせたいと考える。また、一般女性、とりわけ主婦たちに存在したパンパンへの厳しいまなざしとは異なる、熱海の人々のパンパンへの親密なまなざしの背景を押さえ、社会的に弱者であった「未亡人」を含む単身女性とパンパンたちの「共生」関係=女性同士の「連帯」の可能性を探ってみたい。フィールドは戦後赤線化した静岡県熱海市の中心地区を主たる対象にする。また、ほぼ同時期、米軍基地周辺にパンパンたちの集娼地区が形成された静岡県御殿場市との異同にも注目する。

一、ＲＡＡと「赤線」が共生する街

熱海市街の中心を流れる糸川に沿って、料理屋、待合、置屋、カフェー、遊技場などが密集し、ここに私娼街が形成され始めたのは、丹那トンネル開通（一九三四年）により東海道本線熱海駅が開業した後のことである(14)。この「糸川べり」は、敗戦直後に第一章でみたＲＡＡのダンスホールも設置され、進駐して来た米兵の「慰安」を引き受けることとなった。そして一九五〇年四月の「熱海大火」とその二か月後の朝鮮戦争勃発により、「赤線」化していくことになる。

一九四六年三月、静岡県庁に太平洋陸軍第八軍静岡軍政部が設置され、熱海市では山王ホテルに米軍憲兵隊が駐屯することとなった。進駐に際して、米陸軍のスペシャル・サービス局(15)は全国の西洋式ホテル七〇軒の接収を行い、熱海では熱海ホテルと樋口ホテルが「進駐軍専用」とされた。熱海市としても、占領軍将兵へ「休息」を提供することが温泉保養都市としての自らの役割であるという認識もあった。地元紙には「熱海ホテルから樋口ホテルまで直通の道路も出来、洋風に和風に進駐軍将兵が思いのままの休憩が出来る事となり、理想郷を現出した(16)」とある。

当時、父親に付いて米軍に接収された熱海ホテルへ写真を撮りに入った写真館の三代目、今井利久さんは、煌々と電灯がつき、物が溢れるホテル内と、配電規制で真っ暗な熱海の街のギャップを強く感じた。彼は、ホテル内の厨房で働く同級生がそっとくれたパンをポケットに詰め込んで、食糧不足で腹を空かせる弟たちに持ち帰った経験などから、この米軍ホテル内外の違いを「まるで天国と地獄

図１　熱海ホテルの「白夜飛星」像と米兵（熱海・今井写真館蔵）

のようだった」と回想する。また彼は米軍のなかに女性兵士がいたことにも驚いた[17]。図１は、熱海ホテル内で、澤田《さわだ》政廣《せいこう》作[18]「白夜飛星」像と記念写真におさまる米兵たち（右が隊長、中央が中尉の看護婦、左が副隊長である）。熱海市民が誇りにする澤田の彫刻と、その価値がわからない様子の米兵たちの姿に、占領‐被占領の現実が象徴的に現れている。

　戦後の熱海で占領軍としての米兵が起こした暴力事件やトラブルに関して語るとき、人々の口からは熱海警察署に住み込んでいた「松本のおばちゃん」という通訳の女性のことが必ず出てくる。占領期といえば「松本のおばちゃん」という記憶が共有されているものの、彼女のフルネームや年齢など詳細なことは誰もほとんど知らない。米軍がらみのトラブルが起こるたびに、「松本のおばちゃんを呼べーっ」ということになり、「おばちゃん」は山王ホテルに常駐していたMPとともに駆けつけ、解決をはかった（地元紙によると、本名「松本けい」、一九五二年現在六三歳、「アメリカ帰りの苦労人」と記されている[19]）。

　RAAは首都圏を中心に設置されたが、例外的に熱海・箱根地区にも一九四五年一〇月から四六年三月にかけて五か所のRAA施設（旅館3、ダンスホール1、箱根に性的「慰安所」1）が設置された。旅館のひとつ、熱海観光閣は、元は一九三九年に創られた鳳亀荘という旅館であったが、戦争中は海軍病院として使用され、戦後米軍の宿泊施設に転用されていたものをRAAが買収した。開設当初、観光閣は将校向けで、GI向けには富士屋本館[20]が使われた。玉乃井別館は、RAAの理事・佐藤甚吾が、市議会議員・山田弥一と所有者の野田政治に掛け合って買収した施設である。佐藤は、米側が高級将校用の休息所として熱海・箱根を希望しているという情報をつかみ、地元への働きかけを開始した。彼の働きかけに呼応して、熱海商工会議所や旅館組合、熱海市長なども、戦後の熱海の復興につながるものと期待し、RAA進出に協力したという経緯がある。

地元住民は、これらがRAA旅館であることも、RAAの意味さえも知らなかったが、東京から来る一部の者には知られていたことが、高見順の日記からうかがうことができる。一九四六年二月、高見は川端康成、久米正雄、中山義秀らと玉乃井別館へ宿泊したが、RAA旅館には日本人は泊まれないため、「二世」という名目を使ったという。[21]

RAAのダンスホールとなったキャバレー・ニューアタミは戦前から街の人々に親しまれてきた大湯の二階を改装したものである。戦争中は染物工場に転用されていたが、戦後そのまま放置されていたところを、RAA理事の佐藤が所有者の熱海温泉組合に交渉するとともに、鶴見憲熱海市長、市議でもあった山田旅館組合長などへの働きかけを行い、ダンスホールとしての開業にこぎつけた。ここで働くダンサーは八〇人ほどで、RAAは近くの富士屋本館を彼女たちの宿泊施設として借用した。

図2　キャバレー・ニューアタミ(『R. A. A協会沿革誌』)

第一章で述べたように、アメリカ本国からの批判と兵士の性病蔓延を理由に首都圏のRAAの性的「慰安所」が一九四六年三月二一日に閉鎖されると、立川などの「慰安所」から締め出された女性たちが熱海・伊東へ流れ込んだ。米兵たちも、司令官の目が届きにくく首都圏ほど規制が厳しくない熱海へ殺到した。このことを察知した米第八軍風紀係は五月、調査に乗りだし、この方面にプロ・ステーション(消毒所)が一か所もないことを上層部へ報告し、取り締まりの強化と熱海へ通じる道路の封鎖を検討することで、オフリミッツ指令の徹底化を図ろうとした。[22]『静岡新聞』でも、横浜第八軍司令部が、熱海・湯河原・網代地区の「パンパン宿」への立ち入り禁止を発表し、新たにMP三名を熱海に駐在させ、湯河原に検問所を設けたことを報じている。[23]

キャバレー・ニューアタミは一九四六年から日本人の入場も許可したため、米兵に日本人客も交わり繁盛したようで、『沿革誌』には「和気藹々たる裡に国民外交の実をあげてゐる」と記されている[24](のちに述べる増田博さんも、一九五二年に熱海にやって来てハンバーガー喫茶を開店したが、当時ニューアタミはまだ生バンドを入れたダンスホールとして営業を続けており、米兵の客は少なく、浴衣姿の日本人客が多かった、という)[25]。

このＲＡＡ旅館に宿泊する米兵たちは、糸川地区で買春をしたり、持ち込んだ米軍物資を糸川地区に隣接する闇市で売りさばいたりした。ＲＡＡ施設開設と並行する形で、糸川地区には「進駐軍向けサービスガール」を置く新店舗が次々と生まれたが、その手引きをＲＡＡ旅館の職員が果たしていたことから[26]、熱海においてはＲＡＡと「赤線」の共生関係が見て取れる。

第一章で述べたように、ＲＡＡは一九四九年四月に終焉を迎え、翌五月から日本観光企業株式会社(Ｎ・Ｋ・Ｋ)へと改組された。熱海におけるＲＡＡ施設は旅館とダンスホールであったため一九四六年三月のオフリミッツ指令後も生き延び、Ｎ・Ｋ・Ｋ時代も対象を日本人に移し存続した。元ＲＡＡのキャバレー・ニューアタミの社長・秋本平十郎は、一九五六年、ダンスホールが入っていた施設を四階建ての温泉娯楽施設に改築し、熱海大湯観光株式会社と改め経営を続けた[27]。ＲＡＡ時代の観光閣に入社した男性も、Ｎ・Ｋ・Ｋで定年を迎えている[28]。

ここで、米兵を最初に受け入れた糸川の「赤線」業者(当時は小料理店と呼ばれていた)からわたしが聞き取った証言を見ていこう。

二、米兵受入れのスタート

糸川地区の元業者のAさん[29](一九一五年生)は、戦前、東京の吉原から夫とともに糸川地区へやってきて店を持った。米軍が初めてこの地区へ来たときのことを、「はな(最初)、(小料理組合)[30]役員から女の子を犠牲にしてくれと、一軒一軒から何人出すようにと、言ってきた。女の子もおっかながっていたけれど、行ってみれば米兵は優しいうえに、チョコレートや石鹼を持参するので、そのうち日本人はとらなくなったほど」と語る。同じく、この地区で生まれ、後に父親がパンパン屋を始めたMさん(女性、一九三四年生)も、「外国人の相手をしてほしいと、国だか、警察だか、組合が言ってきて、この辺で最初に家に上げたのが○○のおばさんのところ。その後みんなも上げだした。最初は体が大きいので怖いと言っていたが、黒人は肌が綺麗で優しいということだった」と語る。[31]

これらの証言から、糸川地区が米兵を受け入れるようになったきっかけは、勝者の軍隊には性的「慰安」が必要だと考える為政者からの要請に応えたものであったことがわかる。郷土史家の山田兼次も、「終戦して間もなく熱海の花街は復活した。それは進駐軍兵士とのトラブルを避けるために「昭和の唐人お吉」の役割を果たしてくれという条件づきの復活であった」と述べている。[32]

当初の予想に反して米兵たちは親和的で、利用料金(「ワンタイム」四〇円、二二時を過ぎると泊まり料金)の他にチョコレートや石鹼などを持参するなど気前がよかったため、糸川地区の業者も自ら米兵相手の商売に乗り出していく。兵士たちはきれい好きで温泉風呂を気に入った。地元紙には、糸川地区の業者が盛んに女性の募集広告を出している。

「特殊慰安婦求ム」 熱海糸川 喜満々(『静岡新聞』一九四六年一月一二日)
「特殊サービスガール募集」 国際楽園協会熱海支部(『静岡新聞』一九四六年一月一二日)
「進駐軍向けサービスガール募集」 熱海糸川通り のんき(『静岡新聞』一九四六年一月一九日)
「ダンサー急募」 熱海市咲見町(元□□〔伏字〕邸)平安閣(『静岡新聞』一九四六年一月一九日)
「進駐軍向け特殊サービスガール募集」 喜満々(『静岡新聞』一九四六年二月一三日)

「うちのお父さんが東京の新聞に広告を出したら、実際にやってきた」とAさんが語るように、募集の対象は県内だけではなく、かなり広範囲だったものと考えられる。一九四六年四月に熱海・伊東地区を廻った第八軍の視察官は、「接収された洋風のホテルの他に約一〇〇軒の日本旅館へ、東京・横浜から週末に押し寄せる米兵が、日本人女性とともに泊まった。彼らはダンスホールが閉じる一〇時まで遊び、その後日本旅館で過ごす」[33]と報告書に記している。

三、「パンパン」女性たちの姿——糸川地区の人々の証言

糸川地区のパンパン屋は最も大規模なもので二〇人、小規模なもので二、三人、平均七、八人の女性

を置いていた。先に触れたAさんの店では五、六人の女の子を置き、売り上げの取り分は四分(女性)／六分(経営者)であった。サックは小料理組合が配ったが、米兵たちは自分で持参していた。一軒の店の中で女の子は「黒人専用と白人専用に分かれ、それは、女の子たちの本人の好み」であった。米兵が珍しがるので、振袖を女性たちに月掛けで貸して着せた㉞。土日には横須賀などからもジープで米兵がやって来た。

一九五〇年四月の熱海の大火では、市内の四分の一が消失し、糸川地区の人々も焼け出された。二か月後には朝鮮戦争が勃発し、御殿場や神奈川県下の米軍基地から増員された米兵たちが休日に熱海へ押し寄せるようになったこともあり、地区には新たにパンパン屋を始める者が増加した(十数軒から四五軒に増加)。当時を知る住民のなかには、「米兵たちがあちこちの基地からジープでぞろぞろやって来た」と証言する人もある㉟。

大火の年の八月一日、熱海市に「国際観光温泉文化都市建設法」が公布された。このような文化都市建設法は、別府市、伊東市など全国九都市で制定され、敗戦後の日本の復興を都市レベルで果たしていこうとする意志の表れであった。一方で熱海大火からの復興は、朝鮮戦争によって後方・訓練基地と化した米軍基地からの米軍客を受け入れるという「国際化」の意味も有していた。

前述のように、Mさんの実家では父がパンパン屋を始めた。糸川の子どもたちは、白いかっぽう着の「おばさんたち」が表に立って客を引き込んでいたので、わざと大きな下駄の音を響かせて歩いて客のふりをし、その音に反応して通りまで飛び出してくる「おばさんたち」を騙して遊んだものだ、

図3　パンパン屋内部(熱海市蔵)

とMさんは語る。また、「パンパンは頭が悪いとつとまらないものだ」とも語る。「ワンタイムで一晩に五人も六人も〔客を〕取るのは、おばかっちょ。頭の良い子は泊り客を取る。あるいは旅館などに出張できるように持ってい く。そのほうが身体も大変でなく、金になる」。パンパンたちは頭を働かせてあの手この手でサービスをし、その分身体を楽にして、客から多く儲ける方法を考えていた。

パンパン屋の内部は迷路のように複雑になっていて、客同士が顔を合わせなくてすむように、裏からも入れたり(図3右)、中二階のような部屋もあった(図3左)。便所を出たところに洗浄室が備えられていた。ある時、Mさんが何かの拍子に「パンパンなんて……」とばかにしたら、父親から「あの人たちのお陰で食っているんだぞ」とひどく叱られた思い出があるという。一方、経営者であるMさんの家では、女性たちが前借金を踏み倒して逃げないように、彼女たちの貴重品や持ち物を荷物部屋で管理し、施錠していた。ただ、大火後は女性たちもさまざまに変化し、毎週末に横浜から「出張してくる」女子大生もあった[36]。

結婚によって一九五〇年に東京から熱海の中田町へやってきた原映子さん(一九二七年生)は、夫の両親が戦前から営むボットル屋(射的屋)を手伝いに糸

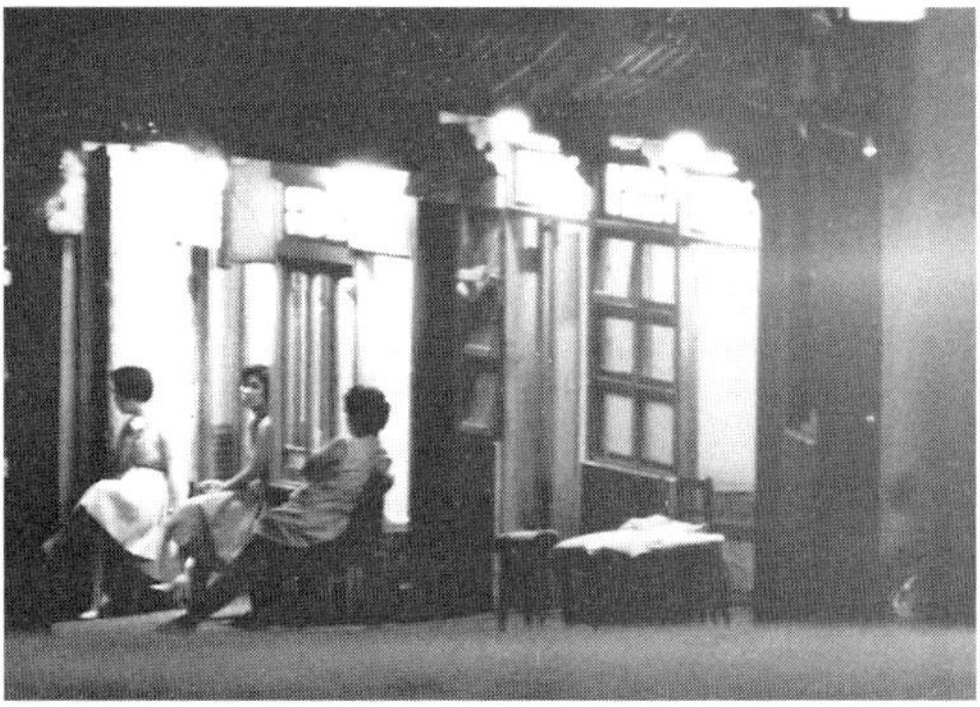
図4　客待ちをする女性たち（熱海市立図書館蔵）

川へ通ってきていた。戦後義両親は飲み屋を開業し、熱海大火後は日本人専用のパンパン屋も始めたので、下足番やお茶出しなどをして義母が取り仕切る店の仕事を手伝った。働く女の子たちには、空襲で焼け出されて東京や千葉から来ている子が多く、実家へ仕送りをしたり、親が先に稼ぎを取りに来たりもしていた。利用形態には、「ちょんの間」（ショートタイム）、お風呂に一緒に入る「時間」、「泊まり」の三種類があり、「一人終わると、一丁上がり！　はい、次は？　という子もあったよ。女の子たちは明るかった。何だかんだ言っていられない時代だった」という。㊲

糸川地区に生まれたHさんの祖父は、「達磨ボットル」を発明し特許も取った射的屋であったが、Hさんが生まれた頃にはパンパン屋を始め、二階の八部屋に住み込みのパンパンたちを置いていた。女性たちは千葉や秋田出身の人たちが多く、乳飲み子を抱えた女性もあった。幼いHさんは、女性たちだけでなく米兵からも可愛がられ、チョコレートやガムを貰ったものだ。のちに場所を仲見世に移し、パチンコ店に転業した。㊳

東京の葛飾に生まれ、一六歳で志願して陸軍特別幹部候補生として浜松の航空教育隊へ配置され、敗戦を日光の陸軍基地で迎えた増田博さん（第六章で詳述）は、戦前からラジオの短波放送でジャズに親しんでいた。日本大学に進学した春、数寄屋橋を歩いていたら、進駐軍将校専用のジャズ・クラブ(シルクローズ Silk Rose)の「ウエイター募集」の貼り紙を見つけて飛び込んだ。一九四六年三月のことだ。シルクローズは、当時としては上海帰りの一級の日本人奏者(39)が生演奏し、米兵たちのなかには女性とダンスをするのではなく、楽器を持参して飛び入りセッションを目的にやってくる者もあった。ダンサーとして働いていた二、三十人の女性は、戦前、新宿にあった「ムーランルージュ」や浅草の演劇一座の踊り子をしていた者が多く、米兵とダンスをするだけではなく、ラインダンスも披露していた。

ここではのちにコメディアンとして活躍したハナ肇(一九三〇—九三年)がバンドボーイとして働き、膝に継ぎあてのついた服を着た「満洲帰り」の森繁久彌(一九一三—二〇〇九年)や、俳優で歌手の丹下キヨ子(一九二〇—一九八年)も出入りしていた。森繁は服こそボロボロだったが、活き活きとしていたことが記憶に鮮明だ。増田さんにとって、シルクローズでの二年間は、ラジオやレコードでしか聞いたことがなかったジャズを毎晩、生でシャワーのように浴びることができた贅沢な時代だった。米兵たちから「ハリー」と呼ばれ、銀座松坂屋地下にあったPX(Post Exchange 米軍関係者専用の売店)に連れて行ってもらい、米兵たちが気前よくくれるチップで両方のポケットがいっぱいになった。お陰で、早世した父や長兄にかわって母や弟妹たちを養うことができた。

松坂屋の地下にあったRAAのダンスホール「オアシス・オブ・ギンザ」でも生バンドを入れていたので、増田さんはジャズを聴きたくて足を運んだ(一九四六年五月以降、日本人は昼間の利用が可能となった)。演奏される曲は、スイング、ハワイアン、タンゴなどで、夏にはハワイアンが中心になり、演奏者にはハワイ出身の日系二世の人たちが多かった[40]。

増田さんは、熱海大火後の一九五二年、朝鮮戦争による復興期の熱海へやって来た。米兵が食べていたハンバーガーは「熱海でも流行るはずだとねらいをつけて」、働く女性をターゲットに、コーヒーとハンバーガーの店を開業したのである。主に芸者たちの間で、夜の仕事前の美容院などからの帰りにほっと一息つく場として人気を呼んだ。店には東京で仕入れてきたかんざしや装飾品もずらりと並べ、あくまで「働く女性にフィットする」営業を心がけた。店で過ごす芸者たちの姿を広津和郎が雑誌に書くと、それを読んだ男性客も押し寄せてきた。

芸者衆と「赤線」の女性たちは隣接して住んでいたが、両者ははっきり分かれていて、増田さんから見れば「格が違う」という雰囲気があったという。前述の糸川地区で育ったMさんも、芸者とパンパンでは「女の格が違う」と語った。増田さんは、糸川のパンパン屋は大規模な店では二〇人くらいの女性を置くところもあったとし、「女の子たちにも格があり、売れ方によって「部屋持ち」と「割り部屋」とに分かれ、部屋持ちのほうは自宅のような雰囲気をつくり出して接客していた。商魂たくましくあの手この手で稼ごうとしていた」と語る[41]。

熱海の「いわゆる接客婦」は、地元紙によると延べ約四六〇〇人(芸妓二八七六人、小料理組合加盟の「接客婦」(パンパン)一四四七人、ダンサー二五五人、その他三七人)[42]であるが、増田さんやMさんの話から、女性たちには芸者とパンパンの間にはっきりとした線引きがあり、さらにパンパンのなかにも「部屋持ち」と「割り部屋」という序列があったことがうかがえる。

糸川地区でジャズ喫茶を営む土屋行子さん（一九二一年生）は、東京に住んでいたが夫を病気で失い、おじが熱海で和菓子屋と射的屋をやっていた縁もあり熱海へ移ってきた。女学校時代からジャズが好きだったので、「こんないなかで、流行るのかな？」と思いながらもジャズ喫茶を始めた（それが何年頃のことか、熱海大火以前なのか、以後なのか、覚えていないという。ただ「ずーっと昔から、ずーっとここでやっている」と繰り返す）。

初めて糸川へ来た時は、「こんな世界があったんだなー」っと思ったものだが、糸川で働く女の子たちに接していくうちに、「すっごくいい娘たちばかり」だと感じた。親・兄弟のために「百姓場」から売られてきた娘たちで、「まだ十八、九でしょ。悩みを聞いてやって人生相談。娘がいなかったから、自分の娘のように可愛がった」。店で二人の息子たちに昼ご飯を作っていると、通りから女の子たちが覗いて、「いいな〜、いいな〜」と羨ましがるので、息子の分と一緒に作ってやった。パンパン屋で出される食事は粗末なものだった。週一度の定期検診は警察指定の多田病院で行われた。検診の日は店の前を女の子たちがぞろぞろ通るので、「今日は、何？」と声を掛けると、「見せに行くんだ」と笑って通り過ぎたものだ。一九五七年の売春防止法施行後に熱海を離れ、何年か経って夫を連れて熱海を訪ねてくる女の子たちもあった。彼女たちは土屋さんのことを「この人が〝熱海のお母さん〟」と夫に紹介していた。「きっと、（私に）夫を見せたかったんだと思うよ」という。㊸ジャズ喫茶を続けてきたことについて土屋さんは、「自分で自活できたから、好きな男もあったけど、男に頼ってなんて、しなくてすむ」と語った[44]。

一九四七年一〇月、民主化の一環としてつくられた自治体警察の象徴として静岡県下の婦人警官第一期生となった田久保《たくぼ》実子《じつこ》さん（一九二三年生）は、熱海署へ配属された。彼女は、敗戦直後から一九五〇年代の熱海は「全国各地から寄せ集まるさまざまな人々のるつぼ」だという。戦災孤児たちは温泉タンクの上にゴザを敷いて冬を過ごし、旅館の残飯を貰い、米兵の靴磨きをするなどして生き延びた。露天商などを行う戦争「未亡人」も含めて、熱海は戦争の影響を受けたシングルの女性[45]や子どもたちが「暮らしやすい」街であった。

図５　糸川地区が出した「女みこし」（熱海市立図書館蔵）

田久保さんの主たる仕事は、孤児たちを狩り集めて沼津の保護施設へ連行することと、「一寸まて　かんがへ直せ[46]」の立て札が置かれるほどの投身自殺の名所となった錦ヶ浦海岸での検死の仕事であった。敗戦直後から占領期には、二日に一度の頻度で心中があり、スカートの裾がパラシュートのように広がって、女性のみ助かる場合もあったという。三島の実家から通勤していた田久保さんは、仕事で遅くなり最終列車に間に合わないことが多いため、糸川地区に部屋を借りていた。部屋の裏がパンパン屋の風呂になっており、客との会話が筒抜けであった。パンパンたちが客に合わせて自分の身の上話を微妙に変化させて語っていたことをよく覚えているという。女性警官ということで酔っ払いに絡まれることもあったが、そのたびに糸川の若い衆に助けられ、「パンパン屋のおかあさん」たちに可愛がってもらったものだ(47)。

戦災孤児を保護することを、当時警察では「浮浪児狩り」と称した。パンパンたちに対して行われた「狩り込み」という行為と同様のことが戦災孤児に対しても行われていたのだ。身寄りのない子どもたちの正確な人数は不明だが、一九五七年になっても、地元紙では一五〇人はいるとされ、年末には熱海署と福祉事務所が「浮浪児狩り」を行い、男児二四人を一斉検挙した旨が報告されている(48)。田久保さんによれば一度に一〇人から二〇人を数珠つなぎにして電車に乗せて運んだこともあるというから、強制連行のようである。彼らは捕まえても逃亡して、また熱海へ舞い戻ってきた。多くは米兵の靴磨きをして金を得ていたが、なかには「〝シャクハチ(49)〟をやって儲けた。靴磨きより金になる」という男の子もいて、米兵による児童買春があったこともうかがわれる。

四、基地の町と「パンパン」たち――御殿場の場合

ここで、ほぼ同じ時期、米兵相手のパンパンたちの流入によって急速に集娼地区が形成された御殿場市周辺を取り上げ、御殿場のように戦後基地ができたことによって新たに「赤線」化された地域と、戦前から「花街」や「私娼」地区を有した熱海との「赤線」化の比較を行いたい。

一九四五年の一〇月、静岡県下で最初の占領軍進駐先となった御殿場には、熱海警察署の風紀係担

当者三人が派遣された。彼らは大井航空基地付近に残留していた業者と「接客婦」九人を動員して、御殿場駅前の旅館を急ごしらえの「慰安所」にしている。熱海警察署の警察官が派遣されたのは、戦前から私娼地区があった熱海での風紀係の経験が活かされると考えたからだと想像される。この部隊は月末に福島県へ移動したため、期間限定の「慰安所」ではあったものの、多い時には一人の女性が三時間に二〇人から二五人の相手をしたという。女性たちを警察官は「女の特攻隊だから頑張れ」と「励ました[50]」。

その後、一九四七年から四九年にかけて米軍が東富士演習場を接収し、ノース、ミドル、サウスの三キャンプが設置されると、この地区周辺に米兵相手のパンパンたちが住み着くようになった。演習場の拡大によって耕作地を失った地元民も多く、パンパンたちに部屋を貸すことで現金収入(月に五〇〇〇円、賄い付で一万二〇〇〇円)を得る農家も増加した。集娼地区にはバーやキャバレーが林立し、パンパンたちの身体を通して現金を得る基地経済が形成された。村人たちは当初、パンパンが入ってくると「村の娘たちが乱暴されなくてすむ」という「性の防波堤」的認識を持っていた。このようなセクシュアリティ観と経済的理由とが相まって、御殿場地区の住民がパンパンたちを受容した要因となった。そして、パンパンたちと住民の間にある種の「共生」関係がつくり出され、パンパンが仕事をしている間は、家主の女性が彼女の子どもの世話をしたり、米司令官がオフリミッツを指令したときには、パンパンたちは農作業を手伝い、その分家賃を安くさせるなどの「交渉」も行われた。

しかし、一九五二年四月二八日の講和条約発効後、基地売春が「独立国の体面を汚す」という認識が浮上してくる。また、サウスキャンプに接する劣悪な環境が国会で質問されたこと[51]をきっかけに富士岡中学校が「基地のなかの中学校」として全国的な注目を浴びるなかで、地元民のパンパンへの排除の視線が強まっていく。特にそれはパンパンに依存しなくてもすむ階層に顕著であった。その認識は、一九五二年七月、集娼地区を抱える御殿場町、玉穂村、原里村のPTAや婦人会、青年団などが東富士演習場対策委員会に提出した「風教衛生対策に関する要望書[52]」によく示されている。そこでは、「特殊婦人を一カ所に集め、性病検査を徹底する」という要望が出され、「風呂屋を一般婦人と特殊婦人に分ける」、「接客婦の児童公園への立入禁止」という一般住民とパンパンの分離の意識も顕著である。パンパンたちをさす言葉には、「特殊婦人」「接客婦」「夜の女」などのほか「慰安婦」という戦時中に連続する名称が使用されていたことも見逃せない。また、パンパンたちが性病感染源のように見なされたのは、米軍の要請によって、地元の保健所が業者に協力させて女性を登録し、定期検診を行っていたことを知っていたからであろう。週一回の性病検診を受けた者には、県衛生部の「健康の栞」というネーミングの証明書が発行された(第一章四三頁)。米兵の「安全な」買春を確保するために女性たちの性が管理されたのである。

五、熱海の住民の「パンパン」への親密なまなざし

東富士演習場付近の住民のパンパンに対する視線の変化を見てきたが、ここでは熱海市および「赤

線」地区である糸川の人々のパンパンへのまなざしを見ていきたい。まず熱海市全体の傾向として、花街で働く女性たちへの忌避感があまり見られないという点がある。その一例として、一九四七年四月三〇日、女性参政権獲得後、初の市町村議員選挙に元芸者（若楫はな・遊芸師匠・五四歳）が立候補し、落選はしたものの、出馬理由として「職業婦人としての芸者の地位向上」を堂々と掲げたことがあげられる[53]。

第二に、売春女性の排除、取り締まりの動きが見られないことである。一九四八年の宮城県を皮切りに、集娼地区を有する全国の自治体で、売春の禁止や取り締まり、売春女性への処罰が盛り込まれた売春取締（禁止）条例が制定されているが、熱海ではこの動きが全く見られない。静岡県内で同じく温泉観光地として集娼地区を有する伊東市（一九五一年七月）や、港湾都市の清水市（同年九月）、焼津市（同年一一月）では条例を制定し、米軍のサウスキャンプを擁する富士岡村でも売春取締条例案が作成されているのとは対照的である。一九五三年には静岡県売春取締条例も制定された。

第三に、この時期（一九五六年）に発行されたＰＴＡの文集（熱海市教育委員会編『私たちの生活と意見』、以下『母親文集』）のなかに、「女の労働にささえられたまち」という括りで、ダンサーや女中、芸者、露天商として子どもを育てる女性たちが手記を寄せている点である。このことは、実際に熱海市の労働人口に占める女性の割合が高いことを背景としているが[54]、文集づくりを担当した教育委員会の指導主事・甲田寿彦[55]の存在によるところも大であると考えられる。甲田は、一九五二年八月に開かれた第一回作文教育全国協議会で鶴見和子たちが提唱した「生活綴方運動」に共感し、五五年に第三回全国

PTA大会が熱海市で開催されたことをきっかけに、熱海の母親たちが本音で語り合うための生活記録集を出そうと提案し、手記を公募した（一七〇点のうち、一一四点を掲載。広津和郎が序文）。編集にあたった甲田は、全九章構成のなかの六章目に「働く女たち」を立てた。その理由を次のように述べている。

図6　『母親文集』表紙（熱海市立図書館蔵）

> 熱海は女の街だといわれる。そうした言葉は、しばしば男の欲望を簡単に満たしてくれる街だという意味を背景にしているようだ。そして熱海は、街中女であふれ、女はひとりなし派手な着物を着て、しゃら〳〵しているようにいわれたりする。〔中略〕しかし、熱海は、女の労働に支えられた街である。〔中略〕それを自分の職場としてそこで暮しを立てている多くの女性たちの生活は、外側で見るほど派手でもなければ楽でもない。農村の主婦が、あのきびしい労働の中で、からだを消耗しているのと少しも変らないくらしのたたかいは、ここにもある。（『母親文集』一二四頁）

甲田は、農家の女性とともに露天商、花街の女性たちの仕事を「女の労働」として共通のものと位置づけている。

六、「しんけん」な「仕事」

以下では、『母親文集』第六章「働く女たち」の内容を抜粋して紹介する。

- ダンサー（「わたしのくらし」佐山陽子、三二歳。RAAのキャバレー・ニューアタミのダンサーだと考えられる。離婚後、実家に子どもを預けて仕送りをしている）

「〔前略〕しかし人聞きのよい職業などを選んでいるゆとりのない私は現在の生活にしんけんに生きているのでございます」（一二七頁）。

- 待合業（「待合業の中で」山田章代、四〇歳。戦争「未亡人」、両親と子ども二人を抱えている）

「〔前略〕熱海の街で働いている女の人の中にも、いろ〳〵の事情で女手一つで子どもを養育しておられる方が数多いこととおもいます。たとえ、どのような処で働いておりましょうとも、客にも、周囲の目にもとらわれることなく、自分の仕事としてのその真剣な姿を強く打ち出すことだと思います」（一二九頁）。

- 露天商（「希い」松田志乃、三九歳）

「私の現在の生活は露商です。立ちのき〳〵と聞くたびに、私の生命線をうばわれるような気持ちです。主人が無く子どもと二人、現在子どもは十三歳です。ですからせめて中学を卒業するまで露天商をさしていたゞきたいと思います」（一三〇頁）。

●露天商（「りっぱな商人」佐野とみ枝、母子二人の生活）

「〔前略〕ある観光客の中にこんな道端で人に顔を見られ、商売しなくともよさそうにといわれた時もありますが、露天商だってりっぱな商人だと思います。そして私にとっては、露天商は私の生命線だとも思っています」（一三〇―一三一頁）。

●芸者（「私は熱海の芸者です」日下蕗子、二九歳）

「私は熱海の芸者です。私は早くに両親に死別し、育ての親も幾度もかわって戦争の終わり頃から熱海の芸者屋で育てられました。〔中略〕世間の人が考えている程お金のもうかる商売でもない。見栄を張って行くのに、年中借金をしていなければならない。世の幸福な奥様方のように、一人の男性のごきげんをとって、生活の心配のないように、男に寄生して生きて行こうかとも思うが、芸者にはなかなか無理なことである」（一三九頁）。

この第六章の「働く女たち」に掲載された一一人のうち、内容から単身者であることがわかるのは八人である。そしてここに引いた五人は全員、単身者である。

一方、同じ『母親文集』のなかでも、「環境に思う」という章には、主婦（仲田和子、三三歳）[56]が書いた「映画館の中で」と題するこのような作文も収められている。

座席に入って来る女の人たちが、花柳街の人の多いことで、座ると同時にタバコをふかし、その煙のはき方といったらないのです。〔中略〕私はそんな時〔美容院などで花柳街の人たちが私たちをジロッと見て、きたながった顔つきをして、きれいずきぶる時〕、心の中で「何んだ、からだはきたないくせに」と反ぱくするのである。身なりははなやかに着飾っても、借金ぢゃあないか。理性があったら、こんな商売に入らなかったであろうに、金銭のドレイになっているぢゃあないか。〔中略〕いわゆる水商売に入ると、まじめな職業には、馬鹿らしくてつけないようだ。〃旦那を見つけて〃それに心をつかっているようだ。私たち主婦からいったら、けいべつすべき職業だと思っている。罪造り職業だと思っている。（九頁）

この文章からは、近代家父長制社会によって「生殖の性」と「快楽の性」に二分化された女性のうち前者（主婦）が、その規範を内面化することによって他方の女性を蔑視、排除する姿が浮かび上がってくる。熱海においても、御殿場等で一般的に見られたこのような視線は存在していたことがわかる。他方で、「特殊学級の母」と題する作文を寄せた並木まつ江さん（一九二四年生）は、糸川地区に隣接する地区で育ち、糸川に住む同級生の家のお風呂に一緒に入って遊んだ経験を持つ。それゆえ、「八百屋があるように、パン屋があるように、パンパン屋も同じ商売だ」と語り、自分やまわりの人たちには差別感はなかった、という。『母親文集』が市議会で問題化され、世論が真っ二つに割れたとき、甲田主事を支援する側にたった彼女は、「だって甲田先生はカッコよかったから」と笑いつつ、真剣な顔で「甲田先生のもとでのＰＴＡ活動と学習体験が、その後のわたしの原点」と語る[57]。その後、並木さんは、「手をつなぐ親の会」や婦人会などの活動で大きな役割を果たした。

しかし、別の見方もあった。糸川地区近くの食堂で育ったOさん（一九四一年生）は、母親から「橋から向こうへ行ってはだめ」と言われたことを覚えている。そしてパンパンには「北海道や東北から口減らしで売られてきた人が多く、一日でも早く足を洗いたいと思っていたはず。好きでやっていた人はいないと思う」と語る。前述の糸川生まれのHさんも、のちに町会別の集まりがあると、「『友楽町』〔次節参照〕ということでやはり偏見があった。だから参加するのが嫌だったよ」と語る。[58]

このように、熱海においても階層や生業、価値観によって異なる視線はあるものの、PTAを構成する母親たちと多様な職業を持つ女性たちの間で「同じ、仕事を持つ女性同士」という連帯が生まれる可能性を持ちえたことを、この熱海の『母親文集』は示してくれている。

七、「赤線」の灯が消える

国会では、一九四八年に売春等処罰法案が上程されてから、約八年の議論を経て一九五六年に売春防止法が成立した。これにより、業者は法律が全面施行される一九五八年四月一日までに転廃業をしなければならなくなった。先に触れた警察官の田久保さんは、糸川の女の子たちから、「廃業したら生活が困ってしまう。どうしたらよいか」と泣きつかれた、と語る。売春防止法は、売春が「人としての尊厳を害し、性道徳に反し、社会の善良の風俗をみだすものである」（第一条）とし、「何人も、売春をし、又はその相手方となってはならない」(第三条)と売春を禁止した。しかし事実上、売春をする女性の側のみが処罰の対象となり、廃業した女性が自立できる制度や経済的支援策は弱小であった。同法の成立のために先頭に立った社会党の神近市子の名前を今でも記憶し、「神近さんはどうして女なのに、女の子たちの気持ちがわからないのだろうか」と回想する住民もある。

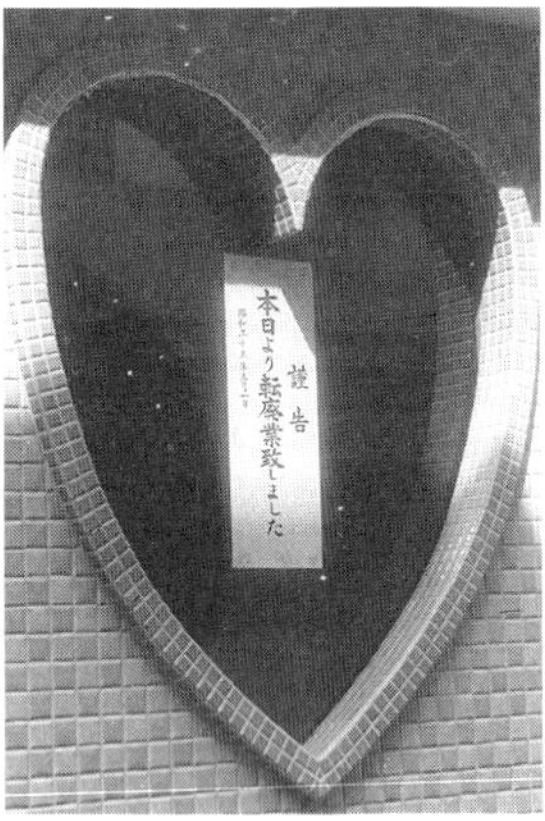

図7　売春防止法全面施行による「廃業のお知らせ」(熱海市立図書館蔵)

糸川(五六軒)の売春業者の転廃業状況は、旅館(八軒)、飲食店(二七軒)、キャバレー(一軒)、今川焼(一軒)、商店(一軒)、住宅(五軒)、マッサージ(一軒)、未定(一二軒)である。泉区五軒町(通称〝ペン街〟一八軒、従業婦七〇人)中、転業が決まっているものは、旅館(六軒)、キャバレー・バー(三軒)、お好み焼き屋(三軒)であった[59]。二月二六日には、糸川小料理組合は解散総会を開き、柿沼幸吉組合長は、地元紙に「従業婦の殆どは帰郷する」と語っている[60]。しかし、同紙は、残っている「従業婦」(一二〇人)の「大半が再び青線地帯にモグリこむのではないか」と見ている[61]。転廃業にともなう女性たちの「更生」支援のために、労働省は各県に婦人相談員を置くように指導し、熱海では商工会議所事務局長と、小嵐に住む曽我部郁子さんが委嘱されている[62]。

売防法全面施行により「赤線の灯」は消え、糸川地区は「友楽町」と名称を変えた。原映子さんによると、地区住民で相談し、東京の有楽町に倣って決めたという[63]。

まとめ

熱海のＲＡＡ施設は、敗戦直後に政府の要請で開設された東京のＲＡＡと異なり、米軍の意向に呼応する形で設置され、占領軍への「慰安」を提供することによって復興を図ろうとする地元有力者がここに協力したといえる。糸川地区の業者が米兵を受け入れるようになったきっかけは、「上」（警察か、組合か）からの要請に応えたものであった。その後、一九五〇年四月の熱海大火被災と、その二か月後に勃発した朝鮮戦争による首都圏や御殿場基地の米兵増員という需要を背景に、糸川地区にパンパン屋が次々と生まれた。

戦後、米軍基地の設置によって農村地域に急速に集娼地区が形成され、のちに風呂屋の浴槽分離など一般地区との区別を厳しく求めるようになった御殿場市付近と比較した場合、戦前からの色街、私娼街の歴史を持つ熱海地区には、パンパンたちへの親密なまなざしが感じられる。その根底には、『母親文集』に見られるように、性産業も生きて行くための「女の仕事」の一つだとするとらえ方があると考えられる。ＲＡＡのダンサーが、「しんけんに」生きていると書き、待合業の女性が「真剣な」姿を打ち出し、露天商の女性が自らを「りっぱな商人」と書くことは、一連のものとしてとらえられないだろうか。パンパンたちが実家に仕送りをしていたということ、幼児を連れて働くパンパンがあったということと、戦争で夫を失った露天商の女性たちが子どもを育てるために街頭に立つということは、形こそ違え、困難な中でも生き延びるための主体的営為《エイジェンシー》として共通するものである。この共通性は、全国未亡人団体協議会(一九五〇年結成)が、売春女性を処罰する売春防止法制定運動に名前を連ねることを拒否し続けたことと関係しているのではないだろうか。(64) ここに女性同士の連帯の可能性を見ることはできないだろうか。

また、熱海の住民たちによる数々の証言や『母親文集』から、当時パンパンたちへ貼りつけられたイメージ——「怠惰な不良少女」あるいは「無力な犠牲者」——ではなく、頭を使って身体の負担を軽減しながらいかに儲けられるかを実践する行為者であった側面が浮かび上がってきた。彼女たちは、仕事場の外に気晴らしができる場所や人的交流を持ち、糸川というコミュニティのなかで孤立することを免れていた。(65)

次章では、パンパン屋で生まれ育った少年の「内側」から見たパンパンたちの姿と、パンパン女性が発した声を見ていこう。

(1) パンパンの語源には諸説があるが、労働省婦人少年局「売春に関する年表」によると、一九四五年九月ごろ「連合軍によりパンパンの名称輸入さる」とある(『婦人関係資料シリーズ一般資料三一号』一九五五年)。神崎清は、第一次世界大戦時に、日本の海軍兵士たちがサイパン島のチャムロ族相手に、買春をした際、パンパンと手を叩いて合図をしたことが語源となり、一転してサイパン島で働く日本人の「売笑婦」の意になり、水兵たちの隠語として使われていたが、敗戦後、相手が外国人であれ、日本人であれ街娼をさす一般通称として一九四六年ごろから流布した、とする(「パンパン語源考」『座談』第三巻五号、一九四九年)。

(2) 古久保さくら「敗戦後日本における街娼という問題」『人権問題研究』一号、二〇〇一年、四頁。
(3) 竹中勝男・住谷悦治編『街娼――実態とその手記』有恒社、一九四九年。
(4) 渡辺洋二『街娼の社会学的研究』鳳弘社、一九五〇年。
(5) 「赤線」とは、「集団的な管理売春(組織売春)を黙認するかたちで、戦前の遊廓や私娼街の業者を風俗営業として許可し、営業場所を指定した地区」(加藤政洋『敗戦と赤線――国策売春の時代』光文社新書、二〇〇九年、一七頁)。GHQによる「公娼制度廃止指令」後、政府は、従業する女性を前借りで縛ったり、売春を強要したりしないように徹底すると同時に、「個人の自由意志による売淫行為」は認め、彼女らを「私娼」と呼び換えて旧来の集団売春地区の存続を認めた。さらに一九四六年一一月一四日の次官会議で、「社会上已むを得ない悪として生ずるこの種の行為(売春)については特殊飲食店等を指定して警察の特別の取締につかせ」ることが決まった(「私娼の取締並びに発生の防止及び保護対策」)。指定地区を警察が地図上に赤線で囲ったので通称「赤線」と呼ばれるようになった。
(6) 茶園敏美『パンパンとは誰なのか――キャッチという占領期の性暴力とGIとの親密性』インパクト出版会、二〇一四年。同『もうひとつの占領――セックスというコンタクト・ゾーンから』インパクト出版会、二〇一八年。
(7) 西川祐子『古都の占領――生活史からみる京都　1945―1952』平凡社、二〇一七年、二六九―二七五頁。
(8) 神崎清は、『娘を売る町――神崎レポート』(新興出版社、一九五二年)、『夜の基地』(河出書房、一九五三年)、『戦後日本の売春問題』(社会書房、一九五四年)、『決定版・神崎レポート　売春』(現代史出版会、一九七四年)、と一連のパンパンに関する本を出している。
(9) 神崎は、社会病理研究所(年代は特定できないが、売春防止法施行直後と考えられる)を立ち上げ、「日本社会が現在おかれている異常であり病理的である」状態を、非行者・自殺者の激増、離婚・親子心中・家出人の増加、グレン隊の横行と青少年の不良化現象とし、それは「暴力とセックス」を源としているという。また、そこには「日本を市場とする頽廃的な外国文化の影響」があるとする。それを改善するためには、「正しい世論の形成」が必要で、「行政機関・民間団体の広汎な教育活動」を行う必要性を提案している。「研究大綱」として、売春、暴力、青少年不良化、家庭紛争、人身売買、自殺、娯楽、マス・コミ、流行、広告、盛り場、ギャンブリング、麻薬・アルコール、セックス、汚職、その他を挙げている(「社団法人社会病理研究所設立趣意書」「神崎清コレクション」横浜国立大学加藤千香子研究室所蔵）。

（10） 神崎の文章に対するわたし自身も含めた女性史・ジェンダー史研究者たちの違和感に関して、茶園敏美は、社会学者・佐藤文香の「保護ゆすり屋」概念を使って、神崎のパンパンに対する侮蔑的なまなざしは、「「保護ゆすり屋」の「狼狽」」であるとする（前掲、茶園『もうひとつの占領』九頁）。「保護ゆすり屋」とは、「女性が、自分のことを守ると称する男性によって保護を約束される、という状況を指す」、そして「保護する者は、保護に失敗すると狼狽し、不満を覚えるため、保護対象者の行動を制約しようとする」という説明が成り立つ。佐藤文香「戦争と性暴力——語りの正統性をめぐって」上野千鶴子・蘭信三・平井和子編『戦争と性暴力の比較史へ向けて』岩波書店、二〇一八年、三三四—三三五頁。

（11） ジョン・ダワー／三浦陽一・高杉忠明訳『敗北を抱きしめて——第二次大戦後の日本人（上）』岩波書店、二〇〇一年、マイク・モラスキー／鈴木直子訳『占領の記憶／記憶の占領——戦後沖縄・日本とアメリカ』青土社、二〇〇六年。ジョン・ダワーは、パンパンとＲＡＡに関して二二頁を割き、これらの女性の存在が「征服者を歓迎して抱きしめるという表現が、きまりが悪くなるほど直接的にあてはまった」（一四五頁）と、本のタイトルと重なることを示唆し、アメリカ人からみたら、野獣のような敵国・日本人は、「一度のまばたきのうちに、白人の征服者が思い通りにできる素直で女性的な肉体の持ち主へと変身した」として、パンパンの存在は、一部の「転落女性」の問題ではなく、「国家どうしの関係が男女の関係に変換されて表現され」（一六七頁）たものである、と述べている。マイク・モラスキーは、「戦後日本の表象としての売春」として一章を設け、パンパンたちを、「戦後の混沌たる時代を生き延びた存在」（二〇六頁）と位置づけ、米軍による占領期が終了したのち、ジャーナリストや運動家たちが「社会問題」として売春を大衆的関心を高める目的で行った学術研究やさまざまなノンフィクションを検討し、そこに共通する「欲望」を浮き彫りにした。それはパンパンを「悲劇的でかわいそうな弱々しい立場の存在として描」くことによって、パンパンたちが日本の社会体制に対して示した脅威（中産階級の家父長的な価値観を脅かす、支配不可能なセクシュアリティ）を、占領時代のジェンダー・イメージに依存した国民的アレゴリーへと構築し、占領軍に犯された女性たちと同様に日本人男性も犠牲者として位置づけるものであった、と主張している（二四九—二五〇頁）。

（12） たとえば、占領史研究の嚆矢としての竹前栄治『ＧＨＱ』（岩波新書、一九八三年）では、ＲＡＡに関しては二行

（四五頁）、パンパンに関しては記述はないが、「原色のスカーフを粋にかぶった日本の女性」を、米兵が「助手席に〔中略〕乗せて走っている光景がよく見られた」（四五頁）とのみ書いている。

（13）Kovner, Sarah C., *Occupying Power: Sex Workers and Servicemen in Postwar Japan*, Stanford University Press, 2012.

（14）「糸川べり」の形成に関しては、松田法子「温泉場の「三業」空間――昭和初期熱海における料理屋・待合・置屋」『年報都市史研究』第一七号、二〇一〇年。

（15）スペシャル・サービス局（Special Services Section）は、第一次世界大戦後に設置され、将兵の士気を高める目的でサービス・クラブや劇場、休暇ホテル、ＰＸ、ＣＩショー、スポーツ大会、図書館などの余暇活動の運営を行った。

（16）『観光新聞』一九四七年一月三日。今井写真館の今井利久さん（一九二八―二〇〇九年）は、熱海ホテルの入り口に大きなアーチが設置され、"Special Service Hotel" と大きく書かれていたことを記憶している（二〇〇四年二月二〇日聞き取り）。

（17）今井利久さん、二〇〇四年二月二〇日聞き取り。

（18）澤田政廣（一八九四―一九八八年）。熱海市出身、高村光雲の高弟、山本瑞雲に師事。多くの木彫作品をはじめ絵画、陶芸、版画など幅広い芸術作品を創作した。一九七九年、文化勲章受章、熱海市名誉市民。澤田の功績を継承しようと、一九八七年に、熱海市立澤田政廣記念館（二〇〇四年、澤田政廣記念美術館に改称）が開設された。

（19）『熱海新聞』一九五二年二月一四日。

（20）ニューフジヤホテルは、一九七〇年代、ベトナム戦争時に米兵に与えられた二週間の休暇の受入れ先として指定された。

（21）『高見順日記』第六巻、勁草書房、一九六五年、三七二頁。

（22）ドウス昌代『敗者の贈物――特殊慰安施設ＲＡＡをめぐる占領史の側面』講談社文庫、一九九五年、二二八頁。

（23）『静岡新聞』一九四六年五月一四日。

（24）坂口勇造編『Ｒ・Ａ・Ａ協会沿革誌』一九四九年、四八頁（『性暴力問題資料集成』第一巻、不二出版、二〇〇四年）。
(25) 二〇二二年一一月二九日聞き取り。
(26) RAA旅館であった熱海観光閣に就職した葛山泰助さん（一九二九年生）は、「立川などのGIから定期的に連絡が入り、ジープにごっそり物資を積んで熱海の闇市で売る。その間、MPに見つからないように見張りをし、糸川で女の人を探しておく。糸川でも物資をたくさん持つ客ほど歓迎された」と語る（二〇〇四年二月四日聞き取り）。
(27) 秋本平十郎『大湯――熱海温泉の歴史』講談社、一九六二年。
(28) 葛山泰助さん、二〇〇四年一〇月九日聞き取り。
(29) 山形県生まれで兄弟姉妹九人の長女。一九三九年に夫と熱海で貸座敷を始める（二〇〇四年一〇月聞き取り）。
(30) 糸川の私娼街では性売買を業とする店主が互助組織をつくり、「小料理組合」を名乗ったと考えられる。労働省婦人少年局の「戦後新たに発生した集娼地域における売春の実情について」（一九五五年）によると、集娼地区の「娼家の名称」は、府県ごと、あるいは地域ごとに異なり、「カフェー」「料理店」「小料理店」「特殊飲食店」「特殊喫茶」などさまざまである。熱海の「小料理組合」は、組合指定の産婦人科で定期的に性病検診などを行うことで警察の許可を得ていたと考えられる。
(31) 二〇〇四年四月聞き取り。
(32) 『熱海新聞』に掲載された山田兼次のコラム。地元住民から提供を受けたが日付が落ちている。
(33) Investigation of Conditions Existing Atami, 1946. 5. 1（米国立公文書館所蔵 RG338/8th Army/887）.
(34) 前掲、秋本『大湯』。
(35) 葛山泰助さん、二〇〇四年一〇月一〇日聞き取り。芹沢令二さん（一九三〇年生）、二〇一一年九月二九日聞き取り。
(36) 二〇〇五年四月六日、八月一二日聞き取り。
(37) 二〇一一年一〇月一〇日聞き取り。
(38) 二〇二二年一一月二九日聞き取り。
(39) ルイ・アームストロングに「日本のサッチモ」と呼ばれた、トランペッター・南里文雄（一九一〇―七五年）は、戦前上海や大連で演奏活動をし、一九四四年に召集、帰国後第一級の演奏者を集めてジャズバンド「南里文雄とホットペッパーズ」を結成していた。
(40) 二〇二二年一二月九日聞き取り。
(41) 二〇一四年一二月聞き取り。
(42) 『熱海新聞』一九五二年三月二五日。
(43) 二〇一五年二月一五日聞き取り。
(44) 二〇一五年二月一五日聞き取り。
(45) 熱海市の人口に占める離別女性の割合は高い。一九五〇年と五五年の国勢調査では、それぞれ三・一%(静岡県一・八%)、四・五%(静岡県一・八%)と県の三倍から四倍である。年齢別に見ると五〇年が四〇―四三歳で五・五%と最も高く、五五年は三〇―三四歳の九・五%が最も高い。熱海温泉の女性労働を研究する高柳友彦は、高度成長期の熱海市と静岡県の未婚率を比較すると、県全体より熱海市のほうが三倍から四倍高いとし、熱海では集団就職で大量に流入した若年女性層とともに、「離婚経験がある、または未婚〔および「未亡人」〕の独身女性が数多く存在し、そうした女性たちが旅館や商店など観光産業の労働力を担っていた」としている。高柳友彦「熱海の旅館経営を支えた女性たち」熱海市『熱海温泉誌』二〇一七年、二四一頁。
(46) この文言は、投身自殺ブームを憂う熱海キリスト教会の人々が、海岸へのトンネルの入り口の壁に記したメッセージである。
(47) 二〇〇七年八月七日聞き取り。
(48) 『熱海新聞』一九五七年一二月四日。
(49) フェラチオの俗称。
(50) 小長谷澄子『静岡の遊廓二丁町』文芸社、二〇〇六年、一七〇―一七二頁。
(51) 一九五二年一二月、第一五回国会参議院文部委員会で岩間正男(日本共産党)・矢嶋三義(日本社会党)が、富士岡中学校が「基地のなかの中学校」として教育環境が大きく弊害を受けていることを質問した。
(52) 『庶務ニ関スル綴』御殿場市役所富士岡支所所蔵。

(53)『熱海新聞』一九四七年四月一二日。若梠の娘(小沢幸子、一九二九年生)によると、「母は理想選挙を標榜して、それによって世の中が変わるんだという思いで腰をあげた」と語った(一九九六年八月聞き取り)。

(54)一九五〇年国勢調査によると、熱海市の人口総数は三万四五〇九人、うち、男性一万五五五九人・女性一万八八九五〇人で女性のほうが多く、一五歳以上の就業率は四七%(静岡県は三八%)。サービス業では男性二九七七人に対して女性六一九八人と二倍以上である。熱海の女性の就業形態については、前掲、高柳「熱海の旅館経営を支えた女性たち」を参照されたい。

(55)甲田は『母親文集』が政治的に偏っているとする市議会議員の批判を浴び、「母親文集問題」が拡大した結果、辞職を余儀なくされた。その後、郷里の富士市で反公害運動のリーダーとして活動した。「母親文集問題」に関しては、甲田寿彦「熱海の母親たち」(『社会教育』一九五六年一〇月号)および、同「おかあさんはくじけなかった——熱海の文集問題」(『社会教育』一九五六年一二月号)に詳細な報告がある。

(56)この文章を書いた女性(一九二二年生)は、ペンネームで書いたと語った(二〇一五年二月聞き取り)。

(57)二〇〇六年四月聞き取り。

(58)Hさん、二〇二二年一一月二九日聞き取り。

(59)『東海民報』一九五八年二月四日。

(60)『東海民報』一九五八年二月二六日。

(61)『東海民報』一九五八年二月二八日。

(62)『伊豆毎日新聞』一九五六年一〇月四日。

(63)二〇〇五年四月六日聞き取り。

(64)鹿野政直は、「子供をかかえた未亡人が、余儀なく売春をはじめた例にも出会った。その血を吐くような辛さと切羽つまった事情を、他人事と思えぬだけに全未協〔全国未亡人団体協議会〕は、のち売春禁止運動に名を連ねるのを拒否しつづける」と書いている。鹿野正直「戦争未亡人」朝日ジャーナル編『女の戦後史Ⅰ——昭和二〇年代』朝日新聞社、一九八四年、三四頁。

(65)青山薫はセックスワーカーたちへの聞き取りの経験から、彼女が性奴隷状態に陥るか、「労働者」でいられるかを分ける要因に、彼女がコミュニティから孤立をしないことが重要であると指摘する。青山薫『「セックスワーカー」とは誰か――移住・性労働・人身取引の構造と経験』大月書店、二〇〇七年。

第五章 少年の目に映る「ハニーさん」
――朝霞に生きた「パンパン」たち

はじめに

はじめてその絵の数々に遭遇したとき、わたしは快いショックとともに、絵のなかに引き込まれるような感覚を覚えた。これまで約二〇年かけて牛歩のように占領期の「パンパン」と呼ばれた女性たちの姿を追いかけてきたが、このようなパンパンへの親密な絵と語りに出合ったのははじめてであった。二〇二一年七月、ウェブ上に公開・連載されている「市民が集めた朝霞の歴史 ASAKA HISTORY GALLERY」(https://asakacity.wordpress.com/)で、「金ちゃんの紙芝居」を偶然視聴したときのことである。「金ちゃん」こと田中利夫さん(一九四一年生)は、朝霞に米軍基地があった一九五〇年代初めの街と人々の生活、そして米兵と「パンパンのおねえさん」たちの様子を、紙芝居にして市民へ語る活動をされている。これまで六〇〇枚以上描かれたというその水彩画やパステル画からは、街の日常風景のなかにごく普通に共存するパンパンたちや米兵、朝霞の老若男女や野犬もふくめて、一人ひと

図1　金ちゃんの生まれた「貸席」屋(田中利夫・ゑ)

りに名前と人生があることがリアリティをもって浮かび上がってくる。小学生だった金ちゃんが自分の記憶をたどりながら描いた絵のなかの「おねえさん」たちは明るく生き生きとしている。

　さっそくサイト運営を担っておられる方を通して数回やり取りした後、新型コロナウイルス感染症の状況が一旦落ちついた二〇二二年三月一一日、金ちゃんを朝霞に訪ね、インタビューすることができた。その際、金ちゃんの記憶に残る「おねえさん」たち六人のことをまとめた貴重な原稿と、公民会等で金ちゃんが行った紙芝居講演の記録を提供していただいた。

　これまで、闇市、「戦災孤児」と並び、占領期を象徴する存在として「パンパン」「夜の女」「闇の女」と称された女性たちは、「風紀問題」の元凶として環境浄化運動のターゲットとされるか、「保護更生」すべき「転落女性」として、社会的スティグマを負わせられつつ他者化、客体化されてきた。

　そのような言説に抗い、第四章では「赤線の街、熱海」の人々のパンパン女性への親密なまなざしと女性たちの主体的営為《エイジェンシー》をすくい上げようとした。本章では、さらにパンパン女性たちが下宿した「貸席」屋で育った少年(金ちゃん)による、「内側」から見たパンパンたちを紹介する。

　以下、金ちゃんへの聞き取りといただいた資料をもとに、占領期、朝霞基地周辺に集住したパンパンたちの生きざまと、米兵との関係性、基地の街の人たちの姿を一少年の目から浮き上がらせたい。それはこれまで、社会学的調査や、社会福祉的「救済」事業、「子どもを守る会」やＰＴＡ、婦人会等による環境浄化運動など、「外側」からのまなざしでは決して見えなかった風景となるだろう。

一、キャンプ・ドレイクと朝霞の街の変貌

一九四五年九月、横浜に上陸したアメリカ第八軍第一騎兵師団は、朝霞町（現・埼玉県朝霞市）、大和町《やまとまち》（現・和光市）、片山村（現・新座市）、東京都練馬区にまたがる旧陸軍予科士官学校跡（サウス・キャンプ、約一二〇万坪）と旧陸軍被服支廠跡（ノース・キャンプ、約二〇万坪）を接収してキャンプ・ドレイク（CAMP DRAKE）を設置した。キャンプ・ドレイクの名は、第一騎兵師団第五騎兵連隊の部隊長でレイテ島戦死したロイス・アリソン・ドレイク（Royce Allison Drake）大佐に由来する。

一九五〇年六月、朝鮮戦争が勃発すると、キャンプ・ドレイクは兵站基地、帰休基地、プロセス基地となり、来日・離日する陸軍将兵が去来した。将兵たちは武器・衣服の点検や指導を受け、配属先を決定され、帰国の際にも同基地で帰国にかかわる諸事を済ませた後出港する――この過程は米軍用語で「プロセス」と言われ、その基盤となる基地はプロセス基地と呼ばれた⑴。朝霞を離れる兵士たちは横浜まで列車で移動した。基地の引き込み線のプラットホームからは、朝鮮へ向かう兵士たちがタバコやチョコレート、コンドームまで投げ、地元の住民たちが競ってそれらを拾った。また、彼氏と

の別れを惜しむパンパンや「オンリー」たちの姿から、「涙のプラットホーム」とも呼ばれた。[2] 朝鮮戦争中、延べ一万五〇〇〇人もの兵士がキャンプ・ドレイクから送り込まれ、朝鮮戦争で死亡した米兵の遺体は立川基地を経由して朝霞に送られ、基地内で死体処理が行われた。死体の包帯をはがして、洗浄し、アルコール漬けにする作業をすれば三〇〇〇円になるという噂が街の人々の間でささやかれた。[3]

サウス・キャンプには逐次、劇場、室内外競技場、競馬場、ゴルフ場などの娯楽施設が設置され、一九四七年三月頃までに家族住宅地(モモテ・ビレッジ)が整えられた。基地で働く日本人も増加し、一九四六年はじめには、約四〇〇〇人となった。

朝鮮戦争開戦後は、「朝鮮特需」によって閑散としていた旧川越街道の南栄通りがにわかに米兵相手のキャバレー、ビアホール、スーベニアショップ、ランドリーなどが林立する地区となった。大きなダンスホールも三つでき、東京から軍用バスで出張してくるダンサーもあった。自宅の空いた部屋へパンパンを下宿させる家も増え、朝霞は〝埼玉の上海〟と呼ばれるようになった。町の人口も急増し、一九四〇年には六〇〇〇人弱であったが、一九五〇年の国勢調査では一万二四〇〇人となった。

米兵の間に性病が蔓延したため、一九五〇年九月、米側の要請によって朝霞町は「売淫等取締条例」を制定し、売春女性の取り締まりを打ち出した。埼玉県下では最も早く、全国の市町村では別府市(一九四九年八月)、山梨県の中野村(一九五〇年六月)、神奈川県大和町(一九五〇年九月)に次いで、四番目であった。[4] 同時に売春女性に対し、朝霞病院で定期的に性病検診を受けるよう強制した。検診日の早朝には、駅前から病院までおよそ二〇〇メートルにおよぶ列ができ、病院の傍にはMP(米憲兵)の幌付きの大型トラックが待機し、陽性の者を国立埼玉病院へ強制入院させた。

米兵の性病罹患率が上昇すると、キャンプ司令官は、朝霞や隣接する大和町への米兵のオフリミッツ(立ち入り禁止)指令を出し、売春女性を置く業者にさらなる性病予防の徹底をさせた。また、米軍MPと朝霞警察署が共同して「狩り込み」と呼ばれる女性たちの一斉検挙を繰り返した。[5]

図2　定期性病検診を受けるために朝霞病院の前に列をつくるパンパンたち(田中利夫・ゑ)

一九六五年、ノース・キャンプにベトナム戦傷病兵のための第二四九総合病院ができ(一九七一年閉鎖)、一九七三年、サウス・キャンプ内のゴルフ場、兵舎地区などの大部分が日本へ返還され、一九七七年、ノース・キャンプの中心部を除いた大部分も返還、一九八六年にはノース・キャンプの中心部も返還され、米軍は完全に撤退した。基地跡は、県立朝霞西高等学校のグラウンドや朝霞第一中学校の校舎に生まれ変わった。

一方、米軍と入れ替わるように、一九六〇年、サウス・キャンプに陸上自衛隊の朝霞駐屯地(JGSDF Camp

Asaka)が置かれ、以後徐々に施設を増やしていった。現在、朝霞駐屯地には、東京都練馬区・和光市・新座市にまたがる陸上総隊司令部・東部方面総監部等が駐屯する。朝霞訓練場は一九六四年の東京オリンピックおよび二〇二一年の東京オリンピック・パラリンピックの射撃競技会場となった。

二、「金ちゃん」こと田中利夫さん

長年パンパン女性たちのことを研究している茶園敏美は、『もうひとつの占領』の冒頭で、子どもの頃お世話になったパンパン女性との交流や想い出話を「墓場まで持っていこうと思っていました」、という大坂カズコさんの次のような言葉を紹介している。

あの時代(占領期)、パンパン(ということば)は悪口隠語でしたから、心にしみつきました。だからわたしには、パンパンということばは言えないことばですよ。わたしにとっては、おねえさんですよ。⑥

そして、カズコさんが「墓場まで持っていこう」とした理由を茶園は、パンパンとの「「良い想い出」を持つひとたちが、その想いを公に語ることに躊躇するような圧力を〔社会が〕強いてきたのではないだろうか」、「パンパンと呼ばれた女性たちに記憶の封印を強制してきたのではないだろうか」、

「そのひとにとってかけがえのない記憶を、語りたくても語れないようにしてきたのは、〔中略〕社会のパンパンに対するスティグマ化と連動」したものである、と述べている(7)。

金ちゃんも、パンパンという言葉は使わない。「おねえさん」、あるいは「ハニーさん」という言葉を意識的に使う。金ちゃんも紙芝居を始めた当初はパンパンと言っていたが、聴衆の女性のなかからパンパンという言葉に対する拒否反応があったので、ハニーさんと言い換えるようになった。朝霞の街を闊歩する米兵たちが、パンパン女性たちへ「ハーイ、ハニー!」と呼びかける声はとても明るかったから。しかし常に、その言葉を使うことにも葛藤を感じている。また、自分はなぜ、こんなにハニーさんたちをきれいに描いてしまうのだろうか、本当はもっと粗末な姿で薄汚かった。でもきれいにしか描けない自分がいる、と言われる。

金ちゃんは、一九四一年八月、朝霞駅前の割烹旅館「成田家」の裏に位置する「貸席」を営む家に生まれた。「貸席」といってもそれは戦後に掲げた看板で、戦前は駅近くの利便性がかわれて、小間物商や町内会の会合に利用されたりしていた。戦後朝霞にやって来た米兵相手の女性たちに部屋を貸して欲しいといわれるようになり、敗戦二年後に満洲から帰還した父親が、警察の指示で「貸席」という看板を掲げた。

部屋は六部屋あり、一番広い一〇畳は板張りの部屋でベッドも置かれ、「洋間」を珍しがって見物にくる友達もあった。小学校低学年になった金ちゃんは、家の手伝いとして井戸から水を汲んできて風呂を沸かし、米兵を連れたハニーさんがやってくると玄関で脱いだハニーさんの靴をすぐに抱えて、

図3　金ちゃんにお弁当を届けに来たベリーさん(田中利夫・画)

部屋の前へ持っていった。当時、ハニーさんたちが履いていた綺麗な靴は貴重品だったので、すぐ盗まれてしまうからだ。そのうち長期滞在契約をする「オンリーさん」で部屋が埋まるようになった。

友だちの母親に、金ちゃんが「パンパン屋の子」と言われていたことが母の耳に入った。母はそれを気にして、「勉強をしっかりしていれば、そんなことも言われなくなるよ」と金ちゃんに言って聞かせたが、金ちゃんは少しも気にならず、勉強するより友だちと遊ぶことに夢中だった。ほかの多くの子どもたちの家にもハニーさんたちが間借りするようになり、子どもたちは美人のハニーさんがいることを競い合うように自慢していた。金ちゃんの家に間借りするハニーさんたちが、金ちゃんが通う第二小学校へ、忙しい母に代わって弁当を入れ替わり立ち替わり届けてくれた。ハニーさんが外で「トシ坊！　お弁当持ってきたよ」と大きな声で呼びかけるので、クラスメートたちに羨ましがられた。男の先生もそれを咎めるどころか鷹揚で、「あれはどこのおねえさんか、どういう名前か？」と聞いてきたものだった。

朝鮮戦争時、朝霞に住む「闇の女」は三〇〇〇人と地元紙は報じているが、それ以外に「乞食パン助」と呼ばれ、稲荷神社などをねぐらとした住居を持たない女性たちも多くいて、麦畑や中学校の校庭や教室にまでコンドームが捨てられていた。子どもたちはそれを膨らませて遊び、見つかると親に叱られたものだが、町の商店でもコンドームの輪ゴム部分を再利用して、包装紙を留める輪ゴム代わりに使っていた。女の子たちもゴムひもをつなげて縄跳び遊びをしていた。それくらい町のあちこちに使用済みコンドームが落ちていた。それは兵士が持参したアメリカ製のものだった。

図４　町はずれのあちこちに落ちていたコンドームで遊ぶ子どもたち（田中利夫・ゑ）

金ちゃんは、一九五三年に目白の中高一貫の男子校に入学し、成人してからは日本橋のアパレル会社でデザイナーとして働いたが、混雑する電車の通勤が嫌で会社を辞め、朝霞で婦人服の仕立てをしたり、洋裁の先生などをしたりしてきた。金ちゃんというネーミングの由来は、中学生のとき、先輩に促されて重量挙げで五〇キロをクリアし、「なんと、坂田金時（金太郎）の再来かい」と言われたことによる。朝霞市民に町の歴史を語る際に、よりわかりやすくと紙芝居のスタイルをとるようになったのは二〇一七年頃からである。

三、朝霞に集まってきた女性たち

朝霞に集まって来た「闇の女」や「ポン引き」には、東京をはじめ、『埼玉県警察史』によると九州、広島、京都、青森方面から流れてきた人たちが多かった。(8) 金ちゃんが知っているハニーさんたちは、ほぼ全員実家に仕送りをしており、金ちゃんがよく代行していた送金の宛て先は、東北の住所が多かった。あとで紹介する「ベリーさん」も定期的に送金をし、金ちゃんはベリーさんの秋田の実家の住所を今でも諳《そら》んじている。

ハニーさんたちのなかでもオンリーさんになると金回りがよくなり、一軒家へ住み替えしたくなる。駅前通りの普通の家でも、「貸間あり」、「四畳半」とか「六畳」とか壁に貼ってハニーさんに部屋を貸すようになった。貸せば家賃が取れて家が潤うし、彼女らを通してタバコ、コーヒー、ミルク、パン、アイスクリームなどアメリカ兵から豊かな食料品がもたらされる。それまでは「パンパン」とか「パン助」とか蔑みの言葉を言っていた人たちもいたが、一軒が始めると、それに倣う家も増えて、玄関の三畳間まで貸して、自分たちは勝手口から出入りするような家もあった。

そのうち、母親たちのなかには、自分の娘によい格好をさせたいと望み、夕方買い物かごを持って道に立ち、兵隊を自宅へ導いて娘をオンリーにさせる人も出てくるようになった。そのような変化に一番初めに気がつくのは子どもたちで、その子の家へ塀の下をくぐって遊びに行ったときなどに、お風呂の排水を通るいい匂い(石鹸の)で勘づいて、「こいつのおねえちゃんよ、アメリカ兵と付き合っている」としゃべり、それが広まっていく。母親が幼い娘に花を持たせて、アメリカ兵へ売らせるシーンも多く見られた。

白人兵と黒人兵に関しては、ハニーさんたちに言わせると、「黒人兵のほうが金離れがいい」とのことで、白人兵はやたら値切るとか、代金を出し渋るとかで、黒人兵のほうが評判が良かったし、金ちゃんも黒人兵のほうが好きだった。

四、「オンリーさん」は出世頭

ハニーさんのなかでもランクがあり、オンリーさんと「乞食パン助」と呼ばれる女たちには雲泥の差があった。オンリーさんになれるのはたくさんいる女性たちのなかでもほんの一握り。それは美人かどうかということより、アメリカ兵相手に頭を使って利口に立ち回れるかどうか、その違いであった。徴兵で集められたアメリカ兵たちは、金ちゃんからみるとお兄さんのように見えるほど若かった。その若い兵隊たちをうまく丸め込めたのがオンリーさんであった。

オンリーさんになると、彼氏にアメリカの大手通販会社の扱う「シアーズカタログ」を持ってこさせ、そのなかから気に入った衣服や化粧品を取り寄せられたから、オンリーさんは当時の日本のファッションの最先端をいく存在であった。しかしサイズが合わず、「朝霞のお母さん」とオンリーさんたちから慕われていた金ちゃんの母親が仕立て直しをやってあげたりしていた。そのうち、彼女たちは「それなら子ども用を買えばいい」ということに気がついたが、子ども用だから「バカ派手」で目立った。

ハニーさんたちは少しでもアメリカ兵の気を引こうと髪の毛を脱色するのだが、多くの女性はオキシドールで行ったので髪がバッサバッサになった。それでゴリラみたいになってしまう。一方、オンリーさんは、彼氏にビール(バドワイザー)を持ってこさせ、洗面器に入れてオンリーさん仲間で互いに脱色しあう。そうすると艶が出て、幾分か綺麗に染まる。そこがオンリーさんでない女性たちとの違いにもなった。

またオンリーさんになると、兵士と一緒に基地内のPX(売店)で買い物をすることができた。これは大変な魅力であった。したがって、駅前に立っているようなハニーさんにとってオンリーさんは憧れでもあり、ちょっと癪にさわる存在でもあった。

一方、「乞食パン助」と呼ばれるハニーさんたちは、住む場所どころか着るものも履くものもなく、ゴザを丸めて持って野宿をするようなありさまだった。当時使われていた「拾円札」(表は国会議事堂、裏にはNIPPONと記された。一九四六―五五年発行)五枚で身体を売っている(通常はショートタイム=一五分で三、四百円が町の相場だった)者もいた。コッペパン一個一〇円、キャラメル一箱一〇円の時代に、さらに日本人にはもっと安く(「同胞割引《はらから》」=二割引きで)売っていた。上納金も払えないので、のちに述べるパンパンの組織・白百合会にも入れず、MPの「狩り込み」でキャッチの犠牲になるのも彼女たちだった。

アメリカ兵たちのハニーさんへの支払いは、基本的には日本円で行われた。しかし、軍票のドルを渡す場合もあり、町にはそのドルを円に交換する「ドル買いおばさん」と呼ばれる名物女性がいた。彼女はまた、闇で米軍物資を売る仲介のような仕事もしており、年中毛糸の腹巻をして、その中に大枚を入れて持ち歩いていた。米軍物資の闇取引に関しては国会でも問題視された。物資の横流しをするときの媒介として軍票が使われたようで、一九五一年一一月の衆議院外務委員会で米兵が横流しの物資を闇取引するとき、パンパンを介して行われる場合もあり、「末端でパンパンが向うの軍人から軍票をもらっている」との指摘がされている。⑨

毎月一日と一五日は占領軍の給料日で、町の人たちはこの日を「ぺえでえ」(pay day)と呼んで、オンリーさんをはじめ特定の相手を持たないハニーさんたちも、朝からゲート前でアメリカ兵たちが出てくるのを待った。ヤクザや「ポン引き」、「ドル買いおばさん」や闇屋のおじさん、オンリーさんに帳面で貸し売りをしている食堂や洗濯屋のおかみさんたちもこの日を待ち構えて集金に余念がない。日頃「パン助」よばわりしている店主も、この日は「パンちゃん」とか言って、押し売りをしたりしている。金ちゃんたち子どもも、ハニーさんたちの気前がよくなり、紙芝居代やお小遣いをくれたりするので「ぺえでえ」がどんな日なのか知っていた。

朝霞だけではなく、一九五〇年代の全国の基地の街はパンパンたちを通して潤い、それが占領期の日本の外貨獲得の大きな要因の一つとなっていたことは、この時期の国会会議録のなかで確認できる。たとえば、第一三回国会(一九五二年二月二二日)で横田甚太郎(日本共産党)は、「正常貿易の輸出は大体

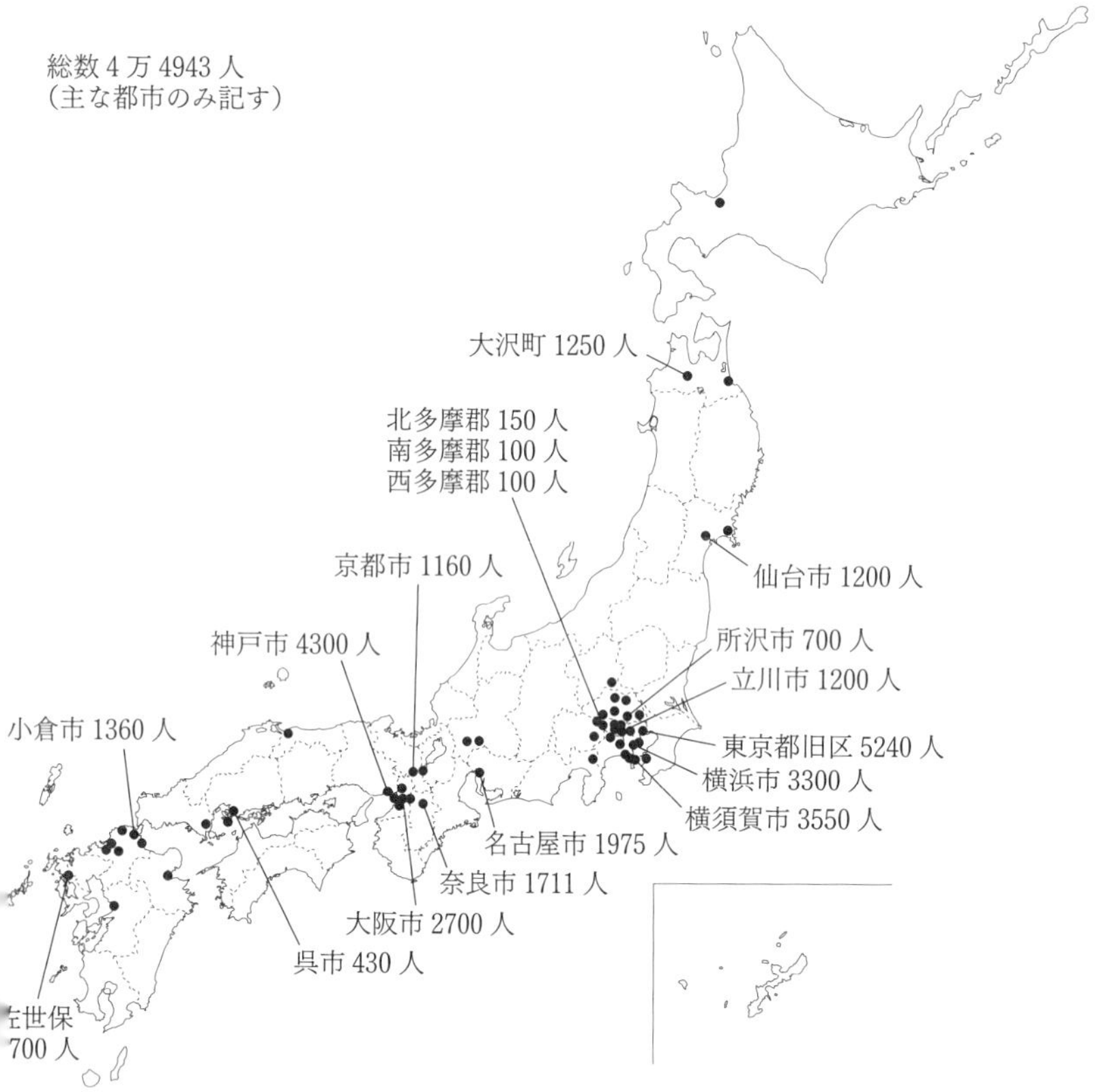

図 5　厚生省公衆衛生局防疫課「駐留軍基地周辺散娼数一覧表」(1953 年 5 月).『婦人問題資料集成』(第 1 巻, 584-586 頁)より作成

十三億九千万ドルになつており、輸入が十六億五千万ドルになつておるが、この中にはパンパンのかせいでくれた金も入つておるのです[10]」と発言した。同国会の電気通信委員会(五月二二日)で田島ひで(日本共産党)は、「本年度は七億ドルくらいの欠損であります。それを特需とパンパンさんのかせぎで穴埋めしなければならないというような情ない日本の経済状態なんです」と述べている[11]。議員のなかにはこれを「パン

パン貿易」と称する者もあった。

五、「金ちゃん」の記憶に鮮明な「ハニーさん」たち

(1)南十字星の「やっちゃん」

「やっ(靖子)ちゃん」が金ちゃんの家に間借りを始めたのは、一九四三年、金ちゃんが二歳のときだと聞いている。父親が満洲に出征中の金ちゃんの家には空き部屋が二つあり、そのうちの一部屋には小学校の校長先生夫婦が入り、奥の八畳間にヤクザの男から逃げて来たやっちゃんが入っていた。

もともとは東京の山の手の生まれで、職業軍人を父にもつ大きな屋敷のお嬢さんだったらしい。楽団「南十字星」でフルート演奏者をしていたが、実家が川越の遊郭で貸座敷をやっている友人の家に遊びに行くうちに、「やり手婆」に騙されてお座敷に出された。そして、客に惚れられ騙され、あげくの果てに性病をうつされて捨てられ、やけくそになってヤクザとつながって搾り取られ、他へ転売されそうになったところを逃げ出してたどり着いたのが金ちゃんの家だったのだ。やっちゃんは戦争末期、空襲警報やガラス戸をドンドン叩いて光が漏れないように注意する自警団の声に怯える金ちゃんを抱きしめて落ち着かせてくれたり、小学校入学準備のために覚えた字で「ヤッチャンサンヘ」と紙袋の裏に書いたのを喜んで、膝に抱いてギュッとしてくれたりした。このとき、やっちゃんは水蜜桃の甘い香りがしたものだった。

いつも一人静かに奥の部屋にいて、何をしている人なのか金ちゃんは知らなかったが、ある日東京へ出かけてお土産にハーモニカを買ってきてくれた。箱に入った金ぴかの二一穴の立派なもので、やっちゃんは、それをくわえると「赤とんぼ」を吹いてくれた。金ちゃんは、その日から毎日吹いていたら「靴が鳴る」ができるようになり、ひと月もすると曲を聴いただけでどんな童謡も吹けるようになった。小学校に入学して最初に国語の教科書に出てきた、「おはなをかざる　みんないいこ　きれいなことば　みんないいこ」に、音階が付いていたので、金ちゃんがそれをハーモニカで吹くと、担任の先生が褒めてくださった。それを聞いた金ちゃんの母も喜び、ご褒美に肉まで入っている大好きなライスカレーをやっちゃんの膝で一緒に食べた。

いつも学校から帰るとやっちゃんの部屋へ直行していたが、ある日、母から「今日はダメ、お客さんだから」と言われた。翌朝部屋からアメリカ兵が出てきて「ハーイ、ボーイ。モーニング」と言って金ちゃんを抱き上げ、ウインクした。それ以降、毎回、違うアメリカ兵がやっちゃんの部屋にやってくるようになった。誰に聞いたでもなく、金ちゃんはやっちゃんの仕事が何であるかを理解していた。

二年生になった一九四九年の一〇月、運動会の五〇メートル走で一番になり、賞品の帳面を見せて「トシ坊は、かけっこも速いんだ」とやっちゃんに褒めてもらったその日の夜中、金ちゃんは廊下を行き来する物音と、やっちゃんの泣き声とアメリカ兵のまくしたてる言葉で目を覚ました。父が朝霞病院の医者を呼び、その後白人と黒人のＭＰが土足のまま上がり込んで、吠えるような声を出し続けるやっちゃんに白い布をかぶせて抱きかかえるようにジープで連れ去った。

母は金ちゃんには黙っていたが、それ以前からやっちゃんは、奇声をあげたり、制止も聞かず暴れたりすることがあったようで、それは梅毒が進み脳まで冒された症状だった。その後、やっちゃんは広沢の池の先の畑のなかの、白いペンキで塗られた鉄格子の家に監禁されていることがわかった。ここは、キャンプの鉄条網の外側で、のちにアメリカン・リージョンクラブというキャバレーが建ったところだが、建物は米軍のものだったのか、町のものだったのか、それとも十字架があったから教会だったのか、不明だ。

ある日、母が一人で訪ねたときには正気で「お母さん、ありがとう」を繰り返し、持参したお茶とおむすびを、鉄格子の間から受け取ってくれた、という。しかし、次の日もその次の日も、母が差し出すお茶とおむすびを受け取りはしたが、目は虚ろで、時々奇声を発し、腰まであった長い髪を振り乱し、着物の裾をはだけ、おむすびを踏みつけ、お茶をまき散らした。その姿に母はおののいて、走り帰って来たものの、夜は一睡もできず、三日目の夜明けに金ちゃんを連れて白い家の鉄格子の前に立った。金ちゃんは、「やっちゃん、やっちゃん」と声を掛け、母に負ぶわれて鉄格子のなかを覗いてみると、壁に寄りかかってうっすらと笑みを浮かべて眠っているようなやっちゃんの姿があった。はだけていたという襦袢《じゅばん》の前もきちんと合わせ、引きちぎった袖にも手を通していた。頭の上に木の十字架がかかり、東の窓から射す朝日を受けて、前のお嬢様の顔に戻ったやっちゃんは金色に輝いていた。

図6　うっすら笑みを浮かべて死んでいたやっちゃん（田中利夫・ゑ）

この鉄格子の家は誰が建てたのか、やっちゃんは医者に診てもらえたのか、金ちゃんの母は警察にも行き、パンパングループの白百合会の女親分にも聞き、やっちゃんに客を世話したポン引きのリーダー、ジョージさんにも聞いたが何もわからなかった。

(2) アメリカへ渡った「タミちゃん」

ハニーさんのほとんどは、アメリカ兵が付けた「マリー」「エリー」「スージー」などの名前を名乗っていたが、「タミちゃん」は本名をそのまま使っていた。多くの女性たちが本名を隠し、基地の街を渡り歩くたびに名前を変えているなかでは珍しい（周囲には「タミーさん」と呼ばれたが、ここでは金ちゃんだけが使っていた「タミちゃん」を使用する）。タミちゃんは富山から東京へ出てきたが、進駐軍関係の仕事は日本のどこよりも高給だと聞いて、朝霞にやってきて金ちゃんの家に下宿することになった。キャンプ内の軍属が住むモモテ・ハイツでハウスメイドとして働いていたが、そこで知り合ったZ将校のオンリーになり、彼の家族関係者として特別にタイピストとしてのパスを得た。タミちゃんは「パングリッシュ」と呼ばれた「パンパン英語」はできても、英文の読み書きどころか、タイプライターも見たことがない。

当時、基地内の賃金は日本の企業と比べて格段に高く、たとえば中学校卒業の女子がＰＸに入ると、その時点で自分の父親と同じか、それ以上の収入だったので、地元の人々は競って基地内に仕事を求めた。同時に、基地内で働く女性を世間は堅気の女とは見てくれず、駅前のハニーさんたちも、タイピストであれ通訳であれ自分たちと同類と見なしていた。

図７　「キャンプの内と外」(田中利夫・ゑ)

金ちゃんは、タミちゃんがメイドをしていた将校一家がドライブ旅行に出かけたとき、留守番をするタミちゃんに基地内へ連れて行ってもらったことがあった。鉄線で囲われた柵の中は、刈り込まれた青い芝生に、回転する散水機が虹をつくりだし、家々の前には流線型の大型車、そして真っ黒い毛艶のいいシェパードが、どの家の庭にも寝そべっている――そこはアメリカだった。

最も驚いたのは、真っ白なホーローの船形浴槽だった。蛇口をひねると湯がほとばしり出て、タミちゃんが良い香りのする粉石鹸を惜しげもなく振り入れると、見る間に泡の入道雲ができた。「もったいないよ」という金ちゃんの言葉に、「いいのよ、ここはアメリカなの」と、しり込みする金ちゃんを裸にして白い泡の中へ投げ込み、長い毛のブラシでごしごしこすった。風呂の栓が抜かれ、天井からシャワーの湯が降り注いで、もったいないほどいい匂いの石鹼は流されてしまった。

タミちゃんは、金ちゃんの母に言わせると浅草の国際劇場で見た松竹歌劇団の踊り子のようにスタイルがよかったが、自分では鼻にかなり引け目を感じていた。いわゆる鼻ぺちゃ、団子鼻だった。働き者のタミちゃんは、蓄財にも長け、キャンプで働くバクチ好きの日本人の男たちに小金を貸し付けて利息を取り、かなりの財産ができた。その貯め込んだお金で、新橋の「じゅうじん」(十仁か?)という病院で隆鼻手術を受けた。

二か月ほど家を空けた後、戻ってきたタミちゃんは、別人のようだった。鼻だけではなく、顔全体を外国雑誌に載っている好みの女性に似せたそうで、当時オート三輪車が一台買えるほどのお金をつぎ込んだという。隣の蕎麦屋のおばあさんは、日本語の上手なアメリカの女の人だと言ってきかないほどだった。

元々スタイルがよかったこともあり、ものすごい別嬪《べっぴん》さんになったタミちゃんは、町のハニーさんたちの嫉妬をかって、「仮面女郎、あたい等とおんなじパン助じゃないか」と罵詈雑言《ばりぞうごん》を浴びせられたが、本人は「悔しかったら真似てみな」と、平気であった。

それからしばらくして、タミちゃんはZ将校と結婚することになった。GI仲間とオンリーさんたちに祝福されて、空色の大型車に色とりどりのリボンで結んだ何十もの空き缶をカンカラ鳴らしながら、「はねもん」(ハネムーン)に発っていった。富士箱根旅行から帰って来た二人は、立川基地から軍用機でアメリカへ旅立って行った。金ちゃんの母はタミちゃんが欲しがっていた着物一式をプレゼン

図8　「はねもん」(ハネムーン)に出るタミちゃんたちを見送る人々(田中利夫・ゑ)

トし、金ぴかの勲章を付けた中尉のZ氏と、その着物を着たタミちゃんは南栄の写真館で記念写真を撮った。

タミちゃんはテキサス州のエルパソで彼の両親と暮らしたが、その地から石油が噴き出し、一夜にして億万長者の一家となった。面倒見もよかったのでタミちゃんは、その地域の同胞から「テキサスのお母さん」と慕われたらしい。一九六四年、東京オリンピックの年に帰国した際には、金ちゃんの家へ母を訪ねてきてくれた。タミちゃんは、ハニーさんのなかでも一握りのオンリーさんから「戦争花嫁[12]」になり、アメリカで幸せをつかんだ数少ない一人だろう。

(3) モンローウォークの「とくちゃん」

タミちゃんの後に金ちゃんの家に入って来たのが「とく(徳)ちゃん」で、初めて金ちゃんと目が合うと、ウインクしてニコッと首を傾げた。美容整形をしたとはいえ、タミちゃんは口紅だけで、ほとんど化粧をしなかったのに、とくちゃんは白塗りの厚化粧だ。喉仏が目立ち、首は太く短く小麦色の肌で、顔の白さとの違いがくっきりしていた。身体にぴちぴちの服を着て、当時「乳バンド」とか呼ばれたブラジャーの故か、おっぱいが三角にとんがり、横から見ると「く」の字に見える。当時の「乳バンド」は、白いキャラコ(平織綿布)数枚をミシンで円錐形に縫い固めたものだった。

昼間は障子を立てて独りで部屋に籠っているとくちゃんは、夕方になると念入りに化粧をし、一〇センチを超す鉛筆ほどの細いハイヒールに、ぴちぴちのスカートでお尻をぷりんぷりんさせながら駅前通りを歩く。かなり目立って、その姿は「女優のようだ」と評判になった。身の回りにお金をかけているとくちゃんは、駅前の〝ジャン〟(美人)美容室に通ったが、その行き帰りに声を掛けられても無言、街に立つハニーさんたちから「お高い女」と言われていた。白百合会からも何度も入会を迫られたが、拒み続けたらしい。とくちゃんは、家で客を取ることはなく、定期券を買って東京へ「仕事」に通っていた。

金ちゃんの家のハニーさんたちは、自分の持ち物をすべて自室に保管していた。玄関に脱いだ靴も、裏庭に干した洗濯物も、うっかりすると「乞食パン助」と呼ばれる女性たちに盗まれてしまうからだ。「おばさん、御不浄《ごふじょう》(トイレ)貸して」とやって来たハニーさんに、母の下駄や金魚鉢、そして御不浄にあった「浅草紙」という反古紙でつくったザラザラの再生紙まで一枚残らず持っていかれたこともある。

とくちゃんは、女性たちにとって垂涎の的の三面鏡を持ち、台の上にはアメリカ製の綺麗な小瓶の化粧品を並べていた。あるとき、偶然とくちゃんの部屋のなかが見えたことがあった。上半身「乳バンド」だけのとくちゃんは、汁茶碗ほどの乳バンドの中へ、これまた女性垂涎の的のナイロンストッキングを丸めて詰め込んでいた。金ちゃんは、大事なストッキングを盗られないように胸の中に隠しているのかと思った。ストッキングは、デンセンといって編み目がほどけてしまったものを修理する店があったほど貴重品だったから。

とくちゃんはアメリカ兵から手に入れた雑誌に載っている、ハリウッド女優のロンダ・フレミングを切り抜いて鏡に貼り、彼女に似せてカモメが飛んでいるような眉を描き、雄鶏《おんどり》のとさかのような口紅を引くのだった。金ちゃんは初めて出会ったときから、とくちゃんが黒か白のレースの手袋を常にはめていることが気になっていた。ハニーさんは、基本、炊事洗濯をしないので、手が荒れるわけでもないのに、なぜかとくちゃんは手袋を外さなかった。

ある夜、これまで部屋に客を連れて来たことがないとくちゃんが、赤毛のアメリカ兵をともなって帰宅した。夜中、とくちゃんの「ガッテンメ　サナバベッチン　ゲラリヒヤ」とひび割れた怒鳴り声がして、アメリカ兵の怒声と同時にガラスが割れる音。「やるならやってみやがれ、てめえみていな赤豚野郎になめられてたまるかい！」ととくちゃんの啖呵《たんか》。「ボウシュ　ガッテンメ　サナバベッチン　ゲラリヒヤ」(Bullshit, goddamn, a son of a bitch, get out of here!)は、かなり汚い言葉で、正しい意味などわからないまま、金ちゃんも友だちと遊ぶなかで相手を罵る言葉として使っていた。そして、とくちゃんは、天井に届くほど飛び上がったかと思うと、アメリカ兵の顔を踵で強打し、彼は障子とともにひっくり返り鼻血で顔を染めて失神してしまった。ジープでＭＰが駆け付け、ヤマモトが英語と日本語のチャンポンで通訳し、二人はＭＰに腕をつかまれ連行された。この通訳・ヤマモトは、ハワイ出身の日系二世であるが、日本人に対し居丈高で、朝霞の町の人たちからは嫌われていた。

一週間後、アメリカ兵が「モンキー・ハウス」と呼ぶ、キャンプ内のモモテ地区にあるという留置所から、とくちゃんは無残な姿で帰されてきた。お化粧も口紅も剝げ落ち、なんとひげ面のとくちゃん。レースの手袋を外すと、ささくれだった、まぎれもない男の太い指。母は、急いで風呂を沸かし、隣の食堂からとくちゃんの好物の親子丼をとってあげた。「ママさん、ごめんなさい」をとくちゃんは繰り返し、翌日、黄色いオート三輪車に二つの行李と三面鏡を載せてどこかへ行ってしまった。

駅前交番＝ポリスサブステーションの巡査が告げに来てくれた情報によると、とくちゃんは徳島出身で、地元では名の通った日本拳法家の師範代を務めていたそうだ。「仕事」場所は池袋の隣の大塚で、そこでかなり知られた男娼⑬であったという。金ちゃんは「おかま」という言葉をそのとき初めて知ったが、小玉スイカを二つ並べたようなお尻をぷりんぷりん振って歩くとくちゃんは、結構かっこよかった、と思っている。

（4）秋田美人の「ベリーさん」

「ベリーさん」は一六歳の春、桜の頃に朝霞にやって来た。ハニーさん相手に夜具布団の賃貸をしながら、裏稼業としてアメリカ兵と組んで進駐軍物資の横流しもやっている傷痍軍人のおじさんが連れてきた。そのおねえさんは、セーラー服に紺色のモンペ姿で田舎臭く、一見「乞食パン助」に見えた。

「すず」と名乗るそのおねえさんは、金ちゃんより七歳年上で、中学卒業後、秋田から出稼ぎに出てきたそうで、上野に着いたその日、募集の貼り紙を見て地下道の食堂に住み込みで働きだした。そこで御徒町《おかちまち》のハニーさんの金まわりのよさに憧れ、自分もアメリカ兵と付き合おうと食堂を出て、教えられた朝霞にやってきた。黒人は金離れがよい、と聞かされたので、朝霞で最初に声を掛けて来た黒人兵と付き合うことにしたらしい。

奥の八畳間に入ったすずさんは、その晩金ちゃんたちと一緒に夕飯を食べ、母がすすめた風呂に一週間ぶりに入った。風呂から出たすずさんは、見違えるほどの美人で、金ちゃんはなんだか嬉しくなってきた。

次の晩から黒人兵トニーが通ってきた。肌はとても綺麗なチョコレート色で、彼はすずさんにベリーダンス(belly dance)が由来の「ベリー」という名前をつけた。彼は軍楽隊のドラマーで、階級は軍曹。二人とも互いの言葉がわからず、手を大きく振って身体を使って会話をする。トニーは、ベリーさんのために食糧はもちろん、テーブル、ベッド、三面鏡、ラジオ、電気でお湯を沸かせるポットなどを運んできた。ベリーさんは、トニーのためにと、肌を日焼けさせることに専念し、冬は顔に茶色の靴墨まで塗っていたが、トニーはベリーさんの白い肌が好きなんだとわかると、今度は白い肌に磨きをかけるのだった。

元々きめの細かな肌だったうえに、トニーが運んでくる化粧品で見違えるほどの美人になったベリーさんに、最初に朝霞へたどり着いたときの田舎のおねえさんはもうどこにも残っていない。トニー

図9　トニーに合わせて，日焼けをしようとするベリーさん（田中利夫・画）

が取り寄せてくれる「シアーズカタログ」の上等のドレスで街を歩くので、秋田美人のオンリーさんとして駅前通り商店街のおやじさんたちからオマケのサービスをしてもらうなど、誰からも好かれる存在になった。ハニーさんたちは炊事洗濯はせず、アメリカ兵が運んでくる食糧か、外食で済ませる。ベリーさんも庭を挟んですぐ前にある食堂に「おじさん、いつもの」と声を掛け、その店主もベリーさんの大ファンなので、ご飯は大盛り、中華そばには厚い焼き豚が三枚も入っている。小食のベリーさんは、そのたびに「トシ坊、助けてー」と呼んでくれて、金ちゃんは箸を持って飛んで行った。

ベリーさんは白人兵からも頻繁に声を掛けられたが、きっぱり「あたしには恋人がいます」と、すっかり身に付けていた「パングリッシュ」で断っていた。たいていの者は「わかったよ。ごめんよ」という顔をするそうだが、日系二世の通訳・ヤマモトには「あんな黒ん坊と別れて、俺とハワイで楽しくやろうぜ」としつこく付きまとわれたようだ。

ベリーさんは、秋田にいる家族へ毎月送金するが、それを郵便局から送るのが金ちゃんの役目になっていた。そのため金ちゃんは実家の母親の名前と秋田県北秋田郡米内沢村……の住所を今も暗唱している。ベリーさんは一度、里帰りをしたことがある。停車場でアメリカ人と見まごうほどのベリーさんを見かけた地元の子どもたちは、当時流行していた神楽坂はん子の「こんなベッピン見たことない」の大合唱となったそうだ。

金ちゃんが四年生のクリスマスには、ベリーさんとトニーはPXで大きなクリスマスケーキとチョコレート、七面鳥を買ってきてくれた。待ちきれず大量のチョコレートを食べた金ちゃんと弟は鼻血を出し、七面鳥を平らげて腹痛を起こした。朝霞病院の院長先生の往診を受けた二人は、富山の薬売りのおねえさん、雪ちゃんが置いていった熊《くま》の胆《い》を飲まされた（雪ちゃんものちに、「メアリー」というハニーさんに変身した）。

ベリーさんも初めはオキシドールで髪を脱色していたが、トニーが持ってきてくれるバドワイザーを惜しげもなく使ってやるようになってからは、艶のある茶色の髪をしていた。

このように、トニーはベリーさんが大好きで、母はよく「トニーが優しくてすずちゃんは幸せだね」と言っていた。駅前のハニーさんたちはいつも客の取り合いや、口論が絶えずイライラしているのに対し、ベリーさんはいつもニコニコしていたので、街の人たちは、「いいのを捕まえたなあ、あいつはいい黒ちゃんだよなあ」と言っていた。

そのトニーは所沢のジョンソン基地への転属が決まり、ベリーさんもついていくことになった。金ちゃんは寂しくて学校へ行ってもすずさんのことが頭から離れない。別れの日、桜吹雪のなかで桃色に染まったベリーさんはいつにも増して美しく、近所の人、酒屋の小僧さん、子守っ子も見送りに集まった。母とベリーさんは抱き合い、金ちゃんは涙がこぼれそうで、ベリーさんを直視できない。「トシ坊」と呼びかけるベリーさんが大きくウインクをするニコニコの顔が涙で少し歪んで見えた。

それから大分経ってベリーさんのことを思い出す回数が減った頃、すずさんを金ちゃんの家につれてきた布団屋兼周旋屋のおじさんから、仰天する情報がもたらされた。ベリーさんが入間川の近くで、地元の不良パンパングループによるリンチを受け、内臓破裂で死んでしまったという。

布団屋のおじさんの話では、一緒にいた黒人兵の仕業だという説もあり、彼はMPに拘束されたという話だった。金ちゃんも母もトニーが犯人ではないことはわかっていたが、占領期、アメリカ兵がからむ事件は、すべてMPが処理し、闇に葬られることが多かった。その前に朝霞の町で、ポン引きのジョージさんの妹が射殺される事件が起こったが、この時もMPが処理し、日本警察は手も足も出せなかった。ベリーさんの死も、黒人兵の仕業にして犯人グループが逃れようとしたに違いない。

その後、別人のように痩せたトニーが金ちゃんの家に現れた。「トシロー」と懐かしい笑顔で金ちゃんを抱いたトニーの声を聞きつけて出てきた母に、「ママさん、ベリー死んだよ。マイ、モーニングスター、ベリー死んだんだよ」と言い、子どものように泣きじゃくった。秋田生まれのすずさん、一九歳の初夏の死だった。

「金ちゃんの紙芝居」には「ベリー孃奇譚」というタイトルのベリーさんの話がある。金ちゃん自身、一番好きな話だというが、この話をすると必ず最後は泣いてしまうので、現在は封印している。

ベリーさんへのお土産とともに、金ちゃんと弟へもクッキーやキャンディを買ってきてくれたトニー。ＧＩをまねた汚い言葉――ボウシュ　ガッテンメ　サナバベッチン　ゲラリヒヤ――は、「口にするな」と金ちゃんのお尻を叩いたトニー。鼻の利く金ちゃんにとって、可愛がってくれたトニーの記憶は、彼が肌につけていたココナッツオイルとハバナシガー(Havana cigar)の匂いとともに鮮明だ。「その後、トニーはどうしたのだろう。トニーに会いたい」と、現在も金ちゃんは声を詰まらせる。

(5) 赤いバラの「カルメンさん」と「ティミーちゃん」

「カルメン」という呼び名は、金ちゃんの母が付けたもので、金ちゃんの家だけで通用していたが、そのうちハニーさん仲間に広がり、本人自身も気に入っているようだった。カルメンさんの名前の由来は、彼女が金ちゃんの「貸席」屋に住むようになる前、金ちゃんの家の裏庭から駅前に抜ける小道の木戸に、夕方になると赤いバラをくわえて立っていたからだ。

自称お茶の水女子大学出で、街に立つときはよれよれの英字新聞を携えていた。多くのハニーさんがオンリーになることを望んでいるのに、カルメンさんはその気がなく、その上黒人兵以外は相手にしなかった。白人から声を掛けられても「ノー・サンキュ」と断り、黒人兵との間にできた三歳になる女の子、ティミーちゃんを連れていた⑭。

カルメンさんが「仕事中」は、金ちゃんの母か金ちゃんが子守をしたのでなついて、金ちゃんが学校へ行くときや遊びに行くときには、後を追ってきて困ったものだ。一度、稲荷神社の広場に紙芝居を見せに連れて行ったことがあったが、金ちゃんのズボンのバンドに指を通して放さないので、仕方

図10　恵子ちゃん・ティミーちゃん(田中利夫・ゑ)

なしに汗をかきかき、意外と重いティミーちゃんをおぶって見せてやったこともあった。
　隣の蕎麦屋の恵子ちゃんは、ティミーちゃんのただ一人の友だちだった。あるとき、金ちゃんの母が、誕生日のプレゼントに何がいいかと訊ねたところ、ティミーちゃんは「恵子ちゃんの白い肌」と、恵子ちゃんは「ティミーのちぢれた髪の毛」と答えた。母は、二人を抱きしめ「いいこ、いいこ」と涙した。二人は毎朝、起きると金ちゃんの母のところへやってきては、絵本を読んでもらい童謡を歌っていた。ティミーちゃんは、ちゃぶ台に上がって、ビー玉のようなまん丸な青い目玉をキラキラさせて歌い、終わると両手を膝に当てて頭を下げる。その姿が可愛くて、金ちゃんは、ティミーちゃんが妹だったらいいのに、と思うほどだった。

　カルメンさんはオンリーさんたちが持ってくるカタログの英文の商品説明をしてあげるので、「さすがお茶の水」と、みんな一目置いていた。カルメンさんは達筆でもあり、ハニーさんたちがアメリカ兵へ出す手紙を代筆してあげていた。特に本国へ帰還した彼氏への恋文は評判が高く、噂を聞いてわざわざ遠方から訪ねてくる人もあったようだ。初めは無料で代筆していたが、そのうちいくらかのお金をもらうようになったらしい。

カルメンさん親子がいつ頃、金ちゃんの家へ来て、出て行ってしまったか、金ちゃんには全く記憶がない。他のハニーさんと同じように、その後の消息も伝わってくることはなかった。ティミーちゃんは、いま頃青いビー玉みたいな目の可愛いおばあさんになっているだろうな、と金ちゃんは想いをめぐらせている。

（６）春うららのピクニック

「朝霞のお母さん」「ママさん」と町のハニーさんたちから慕われた金ちゃんの母・イネさんは、一九三八年、二〇歳のとき墨田区東駒形（旧・本所区番場町）から隅田川の吾妻橋を渡って、朝霞駅前通りで煎餅の製造販売を営む父・田中平輔のもとへ嫁してきた。戦後満洲から復員した父は「貸席」の看板を掲げたが、他に銭湯を経営したり、米屋も開業するなど手広く商売を展開していたので、「おばさん、部屋貸して」とやってくる米兵相手の女性たちの世話は、母が主にやっていた。

長く、寒い冬が終わって道端に水色のオオイヌフグリの小花が見られるようになると、一気に春がやってくる。イネさんは、ある春の日、ベリーさん、とくちゃん、カルメンさんに声をかけ、黒目川にかかる泉橋あたりのレンゲ畑へ花摘みに誘った。イネさんの得意料理は「うまきん」（馬金）と呼ぶ太巻きずしで、金ちゃんが遠足のときにはまだ夜明け前から起きて、おむすび、おいなりさん、そして「うまきん」をつくってくれたものだ。その「うまきん」も持って、泉水の田んぼまで、徒歩で約一時間の道のりだ。途中顔見知りのハニーさんが「あたいも連れてって」と加わり、ハニーさんたち

図 11　春のピクニック（田中利夫・ゑ）

は総勢八人にふくらんだ。

　黒目川の岸の両岸にはレンゲ畑が拡がっていた。みんな女学生のようにはしゃぎ、それぞれ故郷の民謡を歌って踊り、「うまきん」にかぶりついた。トニーはこの日のために、ミルクココアの缶詰を用意してくれた。レンゲソウを編んでつくった花の髪飾りをお互いの頭に載せ合う姿を見ると、イネさんは、彼女らが時として巻き舌で警察にくってかかり、ＧＩに大声で罵声を浴びせるのが不思議に思えてきたそうだ。

　みんなの歌声は徐々に小さくなり、途切れ途切れでいつしか涙声になり、一人が泣きだしたのを合図にみんなが泣きだしてしまった。「ばかね、泣くんじゃないのよ」と言ったとくちゃんが一番大声で泣いたという。ベリーさんが母に抱きつき「ママさん、ありがとう」を繰り返し、「お母さん、朝霞って空気(風紀)が悪いんだってね。それってあたしたちがいるから……?」とつぶやいた。イネさんの頭にもハニーさんたちが編んだいくつものレンゲの花飾りがかぶせられていた。

　その年のクリスマスには、春のピクニックのときの思い出にとっておいたレンゲの花飾りを利用したリースが玄関に飾られた。トニーが持ってきてくれたアメリカの雑誌を参考に、金ちゃんの母が、キャンディのセロハンや金紙、銀紙を、枯れてカラカラになった花飾りに差し込んでつくったものだ。そして、トニーのドラム・スティックの拍子に合わせて、みんなで歌った。「さいれんとないと　ほおりいないと……」。

自称お茶の水女子大卒のカルメンさんは、レンゲ畑のあの日を「春のピクニック」と呼んで懐かしんだ。一番大声で泣いたとくちゃんは、相変わらず独り部屋に籠っていたが、時々「お母さん、うまきん、また食べたいな」とガラガラ声で言った。

次の春もピクニックへ行く約束だったが、トニーの転属でお流れになり、かの地でパンパングループの暴行によって、前述のとおりベリーさんは一九歳で人生を閉じてしまった。

現在、泉水のレンゲ畑だった場所には住宅が立ち並び、第十小学校が建ち、川を挟んだ対岸の林も、テッポウユリを掘りに行った雑木林も高層マンション群となっている。

(7)「おきっつぁん」＝「ハチのおばさん」

このおばさんは一年中お乳丸出しの上半身はだかの状態で、下半身は白い木綿のフランネルの腰巻き一枚ですごしていた。その腰巻きも洗いざらしで薄鼠色に変色しヨレヨレで、紐もなくぐるりひと巻きして脇腹あたりに布の端っこを突っ込んだだけ。履き物は「冷飯草履《ひやめしぞうり》」と呼ばれる藁の鼻緒の粗末なものだったので、町の人たちから「おきっつぁん」(「気狂い」)と呼ばれていた。おばさんの夫は、東武東上線朝霞保線区長・小野沢春吉さんで、おばさんの本名は以久《いく》さん。近隣の人たちは気持ち悪がっておばさんと口を利かず、おばさんのほうも世間を敵視して誰とも言葉を交わすことはなかった。おばさんの家はいつも開け放たれており、家の中は丸見えだが、みんなこの三軒長屋の真ん中のおばさんの家が近づくとその前を避けて向かい側を歩き、子どもたちは小走りに走り去り、女学生はおしゃべりを止めて、肩を寄せ手を取り合い駆け抜けるというありさまだった。

そんなおばさんと金ちゃんの一家が言葉を交わすようになったのは、父が飼っていたブルドッグとおばさんの赤犬(ハチ)が仲良しで、よくじゃれ合っていたことがきっかけだ。金ちゃんの家では、おばさんの赤犬の名前にちなんで「ハチのおばさん」と呼ぶようになり、特に金ちゃんの母に対して、おばさんは「お前はきだてがいいおまんちゃん(女)だ」と親しく付き合うようになっていった。あるとき、ハチが突然姿を消し、おばさんはあちこち探しまわったが見つからず、のちにわかったのは、南栄の「朝鮮人部落」の人たちに食われてしまった、ということだった。赤犬は美味な上に薬用にもなったそうで、あちこちから狙われていたそうだ。

金ちゃんの知るところでは、朝霞には三か所の「朝鮮人部落」があり、一つめはキャンプのサウスゲート前で、昔川越街道を往来する牛馬の処分場があった場所。二つめは、元真言宗智山派東圓寺の土地であった赤松と雑木林の一帯。三つめは、隣町新倉にかかる湿地帯にあって、そこの朝鮮の人たちと日本人はことあるたびにぶつかり、刃物沙汰の争いが絶えなかった。また、キャンプ・ドレイクが設置されると、これらの部落からパンパン女性たちが輩出された。そのうちの一人、金ちゃんの母を慕ってきたアイコという若いおねえさんは、言葉に濁点がなく、金ちゃんはよく真似をして母に叱られた。アイコさんは、金ちゃんにトランプの一人占いを教えてくれ、「まちひと、きたらず」なんて言いながら立て膝でトランプをめくっていた。

金ちゃんが生まれたとき、煎餅屋の手伝いで忙しい母に代わって、ハチのおばさんは子守をかってでてくれたそうで、裸の胸に抱き、金ちゃんはしなびたおっぱいの乳首をチュウチュウしていたそうだ。人見知りが強くて、他の人に抱かれることなどなかった金ちゃんが、おばさんにだけは自ら手を伸ばして抱かれたそうで、世間がどう見ようと、金ちゃんにとって、おばさんはいつも可愛がってくれる優しい存在だった。

図12 「おきっつぁん」と呼ばれたハチのおばさんの家(田中利夫・ゑ)

母があるとき手縫いの肌襦袢を持って行ったところ、「おい、余計なお世話だ。俺はこの辺の女の何十倍もの着物は持ってんだ！」と、茶箱から何枚もの着物や帯を広げたという。そのどれもが高価な着物や襦袢で、おまけに美人傘と呼ばれる日除けの洋傘が何本も出てきた。母は、「このおばさん、いったい何者だろう」と思ったそうだ。

小学校にあがった金ちゃんは、通称「お稲荷さんの広

図13　紙芝居屋の自転車に出刃包丁を突き立てたおきっつぁん（田中利夫・画）

っぱ」で遊んだ。そこには紙芝居屋もやってきた。ある日、「いじわる紙芝居屋」が、広場の隅の共同井戸で魚をおろしているおばさんに向かって、「おきっつぁん、腰巻きまくってべべみしてくんな、べべに水飴くれてやらあ」と言った。集まっているのは子どもばかりではなく、十六、七歳の子守娘や、中学を出て遠方から働きにきている酒屋の小僧さん、孫の手を引いたお爺さん、お婆さんもいる。

みなは一斉に笑い、つられて金ちゃんも笑ったが「べべ」が何のことかわからない。青森から転校してきたT君が真っ赤になって「お〇〇こ」と耳打ちしてくれた。そのとき、いつの間にか紙芝居の自転車に近づいたおばさんは、前輪タイヤに出刃包丁を突き立てた。このおばさんと出刃包丁の話は一万二〇〇〇人の朝霞町民のほとんどへ瞬く間に広がり、おばさんは完全に「気狂い」にされてしまった。

おばさんはそれまで金ちゃんのことを「おい！」と呼んでいたが、一九四八年、弟が生まれると、「あんちゃん」と呼ぶようになった。ある日、おばさんは七輪でかき餅を焼いてくれながら、おばさんの足の爪が変形していることを問う金ちゃんに昔話をしたことがあった。「おれがオヒイサマだった頃、ユウヤロウからうつされた病気だよ」とのこと。当時の金ちゃんには全くわからなかったが、のちに「オヒイサマ」は、お姫様を転じて遊女・お女郎をさすこと、「ユウヤロウ」は遊冶郎で酒と女にふける身持ちの悪い男のこと、爪の病気は水虫のことだと知った。

あるとき、ハチのおばさんの夫・春吉さんが行方不明になったことが町内に広まった。おばさんは大人の足でも三〇分はかかる岡の氷川神社で丑《うし》の刻《こく》にお百度参りを始めた。しかし丑の刻参りのかいもなく、春吉さんは若い女の許へ行ったきり帰ってこなかった。数か月もすると貯えも底をつき、おばさんは金ちゃんの家で食事をするようになった（のちに春吉さんは、近郊の町のバーのマダムとバーの二階で同棲していたことがわかった）。

そのようなある日、MPのジープがおばさんの家に横付けされた。通訳・ヤマモトが立ち合い、おばさんは昼間でもヘッドライトを煌々と光らせたジープに乗せられ連行されていった。おばさんが連行される一部始終を見ていた長屋の隣のおじさんは「きっとモンキーハウスにぶちこまれるぜ。いい気味だ」と嬉しそうに町内に触れ歩いたが、おばさんは数時間後、だぶだぶの白いブラウスに青いギャザースカートで帰されてきた。「アメ公の野郎がよお、裸はいけねえってぬかしやがって、こんど裸んとこめっけたら、ブタ箱へぶっこむって言いやがったぜ」、「あのヤマモトって野郎、俺のことパンパン婆ってぬかしやがったぜ……」と、心配していた金ちゃんの母に告げた。それからしばらくおばさんはその姿で過ごした。汚れを気にした母が着替えにと出したブラウスとスカートはしぶしぶ着たが、ズロースをはくことは頑として受け付けなかったという。それまでおばさんは腰巻きの下には何も着けておらず、それが当たり前のことだったらしい。おばさんは駅前通りで年中裸でいたから目

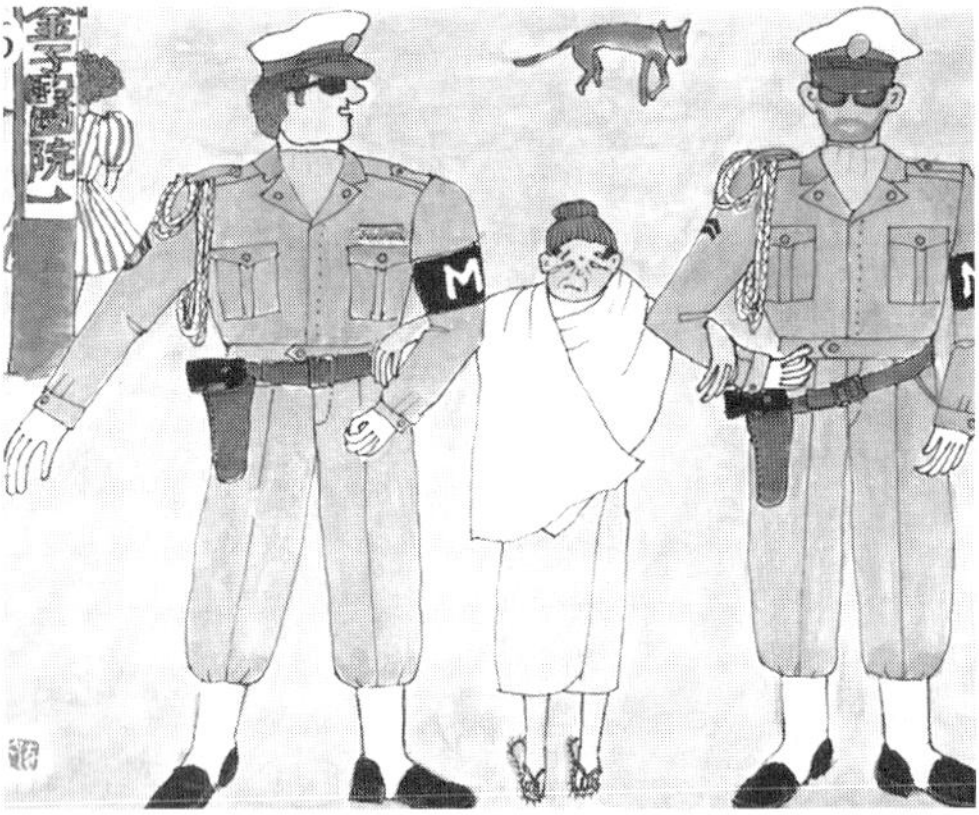

図14　MPに服を着せられて帰ってきたおきっつぁん（田中利夫・ゑ）

立ったのであって、一歩裏通りに入れば、井戸端で肌襦袢に腰巻き姿の人も見られたし、夏は浴衣やアッパッパーといわれる簡易服を着る人も多く見られたものだ。

ＭＰに連行されてからどのくらい経ったのか、「おきっつぁんがアメリカ兵の袖を引いて朝霞病院の裏の麦畑へ消えた」という噂が広がった。噂は本当で、おばさんは母に「ＧＩに声を掛けるときは「ヘイ　ユウ　ブルジョワ　オッケー」って言やあいいんだ」と話している。

おばさんは家賃が払えなくなり、箪笥と茶箱を母に預け、夕刻になると街に立つようになった。そして朝になると金ちゃんの家にきて、横になり寝入ったのだった。おばさんは「世話になってすまねえな」と、金ちゃんにハーシーチョコレートとリグレイのガムを、母にはラックス石鹸とタバコのキャメルをくれた。街に立つ以上、白百合会はおばさんにも入会と上納金を求めたが、断るおばさんに強要はしなかったようだ。紙芝居屋に対する出刃包丁の一件があったので、女親分「ゴリラのお照」の「気狂い婆だ。何をされるかわからない、やめとけ」という一言で手を引いたらしい。

金ちゃんの家に世話になるようになって、それまで先の「昔話」のほか自分の来歴に関してほとんど話さなかったおばさんが、「誰にも言うな！」と言いながら母と金ちゃんに身の上話を始めた。一六歳のときに、家計のために新橋の芸者屋に売られたこと。芸の覚えが悪く「転び芸者」(売春もする芸者)を三年やり、玉の井私娼窟へ身を沈めたこと。二三歳のとき、板橋の「曖昧屋」あるいは「地獄屋」とも呼ばれた巴家という売春宿へ移り数十年暮らすうち、客として馴染んだ春吉さんに身請けされたのだろう、以来一緒に暮らすようになったらしい。

おばさんは犬や猫を呼ぶとき、唇をすぼめチュウチュウと音を立てた。これは玉の井にいたとき、お客が中の女の顔を覗く小窓から、客を誘うために女たちが発した〝ねずみ鳴き〟といわれるもので、目が合うと「ちょいと、お兄さん！」などと声を掛けたのだそうだ。また、おばさんは身体に触れられることを極端に嫌った。幼子が偶然おばさんの手などに触れたりすると、「さわるんじゃねえ」と怒り、さわられた場所を埃でも払うように、ふっふっと手の甲で払ったものだ。もうひとつ、蠅、蚊、蜘蛛、蟻などの小さな生き物をつぶしたり、踏んづけたりするごとに「可哀そうなことをするんじゃねえ」と大声をあげた。金ちゃんが夏休みの宿題の昆虫採集で捕まえた蝶やトンボを、金ちゃんの目を盗んで全部逃がしたこともあった。

商店街の人たちが使い捨てのコンドームの口元の輪ゴムで商品を包んだ新聞紙をとめていたように、おばさんも輪ゴム部分を、街に立つようになってから履くようになった靴下留めに使っていた。年齢はもう六〇歳を超えていたはずだから、皺も隠せず、アメリカ兵からは「ノー・サンキュー」とか「ゲラリヒヤ」(Get out here)と断られることが多く、とうとう広沢の池の湧水が東上線の下に流れ込む手前の、湿地を埋め立てた場所に建てられた粗末な六軒長屋へ住むようになった。町の人々はここを、〝越戸のパンパンハウス〟と呼んだ。

おばさんは、売れない日々が続くある夜、板橋の「地獄屋」といわれた巴家時代のとっておきの着物を着て街に現れた。花咲く樹木が派手に染めあげられた長い袂の着物に、白粉を厚く塗った姿で、町の誰もが「おお!」と目を見張った。アメリカ兵に、「オオ、ベビードール」とか「ゲイシャ・ガール」と声を掛けられ、駅前一の人気パンパンになってしまった。朝霞の夜の街ですっかり売れっ子になったおばさんは、白百合会も一目置く存在になり、かなりの金もため込んでいるとの噂もたつようになったが、その矢先、朝霞から姿を消した。風の噂に、池袋駅西口・東横デパート脇の東口へ抜ける薄暗い〝ションベン・ガード〟に袂の長い派手な着物の「ばばあの淫売」が立つという話を聞いた。母は、日が落ちると何度かその場所を訪ねたが会うことはできなかった。

その後、三年が過ぎ、一九五七年、金ちゃん中学三年の秋、そのションベン・ガードに立つおばさんを偶然目にした。当時流行の白いスポーツコートの男に絡みつくようにして、南口裏からビッグガードへ続く、連れ込み旅館街・温泉マーク街へ消えたのだ。それが金ちゃんが、おきっつぁん、ハチのおばさん、以久さんを見た最後になった。おばさんが一人だったら声を掛けられたのに……と金ちゃんは心残りのままだ。

六、「白百合会」のおんな親分

パンパンたちは性売買にともなうさまざまなリスクを避けるために、相互扶助組織のようなものを形成し、全体を束ねるボス的存在が集団内部のルールを会員に徹底させた。それは自然発生的にできたものもあれば、上(行政、警察など)からの指導で形成されるものもあった。朝霞のハニーさんたちが加入させられた白百合会[15]は、一九五〇年、朝霞町が米兵相手の女性たちに性病検診を受けさせるためにつくらせた組織であった。グループを束ねたのは「ゴリラのお照」と呼ばれた姉御肌の女性(鈴木照枝・二四歳、一九五一年当時)[16]と、「ママさん」と呼ばれるお照の実の姉であった。一団はハニーさんたちから上納金(会費一か月三〇〇円)を集め、客の取り合いやトラブルの解決をはかり「商売」をやりやすくし、またヤクザや警察と裏でつながっていたので、事前に「狩り込み」の情報も得ることができた。したがって、キャッチされるのは、会に入っていない(会費を払えない)女性たちで、金ちゃんの母は「お母さん助けて!」と逃げ込んでくるハニーさんを縁の下などにかくまってやったりしていた。

図15　白百合会のリンチ(田中利夫・ゑ)

白百合会の一団は二十数人で四六時中張り込みに目を光らせ、他の街から流れてきて勝手に「商売」を始めた女性や、モグリの女に対しては苛烈なリンチを行った。金ちゃんも、駅前の日本通運の倉庫の裏で、素っ裸にされた女性が自転車のチェーンや木刀を持った白百合会の女たちに囲まれて殴られている現場や、二人の女性が裸にされ、殴られ、首に縄を巻かれた状態で広沢の池へ突き落とされる場面を目撃したことがある。白百合会の女たちは女性二人にたっぷりと水を飲ませ、半死の状態で池から引き上げ、その後髪を切り、とら刈りにした。見張り役がいて、誰も口出しできず、MPでさえ手出しができないほどだった。いつもは明るい、優しいおねえさんたちが、この時は鬼のような形相と化した。それを金ちゃんたち子どもは草むらから息を呑み、手に汗を握って見つめた。このことは、誰もが親兄弟にもなぜか口にしなかった。

駅前に立つハニーさんたちが「タダ乗り野郎」と呼んで嫌うアメリカ兵がいた。ハニーさんをもてあそんだあげく、何かかんやと難癖をつけて代金を値切ったり、踏み倒したりする男だったので、ゴリラのお照のお達しで、駅前通りでは相手にされなくなった。そして、ポン引きの男性たちに朝霞中学校の裏の赤松林に連れ込まれ、痛い目にあわされたという話を、母はポン引きの親分ジョージさんから聞いたという。

七、闇屋のおじさんとポン引き男

タミちゃんやベリーさんたちを金ちゃんの家へ連れてきたのは、「大宮のおじさん」と呼ばれている布団の行商人で、右半身と言葉が不自由な傷痍軍人であった。おじさんは、布団の行商や女性の斡旋だけではなく、大宮から大きな唐草風呂敷を抱えてやってきては駅にいる巡査やMPの目を盗んで米軍の横流し物資を金ちゃんの家に預け、毎日少しずつ売りさばいた。もしタバコ一箱でも持っているのがばれれば重罪で、預かる金ちゃんの家も同罪になってしまう。おじさんは朝霞中のオンリーさんやハニーさんたちに顔が利き、「あの人は特攻くずれだから度胸がいいや」と言われていた。

ポン引きのボスの「ジョージさん」は、「新井譲二」を名乗っていたが本名だと信じていいのかどうかもわからない。「俺は特攻の生き残りだから怖いものはない」と公言し、母に言わせると、晒しの腹巻にドス(短刀)をしのばせていた。ポン引きの男たちにはなぜか美男が多く、ジョージさんも映画俳優の鶴田浩二似の美男だった。同時に、高学歴で当時でいう「いいとこの子が多かった」と金ちゃんは言う。ハニーさんたちに売春をさせて利益を得る一方で、〝スキャッパニーズ〟(SCAPとJapaneseを合わせた占領軍英語)でアメリカ兵にも臆することなく応対し、白百合会の女性たちをさまざまなトラブルから守る役割もしていた。

図16　白百合会の女親分姉妹とポン引きのジョージさん(田中利夫・画)

彼の妹だというハニーさんも、人の目を引くような美人で、他のハニーさんたちが持てないようなレースの付いた絵日傘に真っ白い手袋をしていたが、先にも触れたが、金ちゃんが小学五年の春、駅前の桜の木の下で、米兵に射殺されてしまった。ＭＰがやってきてさっと処理してしまったので、誰も事の顚末についてはわからない。

その後、ポン引きのジョージさんの記憶が金ちゃんにはまったくないので、この事件後、ジョージさんは朝霞を離れてしまったのだろう。三年後、中学二年生になった金ちゃんは池袋西口の東横百貨店前でジョージさんに声をかけられ、食堂で五目チャーシューをごちそうになった。「お母さんにはお世話になりっぱなしで、そのまんま……」と言ったジョージさんは、アロハシャツにクリーム色のズボン、白黒の靴という出で立ちから、背広姿に変わっていた。金ちゃんの母によると、彼は池袋のヤクザ〇〇組の幹部だったそうだ。

ヒモの男(九節(3)参照)が客として黒人兵を連れてくることもあった。「クロは厭よ」と断わったハニーさんがヒモに殴られていた場面を、金ちゃんは時々目撃したことがある。ポン引き男やヒモによってヒロポンを覚えさせられ、依存症になるハニーさんも多かった。「おばさん、ちょっと貸して！」と、金ちゃんの家の「貸席」の風呂場へ駆け込んできて、湯のみ茶碗で白い粉を溶いて、自分で注射をする。その後、「ああ、よかった」といい顔をして出てきたハニーさんたちもあった。

姉弟で「商売」をする者もあった。弟がポン引き、姉は髪を真っ黄色に染めてとうもろこしのような髪型をしていたので、金ちゃんと母の間では、「とんもろこし姉弟」というニックネームをつけていた。米軍のパラシュートの布をほどいた糸で作った編み込みの姉弟おそろいのセーターが、金ちゃんの目にはカッコよく映った。弟はいつも首から大きながま口をぶら下げ、この二人は、どこから来て、どこへ帰るのか、朝霞の町の誰も知らなかった。この頃の朝霞には、兄弟、姉妹関係を名乗りながら「ハニーさん稼業」「ポン引き稼業」をする人々が多く集まり、それが実際の関係だったのか、便宜上の関係だったのか誰もわからないし、知ろうともしなかった。

図17　「とんもろこし姉弟」(田中利夫・ゑ)

八、「マスコット・ボーイ」、「ハウスボーイ」

(1)「マスコット・ボーイ」

朝霞の町には「マスコット・ボーイ」と呼ばれた子どもたちもいた。GIとまったく同じ格好をさせられ、タバコなんか吸って、アメリカ兵と一緒にハニーさんに声を掛けたりしていた。金ちゃんから見るとカッコよかったので、金ちゃんもなりたいと言ったら、母に叱られた。

金ちゃんたちが遊んでいると、米軍の豊かな物資を持ってきて、「キミたち、遊んでおくれよ」という東京言葉で声をかけてきた。きっと戦争で焼け出された戦災孤児だったのだろう。あとになって金ちゃんは、マスコット・ボーイは、占領者としての米兵たちの性的相手も含むおもちゃ的存在だったと知った。彼は、金ちゃんと同じ歳くらいだったので、「その後(米軍撤退後)どうしているのかなぁ、会ってみたいなー」と、当時遊び相手になってやれなかったことを悔やむかのように、金ちゃんはつぶやいた。

図18　米兵にマスコット・ボーイにされた少年(田中利夫・ゑ)

図19　「遊んでおくれよ」と言ってきた「マスコット・ボーイ」(田中利夫・ゑ)

（2）「ハウスボーイ」

南栄や川越街道沿いのバーやキャバレーの壁には、〝求ム！　ハウスボーイ〟と書き、電話番号とカタカナでアメリカ人の名前が書かれた貼り紙が見られた。「ハウスボーイ」に選ばれる男性には、江戸時代の喜多川歌麿が描いた春画を彷彿とさせる男根が求められ、米兵たちから「ウタマロ」と呼ばれた。

ハウスボーイの仲介役は池袋でヤクザをしていた男で、キャンプへは通訳という名目で出入りしていた。ウタマロは、池袋あたりのラブホテルでもいいお金になった。ウタマロになりたいけれども、相手にされなかった男もある。金ちゃんの中学時代の同級生は、基地へアルバイトで行ったのをきっかけにアメリカかぶれになり、本気で「俺はアメリカ人になる」と宣言したが、ウタマロにはなれず、基地内の清掃などの仕事をしていた。

金ちゃんより七歳年上のM・Iさんは、中学卒業と同時に進駐軍日本労務者としてモータープール（主として自動車整備作業が行われた）で働いていたが（ここで歌手のフランク永井と一緒だった）、その後「ハウスボーイ」として、グランド・ハイツ内の女性兵士（看護婦）に雇われた。ある日、「てんだら」（一〇ドル）を握らされ、寝室へ引きずり込まれた。「のお　のお！」と抵抗したが、身長一八〇センチ、体重一二〇キロの巨体には抵抗できなかった。その後、その看護婦は彼をPXへ連れて行き、好きなものを何でも買ってくれた。その後も「てんだら」を握らされ、この行為は彼女が帰国するまで一年半続いたそうだ。

M・Iさんは当時、どうしてもまとまった金が必要な状況だった。その話を、二〇一六年八三歳で亡くなったM・Iさんは、金ちゃんが〝パンパン屋の子〟と言われていたことを知っていたからか、「つい口が滑った」と笑って語ってくれたそうだ。

九、ある老女「あぐりさん」の語り――「乞食パン助」の矜持

金ちゃんが公民館で朝霞の戦後史を語り始めた頃、「紙芝居を見た」という女性から電話があり、電話口で「トシ坊」と呼びかけられた。金ちゃんのことを「トシ坊」と呼ぶのはごく限られた人だけで、「貸席」を利用したことのある人だ。「お母さんは?」と問われ、二〇一一年に亡くなったことを伝えると、「お線香をあげたい」とのことで、実際に来られた。新座に住んでいることだけを告げられ、名前も明かしてくれるな、「何かあったらこちらから連絡する」と固く約束して去られた。

金ちゃんは、週二回ほど利用している温泉施設で、「この人はハニーさんをされていたな」と思える老女があるという。それは、「その人が醸し出す、パンパン屋の子と呼ばれた私だけがかぎとることができる匂いのようなものだ」と語る。占領期、パンパンだった人たちはまだ、確実に社会のなかに生きている。

二〇二二年秋、金ちゃんは温泉施設で、「トシ坊じゃなくて?」と一人の老女に声を掛けられた。

金ちゃんのことをトシ坊と呼ぶのは、前述のように母の貸席を利用していたハニーさんたちだけだ。その証拠に「あなた、ベリーさんっていう美人のオンリーさんになついていたでしょ」などと言う。金ちゃんのほうも、二年ほど前から、この人のしぐさや装いに「パンパンの匂い」を感じていたが、声を掛けることをはばかってきた。これをきっかけに、金ちゃんは、この自称「あぐちゃん」(「あぐり姉さん」と金ちゃんは心の中で呼ぶ)という元ハニーさんと三回ほど会い、昔話をした。

以下は、「ここ(温泉施設)はさぁ、バス代ケチってバイセコ(自転車)で来るんだけど、テケツ(チケット)代がこたえるんだなぁ、あたしには年金もないしさぁ」と話してくれた、パングリッシュの名残が感じられる「あぐりさん」の語りの一部である。金ちゃんが急いでメモを取り、メモを頼りに記憶をたどりながら文章にし、一五回にわたってわたしにメールで送ってくれたものである。金ちゃんは、あぐりさんの一人語りのような形でまとめられたが、わたしのほうであぐりさんの口調をできるだけ活かし、テーマごとに整理して文章化した。

(1) 朝霞へ来るまで

あぐりさんは、一九三五年、栃木県日光市に近い山奥に生まれたが、家は極貧で学校へはお弁当も持っていけなかったし、服を買ってもらえる余裕もなく、着ているものはいつも三人の兄たちのお下がりか、近所でもらうお古の男物の黒い服ばかり。赤い服も桃色のリボンも縁のない、笑ったことのない子どもだった。「自分で言っちゃあ可笑《おか》しいけど、あたし別嬪《べっぴん》さんって言われて」いたというあぐりさんだが、風呂に入ることもなくいつも垢だらけ、髪も梳かしたことがないから、「乞食、乞食」と辱められ、はやく他のところへ逃げ出したいと思っていた。

亀戸駅近くの飯屋に住み込み女中で入り、かわいいので町工場の職工たちにチヤホヤされ、「それが裏目の三度笠！」となり、このあたりの経緯はあぐりさんの話では飛ばされているが、おそらく「街娼」となり、上野(ここでは「愛ちゃん」と名乗っていた)を経て朝霞にたどり着いた。

朝霞駅に降りたった時点で、お金もないし食べるものもままならない「乞食パン助」状態だったあぐりさんに、「うまくしたもんさ、乞食パン助どうしの目と目が合って、「あんた、どこから来たの？」と話すうちに、「あたいらのヤサ(居場所)においで」ってな調子で」畑の真ん中の室へ連れて行かれた。

そこには姉御肌の女がいて、まずは腹を満たしてくれて、麦わらの上に筵《むしろ》を敷いた畳一枚ほどの寝床を与えられた。親分は、古いが洗濯された衣服を手配してくれ、それを身に着けたとき、あぐりさんはホッとしたことを覚えている。このようにして、あぐりさんは自動的に新入りの子分になり、姉御に連れて行かれたのが白百合会の女親分のところで、そのまま白百合会へ入会となった。しかし、組織というものは、タダ飯を食わせてくれるわけではない。あぐりさんは、その日のうちにポン引きが連れてきた米兵を押し付けられ、「このとき初めてトシ坊ん家《ち》を利用したわけさ」と語った。

朝霞へきて、「あぐり」を名乗り始めたあぐりさん。どこかで耳にして気に入って使い始めたが、仲間たちにその意味を聞かれて答えられずにいたところ、その場に「〃お茶の水〃と呼ばれた物知りパンパン(カルメンさんのこと)がいて、英語のアグリカアチャン?(Agriculture か?)の頭の三文字取ったんじゃないの、って。わかんないけど、英語ならモダンな気がしてますます気に入っちゃったんだ」。

図 20 「乞食パン助」たちがヤサにした畑の中の室(田中利夫・ゑ)

(2) 白百合会という存在

白百合会は、あぐりさんのような新入りの子に対しては「売り上げ」と称して売春代の全額を取り、その一部が本人たちに渡される仕組みになっていた。「考えりゃぁバカバカしい話さ、だけど朝霞に着いたばかりの者には衣食住を与えてくれる有難い組織でもあったわけなの……。でもさ、自分で客を引けるようになると、こんなばかげたことはない。いくら身体を張って稼いでも大半はゴリラのお照の白百合会に巻き上げられるんですからね」と話すあぐりさんが、ヤサを出て独り立ちさせてもらったのは、一年ほど経ってからだった。しかしその後も、会の一員として上納金は収め続けた。

独り立ちといってもあぐりさんは、「乞食パン助」と呼ばれた「立ちんぼう」のパンパンである。利用する場所の多くは雑木林、畑、野っ原、お寺の縁の下、農家の物置、学校などで、最も多く利用したのは「アメ公をキャッチすんのに都合がいい」駅前変電所の広場だった。「薄暗いなかで一人で寂しく立っているより、みんなでワイワイ言って立ってんのが好きだった」とあぐりさんは語るが、たまに利用した「トシ坊ん家がいいに決まってるさぁ」という。金ちゃんの母は、「お風呂、浴びて行きなさい」と言ってくれ、見るに見かねて下着やブラウス、スカートなどを与えてくれた。お祭りのときは浴衣まで貰った。「あたしら、みんな、着たきり雀だったんだもん」。

そんなあぐりさんたちと、白百合会のボスとの格差は歴然としていた。「お照さんとその姉さんという会のボスは、本物の柔毛オーバーコートにキツネの襟巻までしていたんだよ(図16参照)。でもさ、そんな不満を口に出せやあしないのよね。ボスの耳に入ったら、あたしらは子分に蹴る打つ殴るの散々な目にあわされちゃうんだよ。子分たちもいろんなストレスちゅうの? がたまっているから、その発散だろうか、狂ったようになって……」。リンチを加えているとき、「ボスのお照は言うのさ、いいか、お前ら! 顔だけは傷つけるな! って」。

あぐりさん自身も一度、リンチを受けたことがある。ポン引きが回してくれた若いアメリカ兵があぐりさんを気に入ってくれて、白百合会を通さず会うようになり、大枚(てんだら=一〇ドル)を全部自分のものにしていたことがばれてしまったのだ。「そん時は広沢観音堂の下の池にブッ込まれ、大げさじゃないよ、死にかけたんだよ。このときだよ、白百合会の恐ろしさを知ったのは」。

それでもあぐりさんは、白百合会の存在を完全に否定はしない。「中学終えてすぐここへ来たような娘に、手取り足取りパンパンの仕事を教え、男から身を守ってやり……。この男っていうのはアメ公じゃなく日本人、町の不良や女が欲しい百姓野郎どもですよ！「いいだろ、おんなじ日本人だんべー、一発やらせよや、いつもオラがっちの畑をタダで使わしてやってんだからよ」なんてんで、雑木林や高粱畑へ引きずり込まれ……ロハマン！（只《ただ》の文字をロとハに分け＝タダ乗りの意味）」されることもあった。「そんな奴らにゴリラのお照は、本物のヤクザやポン引きを差し向けて鉄拳制裁を加えたんだよね。そして言ったんだ。「金を払えよ！　そんなテメエらのために、訳のわかんねえポン人（日本人）割引があるんじゃねぇか！」って」。

白百合会の女親分について、あぐりさんは、「上納金搾り取られたり、リンチを加えたりで女親分は情け容赦ない鬼女だなんて悪く言った女は、礼儀知らずの手前勝手な女だよ。どっから湧いたか、ある日いきなり駅前に立って、あたしらに今日はも、お晩ですもなく、アメちゃんをかっさらって行こうなんて仁義に欠けやあしない？　そういう奴らを袋叩きにして追い出してくれたんだもん、あたしら立ちんぼパンパンには……。あたし、悪く思ってなかったよ」と語った。「ポリ公」のなかには、タバコなどをあげておべっか使う女には「狩り込み」の日程をもらしたり、進駐軍の物資の横流しを目こぼししたりするうえに、タダで身体まで求める者がいて、「相談を受けたゴリラのお照さんが恋人のポン引きと、そのポリ公をとっちめたって話、あたしらの間で知らぬ者はないさ」と言う。

あぐりさんが最も「恐い」と言うのは、ヤクザの存在である。朝霞駅から離れた木立のなかの「朝鮮人部落」に、金竜組というヤクザが二四時間開いていたドバ（賭場）があり、あぐりさんは行かなかったが、バクチ好きのパンパンが昼間出入りしていた。彼らの手口は、始めの何回かは千円単位で勝たせるので、パンパンたちは、アメリカ兵相手にショートタイムで三〇〇円、オールナイトで一〇〇〇円から一二〇〇円を得るより、ずっと楽に稼げるのでその気になるが、「イカサマでスッカンピン！」にされる。そのあと、甘い言葉で元手を貸され、気づくと借金は何万円にもふくらんで、脅しすかされ他所のパンパン屋（売春宿）へ売り飛ばされてしまう。あぐりさんが知っている女の子は秩父の鉱泉宿へ売られた。「ヤクザは恐いよ。肩持つわけじゃないけど、いくらなんだって白百合会はそこまでパンちゃんを泣かせたりはしないからね」。

（3）「パンパン」と〝ヒモ〟の関係

パンパンたちの多くは〝ヒモ〟と呼ばれる男とつながっていたが、あぐりさんはヒモを持たなかった。「あたし、そんな弱い女じゃなかったわよ。ヒモにいいようにされてる娘って、一人で立ってることができない女か、ノータリンの女よ」と語り、「一人のヒモだったら、アメ公のオンリーとおんなじ。ただ違うのは女のほうがさんざ遊ばれて転がされ、さらに男を食べさせてるってこと。嫌なこった！」と強調した。

あぐりさんの説明によると、ヒモ男の前身はポン引きかヤクザ、あるいはヤクザに憧れているチンピラや、商家か農家の次男・三男坊で、「仕事嫌いの不心得者」。しかしなぜか女にもてるのだという。「押しなべて男っぷりが良く」、何より女に優しかったからだろうと、あぐりさんは言う。ヒモは何人もの女（″スケ″と呼ぶ）を操っているが、女のほうもそれを承知で「貢ぎ競争」をしていた。

「トシ坊、″カツシン″知ってるでしょ?」と、あぐりさんは俳優の勝新太郎にそっくりだったヒモの思い出話を始めた。″カツシン″は、金ちゃんもよく覚えている。金ちゃんより二歳年下で、幼い頃は金ちゃんの家にもよく遊びにきて金ちゃんのことを「お兄ちゃん」と呼び、母にもかわいがられていた。が、中学に進むと不良少年仲間に入り、「婦女暴行強姦罪」で練馬少年鑑別所に入れられ、

図21　ゴザを背負う「乞食パン助」の典型的な姿（田中利夫・ゑ）

二〇歳で出所。その後は、「ネリカン帰り」（練馬少年鑑別所帰り）として箔をつけた形で、駅前を肩で風を切って歩き、ハニーさんたちを手なずけ、ヒモ生活を始めた。

″カツシン″は、あぐりさんにも言い寄ってきたことがあった。あぐりさんは、「女から搾り取って遊んでる野郎なんて顔見ただけで虫唾が走しらぁって。そしたら「オレだってババアパン助なんか願い下げだぁ、ちょっとからかっただけだよ」って捨て台詞吐きやがったよ」と語った。この時、あぐりさんは三〇歳前後だった。二十六、七歳を過ぎるとパンパンたちは「ババア」扱いされた。

″カツシン″は一〇代の若いハニーさんたち七人に寄生していたが、一九八七年の元旦、四四歳で急死した。大晦日から飲

図22　ネリカン帰りの「カツシン」(田中利夫・画)

酒し賭けマージャンをしていた席でのことだった。町の人たちに暴力を振るい、難癖をつけてはオトシマエを求め、中学を出たばかりのチンピラに自分の女の逃亡を見張らせたり、女たちを搾りに搾ってきた男の死だったので、女たちはさぞやホッとして喜ぶかと思いきや、「あたしには優しい人だった」と涙を流した。

彼には〝ヒモ哲学〟といっていい「哲学」があり、「ヒモ男は一円の金も稼いではならない。仮にパチンコ、賭け事で金を得ても、すべてその日のうちに使い果たすこと」を実践していた。

金ちゃんは、以上のようなエピソードを紹介し、「ハニーさんたちは、自ら進んで身体を売って得た金を〝カツシン〟へ喜んで貢いでいたのです」と結んだ。搾り取られるほうが、「自ら進んで」、「喜んで」行うように仕向ける——社会学の権力論では、これを自発的従属として最も巧妙な支配の形態だとしている。

（4）ある宗教団体と「パンパン」たち

あぐりさんたちに近づいてくる男たちは、ポン引きやヤクザ、ヒモ志望の大学出の坊ちゃん、地元の農家の男たちだけではなかった。ある時、いつも身ぎれいにしてすましている男が、あぐりさんたちパンパンに「お山へ行こう」と声を掛けてきた。秩父あたりにハイキングにでもいくのかと思ってついて行ったところ、着いたところは南栄の国際興業観光バスの営業所。あぐりさんたちは小学校以来の大きなバスに乗せられ、キャーキャーやっているうちに着いた「お山」は、富士山だった！

麓の大きなお寺の大広間に座らされて、お坊さんのグダグダを聞かされて一泊。翌日パンパンにはきつい六時に叩き起こされ、ナンミョーホーレンゲキョを何べんも唱えさせられ、バスで帰って来たのだが、その時点であぐりさんたちはその宗教団体に入信したことにされてしまった。

二回目のバスでの「お山」行きには、池袋から大勢の女性たちが乗せられてきた。「みんな、あたしと同じパンパンや安キャバレーの女の子。同業者同士って、すぐわかるよ！　決して素人女にはない〝匂い〟かな」。

あぐりさんたちを「お山へ丸め込んだ」のは、サイトウという折伏隊《しゃくぶくたい》の朝霞の責任者で、三〇〇人もの信者を獲得した彼の家では、パンパンの信者だけが約二〇人集まってはナンミョーホーレンゲキョを一〇〇〇回も唱えさせられた。「そんでもって、新聞取れ、雑誌取れ、今月は何人折伏しろ！なんて……。無駄な金、随分搾り取られた」。ばからしくなってあぐりさんは、何度も脱会を申し出たけれど、その度にサイトウとすっかり信者になったパンパンたち数人が説得にやってきた。「悪霊が憑いているとか、アメちゃんから悪い病気をもらい、今潜伏期に入っている、里の家族に不幸が起きつつある……、などなど」と言われて、「あたしら大抵、中卒とか小卒でいろんな知識ありゃしないしさ、こんな脅しにぁ勝てやしないよ！」。

今でも、あぐりさんは会員の一人のままになっているかもしれない。「でもさ、始めから住所も名前も、在所にしたってデタラメさ……。だれも本当のあたしを知りはしないし、教えもしないし」と、この話を結んだ。

（５）「乞食パン助」としてのあぐりさんの哲学

あぐりさんには馴染みの「アメちゃん」はいたけれども、オンリーになりたいとは思わなかった。オンリーの部屋には、休日になると彼氏がランドリーバッグに洗濯物を詰め込んでやって来て、泊っていく。いつも彼氏を横取りせんと狙う若いパンパンたちもいて、気が気ではない。「ぺえでえ」には、互いに見栄はって、パーマネント屋で高い金とられて髪をちぢらかし、少ない洋服のなかからこれぞというのを着て、彼氏が出てくるゲートに張り付く。「そんな気苦労、あたし、まっぴら！」、「その日暮らしの乞食パン助って言われてたほうがあたし、気楽だった」と語る。「でもさ、PXでドレスかなんか買ってもらって見せびらかされると……辛いよ」。

金ちゃんが「姉さんの仕事で嫌な奴っていた？」と問うと、あぐりさんは「割り切ってやってるつもりだけど、嫌でない奴なんていなかったよ。馴染みになるとこんな事までさせるのかい！ってなことまでさせられて、あげくは遊び代値切る野郎もいたよ」と答え、「その点、「黒ん坊」はましだったかなぁ。前払いにしてくれたし、例外もあったけど白人兵みたくしつこくないし、あたしらが嫌がることはしなかったかなぁ」。それでもあぐりさんは、ケチンボで汗臭い日本人の百姓爺さんより、「二人のお兄ちゃんの命を奪った敵兵でも、アメちゃんのほうがあたし良かったんだよね」と語る。極貧の子ども時代に汚かったことで「うんとこさいじめられ、仕返ししてやりたいよ！」と金ちゃんに語るあぐりさんは、「あたし、小汚い人大嫌い。だからいい匂いのアメちゃんは好きだったんだ」。

パンパンの「仕事」について、あぐりさんは、「それっきゃ出来ないから、おぞましい事されて、夜空の星数えながら歯食いしばってアメ公の果てるのを待っている……」と語った。と、同時に「トシ坊、あたしあの頃に戻りたいこと時々あるよ……。あたし、結構、充実してたんだ！」とも語った。

その後、あぐりさんはパタリと温泉施設に現れなくなった。金ちゃんが、あぐりさんと談笑していた年配女性グループの人たちに尋ねると、彼女らは互いに住所も名前も知らないどうしの集まりであった。そのうちの一人から「彼女、コロナで死んだらしい」と聞かされた。「あくまで噂だけど」と付け加えて。

もっと聞きたかったことがたくさんあり、何よりトシ坊と呼んでくれる人がいなくなったことが寂しくて、金ちゃんは、女性グループの言葉を頼りに、年末年始、あぐりさんが住んでいたらしいという大泉学園町へ四回ほど足を運んだ。もしやという思いを胸に公園やスーパーマーケットなどを廻り、パンパンたちが多く住んでいた新座市まで足をのばしたが、彼女の姿はどこにもなかった。

ペディキュアの素足に赤い鼻緒の格好でバイセコにまたがるあぐりさんは、なかなかイカシタおばあちゃんだった、と金ちゃんは思っている。

戦後日本社会の闇の中に沈殿したまま、誰にも発することができなかった当事者の語り。「貸席屋の子ども」だったトシ坊だからこそ打ち明けられた「乞食パン助」の真実の声を、ここに記せたことを嬉しく思う。

（1）青木深『めぐりあうものたちの群像――戦後日本の米軍基地と音楽一九四五―一九五八』大月書店、二〇一三年、六一頁。
（2）朝霞市基地跡地の歴史研究会「ここまでわかったキャンプドレイク」二〇二〇年二月一六日、六頁。
（3）中條克俊『君たちに伝えたい　朝霞、そこは基地の街だった。』梨の木舎、二〇〇六年、七六頁。
（4）藤野豊『性の国家管理――買売春の近現代史』不二出版、二〇〇一年、一九五―一九七頁。
（5）たとえば、一九五〇年一一月二六日の『埼玉タイムス』は、「管内に網を張る闇の女一掃を期して」、三八人の女性と客引き男一二人を検挙したと報じている。
（6）茶園敏美『もうひとつの占領――セックスというコンタクト・ゾーンから』インパクト出版会、二〇一八年、九頁。
（7）同前、一〇―一一頁。
（8）埼玉県警察史編さん委員会編『埼玉県警察史』第二巻、一九七七年、九六七頁。
（9）第一二回国会衆議院外務委員会、一九五一年一月一三日、山口一夫(経済調査官)の発言。
（10）第一三回国会衆議院予算委員会第四分科会、一九五二年二月二二日、横田甚太郎(日本共産党)の発言。
（11）第一三回国会衆議院電気通信委員会、一九五二年五月二二日、田島ひで(日本共産党)の発言。
（12）アジア・太平洋戦争後日本に駐留した米軍、英連邦軍の軍人・軍属と結婚し海外に移住した日本人女性は「戦争花嫁」と呼ばれる。一九四七年から五〇年代にかけて約五万人が夫の国へ移住し、うち四万五〇〇〇人はアメリカへ移住した。大半は白人男性を夫としたが、二割は黒人男性または日系人兵士と結婚した。異国での言語や文化の違い、ホームシック、経済的苦難、人種的偏見などから生じる数々の困難に直面したが、各地に草の根的な自助グループを形成し、苦難を乗り越えて地元に根を張った(「戦争花嫁」『日本女性史大辞典』吉川弘文館、二〇〇七年、四三〇頁を要約)。

(13) 男娼(「かげま」ともいう)には男装のままのタイプもいたが、女装男娼でよく知られていたのはノガミ(上野の符牒)の男娼である。三橋順子は、戦前期に抑圧されていた男色文化が占領期に顕在化したとしている。三橋順子『女装と日本人』(講談社現代新書、二〇〇八年)および、松田さおり「章解説」(山本武利監修、永井良和・松田さおり編『占領期生活世相誌資料Ⅱ　風俗と流行』新曜社、二〇一五年、二〇―二一頁)を参照。

(14) 「混血児」の数がどれくらいだったのかは明確ではない。エリザベス・サンダースホームの沢田美喜は二〇万人説を唱えたが、一九五二年、厚生省が全国の助産婦・医師へ行った出生調査では約五〇〇〇人(男二六三五人・女二三七八人)、厚生省人口問題研究所は一万人前後としている(加納実紀代「「混血児」問題と単一民族神話の生成」恵泉女学園大学平和文化研究所編『占領と性――政策・実態・表象』インパクト出版会、二〇〇七年、二一四頁)。また、「混血孤児」の保護に関しては、全国の児童福祉施設で最も多い五七・二％を有する神奈川県の詳細に関しては、西村健「戦後横浜の社会福祉事業――引揚者、浮浪児・戦争孤児、「混血孤児」の保護を中心として」(『横浜都市発展記念館紀要』第一二号、二〇一六年)および、上田誠二『「混血児」の戦後史』(青弓社、二〇一八年)を参照されたい。

(15) パンパン女性のグループ名に「白百合」という名前を付ける例は各地にみられる。最も早くは、米軍上陸の第一陣を迎えた神奈川県で、警察の要請によって組織された横浜の真金町の娼妓たちが「白百合会」と名乗った。立川、福生(白百合会の他に「撫子会」「あざみ会」)、江田島などにも「白百合会」。新宿には「白菊会」、御殿場では「白雪会」、江田島では「白鳥会」「乙女会」といったように、純潔な女性像を匂わすようなネーミングにはパンパンたちの思いが反映していると考えられる。福生については、小林優香「米軍基地と「性」――横田基地周辺地域を事例として」(『史海』第六五号、二〇一八年)がある。

(16) 「東上お照」「ゴリラのお照」と呼ばれた白百合会の会長、鈴木照枝に関しては、『埼玉タイムス』(一九五一年一二月二六日)に、非会員のパンパンへの暴力事件で警察署につかまった際に、彼女の半生が簡単に記されている。板橋区で食堂を営む母に育てられ、上野高女を卒業後、会社勤めが続かず、洋裁学校に通っていたときに知り合った米兵と横浜で三年三か月同棲。男の帰国後、日本人と結婚し大和町に住むようになり、「夜の女」たちの面倒見がよいことから「姉御」ともてはやされるようになった。

第六章

被占領と復員兵
――敗戦を思い知らされる男たち

一九四六年一一月七日、インドネシアから復員し故郷の房総へ向かう畑野耕作は、浦賀で復員第一歩を踏み、八年ぶりの故国で見る着物の人々へ声を掛けたい衝動にかられた。

然し私達は其の人々の冷い侮蔑の眼に触れた一瞬、背すじを何かしら冷いものゝ流れるのを感じ全身が凍つて行くのだつた。

「お前等は何の面目あつて帰つて来たのだ」
「お前等が怠けてゐたから日本は敗けたのだ」
一人々々の眼が厳しく叫んでゐるのではないか。〔中略〕
八年振りで祖国の土を踏んだ我々の同胞の、殆んど敵視にも等しい白眼視に逢つて帰還船の中での復員者に対する心得の一條々々が、今更の如く胸に浮び上つてくるのだつた。敗戦後のインフレとパン〳〵ガールと人情と道徳の失墜した日本が我々を待つてゐるのだと……。(1)

はじめに

戦勝国の兵士たちが、祖国や彼らが解放した国の人々から英雄として称えられ、女性たちからの花束やキスのなかで凱旋するのに対し、敗戦国の帰還兵たちは、個々の家族にこそ温かく迎えられはしたが、社会からは冷たい視線を向けられた。ジョン・ダワーは、「かつて送別会や行列を催して彼らを送りだし、その後も慰問袋や千人針の腹巻を送ってくれた故郷」の人々が、うって変わって敗者となった復員兵へ向けるまなざしの厳しさを、元兵士の新聞への投書などを挙げて紹介する。[2]吉田裕も、GHQの占領政策によって、国民も天皇も、軍部を中心とした軍国主義勢力の犠牲者なのだ、という国民意識が形成されていくなかで、軍上層部に対する反感が復員兵全体へ向けられていったとする。[3]吉田は具体例として、復員列車の窓から強引に乗り込もうとした民間人を復員兵たちが外へ押し出そうとしたところ、「お前ら兵隊が負けたから内地の者まで惨めな思いをさせられるんだ。この敗残兵野郎が!」と悪態をつかれた元兵士の手記を紹介し、復員兵に対する社会全体の冷淡さを示している。[4]

さらに彼らが敗北を痛感させられたのが、敵であった兵士たちと腕を組んで街を闊歩する「パンパン」たちの姿であった。本章では敗北と占領が男性たち、なかでも復員兵にどのように受け止められたのかをジェンダー視点で見ていく。

一、敗残兵への冷たい視線

以下では、「敗戦時全国治安情報」(国際検察局押収重要文書①)に収蔵され、「特秘」の印が押された「帰還軍人ノ言動ニ関スル件(第二報)」(一九四五年九月一〇日)に収められた復員兵への聴取調査を紹介する。冒頭に、「特ニ注視スベキハ帰還将兵ニ対スル一部ノ国民ノ心ナキ罵言嘲笑」という指摘がなされている。具体的に二例を列挙する。

・海軍上等(整備)兵曹　森某
「私は埼玉県下ノ大越町ノ家族疎開先ニ趣イタ際通行中ノ農夫カラ「敗残兵ガ通ル」ト陰口ヲ云ハレ非常ニ不快ニ感ジマシタ」。

・海軍一等(整備)兵　木村某
「私ハ復員デ帰ル途中汽車(常盤《ママ》線)ノ中デ四十年位ノ男カラ「私ハ浅草デ弟子ヲ空襲デ殺サレタ、敵機ニ対シ無抵抗デ役ニ立タナイ兵隊カト思フト癪ニサワル」ト云ハレマシタ、又外ノ三十二年位ノ男ハ「兵隊ガ余リニ荷物ヲ持込ムカラ汽車ガ混ンデ乗レナイノダ」ト云ツテイマシタ。国民ノ気持ガコンナニモ変ツタカト思ツテ憂鬱ニナリマシタ⑤」。

また、多くの復員兵が失意のなか就職の当てもないまま、行く先に希望を見いだせないでいたようだ。「帰還軍人ノ言動ニ関スル件(第二報)」では、大体、次のような言葉で締めくくられている。

- 「〔前略〕目下職場モ無ク又直グ就職スル心境ニモ成レマセヌ」(家具塗装工陸軍二等兵　内田某)
- 「〔前略〕将来ノ光明ハ見当リマセン」(海軍航空整備上等兵　染谷某)
- 「〔前略〕目下ノ処今後ノ生活方針モアリマセン」(航空隊整備兵　奈良部某)
- 「〔前略〕今後ノ事ナンテ考ヘテ見ルノモイヤダ〔後略〕」(赤羽管内特攻隊員　寺島某)
- 「〔前略〕国家ノ事ヲ思ヒ一生懸命ヤツタノハ兵隊ダケデスコンナ事デハ日本ノ再建ナド思ヒモヨリマセン」(下谷区軍団本部　某上等兵)
- 「帰郷シテカラハ食糧増産ヲスルヨリ途ハアリマセンシ日本ノ将来ナドマダ考ヘタコトハアリマセン」(海軍航空隊　某整備兵)⑹

復員兵への厳しいまなざしは、彼らが敗残兵であるという理由だけではなく、かつての皇軍としての規律を溶解させてしまったかのような彼ら自身の行為にも由来した。新潟県警察部長が内務省警保局保安課長宛てに出した「最近ニ於ケル民心ノ動向ニ関スル件」(一九四五年九月二九日)によると、「復員時ニ於ケル軍人ノ軍需物資ノ無断持出ニ対スル一般部民ノ非難ハ極メテ直言且《かつ》辛辣ニシテ、有終ノ美ヲ飾ルベキ皇軍ノ真姿トハ凡ソ遠キモノアリ」⑺と報告され、また香川県知事が内務大臣、四国地方総監、四国三県知事宛てに出した「治安情報ニ関スル件」(一九四五年一〇月四日)にも、管下駐屯部隊が無秩序に軍の食糧や衣服を処分したことが「一般部民ノ憤慨ヲ招来シ」、「内心非難攻撃白眼視スル者多キヤニ見受ケラレ[8]」る、と記されている。

図1は、占領期の横浜を撮り続けた写真家・奥村泰宏《たいこう》による「帰還兵とGI」と題した一葉である。占領軍兵士と元日本軍兵士のコントラストが印象的だ。周囲とは全く異なる次元にとどまったままのような彼がカメラへ向けた表情に、復員兵たちのなかの少なくない者たちが、戦後日本社会へ適応できずに苦慮したのではないかという想いが浮かんでくる。

図1　「帰還兵と GI」(奥村泰宏撮影．1950年，横浜都市発展記念館蔵)

敗戦後の社会の軍人への冷視は、傷痍軍人に対しても同様であった。戦争中の総力戦体制の下では、傷痍軍人は名誉ある存在として国家的・国民的支援が得られていたが、敗戦後は状況が一変する。GHQの指令(一九四五年一一月二四日付「恩給及び恵与」)によって、政府は「恩給法ノ特例ニ関スル件」(四六年二月一日、勅令第六八号)を発令し、これにより重度の傷痍軍人を除くすべての軍人・軍属の恩給の支給が止められた(五三年八月復活)[9]。吉田裕は、満員列車に乗っていた傷痍軍人に対し、まわりの乗客が「ビッコ」と怒鳴ったエピソードを取り上げ[10]、社会の傷痍軍人に対する扱いが大きく転換したことを示している。

二、「パンパン」の出現と復員兵

串田文子（一九二六年生）は、仙台第二女学校を卒業後、東京へ出て国鉄に勤めるようになった。戦争中であったので「二四時間改札」にも勤務していたが、「お国のため」と若い身体で張り切っていたので疲れは感じなかった。一九四五年、一九歳のとき、電車のなかで「南方へ行く女性募集」の広告を見て、軍国少女だった文子は、事務員でもするのかと募集先の偕行社[11]へ出かけた。行ってみると文子以外は、「商売」とわかる女性ばかり十五、六人。一番初めに面接されて、「病気を持っていますか？」と聞かれ、意味がわからないまま、ない、と答えた。他の人たちは「下を向いて静かーにしていた」。のちに、不合格の通知がきた（これは日本軍「慰安婦」の募集であったと考えられる）。

空襲で焼け出された文子は、一九四七年故郷の仙台へ戻り、鳴子の仙台鉄道局で働くようになった。一九四九年頃、仕事が終わって洋裁学校へ通うため、夜道を一人で歩いていると、いきなり若い男性に、眼鏡が飛ぶほど激しく頬を打たれた。当時、若い女性の夜道の一人歩きは「パンパン」だと見なされ、文子は、「にくらしいと思って殴られた」のだと思っている。[12]

公然と占領者と付き合うパンパンの出現は、日本男性たちに敗戦の屈辱感を味わわせるものであったことは、わたしが聞き取った数々の男性たちの声――「戦前の大和撫子はどこへ行ったのか？と思った」――とともに、ジョン・ダワーやマイク・モラスキーらが、つとに指摘しているところである。[13] とりわけパンパンの姿にとまどったのは、復員兵たちであった。

GHQの民間諜報局は、被占領国の国民の心情に関する情報のなかでも、共産主義と並んで復員兵の心情に大きな注意を払っている。「概要報告」(一九四六年一〇月)は、復員兵の動向に関して「ジェラシー」というタイトルを付けて、以下の復員兵の私信を取り上げている[14]。

横浜：真紅の服と唇の若い少女たちが占領軍兵士と楽しそうにしている。日本人女性の伝統的な良さはどこへ行ったのか？　わたしは、まだどこか別の国にいるような気がする。
神戸：若い少女たちが、黒人兵と戯れている場面を見るとわたしは泣きたくなる。
熊本：日本人の少女のなかには、占領軍の猿兵士によって分別を失い、数片のチョコレートと引き替えに自分の貞操を売り渡す者がいる。くたばれ、愚かなロバ女！
(訳は筆者による)

みじめな敗者である彼らの目に、戦勝者の腕にぶら下がって歩く同胞女性の姿は、日本人男性への裏切りの象徴として映った。このようなジェンダー関係を示す現象は、同じく、枢軸国として敗戦を迎えたドイツでも見られる。連合国兵士とドイツ人女性の親密な交際は、ドイツ崩壊とドイツ人男性への裏切りの強力なメタファーとなり、復員兵は、「お気楽で不誠実な女性の犠牲となった「性的に不能にされた」男性として登場した[15]」。
また、連合軍のノルマンディー上陸により、一九四四年六月にドイツ軍から解放された連合国側のフランスでも、解放軍の豊かな物資(ハーシーのチョコレートやラッキーストライク、チューインガムなど)を目当てに売春をする女性たちが出現した。彼女らは、「お手伝い」の蔑称である「ボニシュ」と呼ばれた[16]。彼女たちに対して、男性ジャーナリストたちは、「正真正銘のフランス人」女性とは「夫や息子の帰りをひと晩じゅう辛抱強く待ち続け」てきた「敬虔な母親」だとし、「ボニシュ」と正反対の「フランス人らしい」女性像を強調した[17]。

一方、パンパン女性たちの出現を、日本占領下の中国で「南京名物」の一つであった「移動ピー」(「ピー」は「慰安婦」を指す隠語)を想起しながら、日本人女性への幻想がうち破られた思いを綴る復員兵もいる。「夜になるとタオルか風呂敷のような布を入れた手籠を提げて、怪しい娘や未亡人がどこからともなく集って来た。軍属たちはこれら夜の女を「移動ピー」と呼ぶようになった。(中略)日本女性なら、たとえ戦争に負けても、こんなことはしないだろう。外国兵が無理にリョウジョクでもしようものなら、舌噛み切って死を選ぶだろう――と云ったものだったが……」[18]。

また、映画作品においてパンパンと復員兵の象徴的な関係を互いの言葉のやり取りに描き出した作品として、谷口千吉監督・脚本の『赤線基地』(一九五三年一二月公開)を挙げておきたい。一九五二年に占領が終了し、GHQによる検閲がなくなると、それを待っていたかのように、基地問題、「混血児問題」、原爆といったテーマが映画化され、多くの観客を集めた。『赤線基地』は、レーニン帽をかぶった満洲からの復員兵・浩一(三國連太郎)が一〇年ぶりに故郷・御殿場へ帰還すると、自宅は米軍基地によって移転させられ、家の離れの部屋には米兵のオンリー・ジュリーと呼ばれる由岐子(根岸明美)が住み着いていた。谷口監督は由岐子に、彼女の部屋(かつての浩一の部屋)を訪れた浩一に、「あんたち男が戦争に負けたりしなきゃパンパンなんかできなかったのよ。なぜ、負けたのさ、え」という言葉を投げかけせている。

浩一　どんなに君が虚勢を張ろうと、君自身パンパンだという意識を打ち消すことはできないんだからね。どう、昔にもどってもう一度出直す気はない？

由岐子　自分の持ち物を自分で売るのが何が悪いのよ。人の物を盗んで売っているわけじゃないんだ。軍隊には付き物だということは、あんたもご承知だわね。日本の兵隊だって、同じだったわ。「慰安婦」とか何とかもっともらしい呼び方してたけど、パンパンよりもっとひどかったんじゃない？　アメリカさんが連れて来られない以上、誰かがパンパンをしなきゃなんないのよ。この辺の娘さんが無事なのは一体誰のおかげ？

〔中略〕

浩一　洋服ダンスに高級ラジオ、ワニのハンドバッグ、アメリカの酒にアメリカのタバコ。大概の日本人にはこんな真似できないからね。

由岐子　ははは。四等国の貧乏人はすぐひがむから厭さ。私たちの相手が日本人ならあんたたちそんなに腹を立てないはずよ。自分の負けたアメリカさんだから無性に腹が立つんでしょ。あんたたちも戦争に勝ってりゃ、あちらの娘が抱けたのに。

映画研究・ジェンダー批評専門の斉藤綾子は、谷口の『赤線基地』における由岐子(ジェリー)は、『夜の女たち』(溝口健二監督、一九四八年)などで描かれるような、犠牲者、弱者、淪落した転落者としての受動的なパンパン像ではなく、自ら選択して能動的に動くパンパンとして描かれたことが画期的だという。「日本の敗戦と占領という結果としてパンパンになったことを引き受け、その制限の中で女性としての尊厳を保とうとする」女性として表現していると評する。[19]

斉藤の評に同感しつつ、わたしが最も興味深いのは、谷口自身が持っている敗戦国男性の屈折した思いが、由岐子の口を借りて現れていると思われる点である。一九一二年生まれの谷口は、彼自身、中国戦線で戦った復員兵でもある。由岐子の「あんたたち男が戦争に負けたりしなきゃパンパンなんかできなかったのよ」、「私たちの相手が日本人ならあんたたちそんなに腹を立てないはずよ。自分の負けたアメリカさんだから無性に腹が立つんでしょ」という言葉は、谷口が自分自身の本音と向き合ったなかから出てきた言葉であったように思える。一九五〇年代に「慰安婦」という言葉が使われたことについても、中国戦線からの帰還兵であった谷口には、戦前からの連続として、「慰安婦」の延長線上にパンパンを位置づけることが自然なことであったのかもしれない。[20]

三、自国女性を戦勝国兵士へ売る復員兵

(1) RAAは良い就職口

復員兵たちはパンパンの姿に屈辱を感じたが、その一方で、パンパン発生のもととなったRAAは復員兵にとって魅力的な就職先でもあった。ドウス昌代は、「復員してすぐRAA入りした若い従業員たちの目には、その頃のRAA協会が「星(陸軍)と錨(海軍)と闇(闇屋)と顔(顔役)」を一緒にしたほどの力にさえ写っている」[21]と表現している。

RAA専務理事の渡辺政次の甥である渡辺保雄(一九二六年生)は、海軍の下士官としてフィリピン・ダバオで敗戦を迎え、一一月に復員。叔父が理事をしていたRAAに出入りしながら拓殖大学を卒業、一九四九年四月、RAAから転じるN・K・K(日本観光企業株式会社)へ正式に入社した。大学を卒業しても就職口がなかった時代だったので、周囲からは羨ましがられたという。

渡辺は、復員後二、三年は渋谷に集まるパンパン女性たち二、三十人の「総元締め」のような役割を果たし、女性たちの貯金通帳を預かり、預金や田舎への送金も代行した。「ただ乗り」の客がいると、拓殖大学の学生たちと、女性たちを助けに行ったりもした[22]。

第四章でみたRAAが熱海に設けた旅館(観光閣)で働いた男性[23](一九二六年生)も、米兵が持ってくる豊富な物資を親戚へ回しては喜ばれたことや、年二回のボーナスも魅力的だったことを回想している。立川などに駐屯した米兵からは定期的に宿泊の連絡が入り、彼らはジープにごっそりと積んできた物資を闇市で売りさばいた。その間、MPに見つからないように見張りをし、市内の糸川地区(「赤線」)で買春相手の女性を手配するのも彼の役割だった。

このように、RAAは敗戦後の生活難のなか、復員兵を含む若い男性たちにとって魅力的な職場であった。そこでは同胞の女性を戦勝国男性へ提供することへの屈折した思いはまったく見られず、あくまで女性の提供は占領下を生き延びるためにうまく立ち回る方策の一つであったと考えられる。

戦争直後、売春の斡旋や闇屋などさまざまな犯罪の温床に、元特攻隊員の生き残りが多くいるとされ、「特攻くずれ」という言葉が流行った。第五章の金ちゃんの語りに出てくる「ベリーさん」たちを田舎から朝霞へ連れてきた、周旋屋で闇屋の「大宮のおじさん」も、「ポン引きのジョージさん」も、自称「特攻の生き残り」の復員兵であった。勝者である占領軍兵士に対し、同胞女性を提供し、彼女たちを介して米兵の金を得る――敗戦国の元兵士にできるささやかな「仕返し」だったのかもしれない。それは、自国女性であるパンパンたちへの搾取と支配によって成り立つものであったことは言うまでもないことであるが。

(2)「満洲」で同胞女性をソ連兵へ斡旋する元兵士

日本(内地)で占領軍兵士へ女性を斡旋する「ポン引き」が発生したように、満洲でもソ連軍や中国軍相手に女性を斡旋する日本人男性についての記録がある。

満鉄に勤めていた濱口潤吉(一九二九年生)は、一九四六年の引揚げまで過ごした撫順市古城子収容所で、元関東軍兵士でありながら曹長の指揮下に入らず、使役(「ヨイトマケ」)にも出ないで得意のロシア語を使って金儲けをし、居留団に拠出金を収めているらしいという三〇歳くらいの元兵士のことを書いている。濱口はある夜、彼が撫順市内へ二人の若い女性をトラックに乗せて連れて来て、古城子駅近くの建物でソ連兵相手に売春をさせているのを目撃した。翌朝、濱口は二人の女性を乗せたトラックに便乗させてもらって撫順市外へ出かけている。三〇歳くらいと、二〇歳から二三歳くらいの女性はどちらもベレー帽をかぶった「インテリ風」で、濱口は「どうして売春をしなければならないのだろうか」といぶかしがっている。その元兵士は、ソ連兵相手に女性に売春をさせて利益を得、その一部を居留団へ納めていたと考えられる。彼はソ連軍撤退後は収容所に姿を見せなくなり、濱口らが引き揚げるときにも合流しなかった㉔。

稀有なことであるが、自分が「ポン引き」をした経験を書いたものもある。南満洲の炭鉱と製鉄の町であった本渓湖《ほんけいこ》（遼寧省）で、中学校四年生（一六歳）のときに敗戦を迎えた男性である。八月一六日で学校は解散、九月に進駐してきたソ連軍の使い走りをし、食べ物や衣類を得るなかで、「女を連れてこい、という要求に玉屋（「慰安所」）にすぐ連絡をして慰安婦を派遣」するようになったことを同窓会誌に寄せている（無記名）。「玉屋」は、本渓湖にいた芸者衆に町の者たちが頼んで設けたものであった。このような「手筈を教えてくれたのは、大人たち」で、「十六歳でこうした経験は強烈だった」と締めくくられている㉕。

女性たちとどのような約束（契約）がなされていたのかはわからないが、同胞女性をソ連兵へ売って、そこから甘い汁を吸って生き延びようとしていた元日本兵や大人たち（や、それに倣う少年）の存在がみえてくる。

四、復員兵と「戦争責任」とジェンダー

外地から引き揚げてきた復員兵たちは、自分たちが占領した国々で起きていた現象が本国でも起こっていることを目の当たりにした。シンガポールから復員してきた渡辺槇夫（一九二三年生。慶應義塾大学在学中の一九四三年学徒出陣、四六年復員）は、その衝撃と屈折した思いを次のように書く。

外出してみると、子供達が米兵に菓子や、そして煙草さえねだり、白昼アメリカ兵と日本の女が腕を組んではしゃぎながら歩き、夜はガードしたでパンパンと称する商売女が、米兵を狙って大勢立っています。子供も、女性も。私が南方に派遣されて、長い年月侵略されていた国々を観察し、戦いに敗れ、侵略された民族はこうなるのだなと自戒した状況が、故国で発生していたのです。〔中略〕自分の身を清くして、大和撫子との再会を夢見ていた私には、強烈な衝撃でした。昨年六月、乗っていた船が沈められて油の海を泳ぎながら、大和撫子の無事を祈っていた自分の期待は裏切られました〔中略〕。男達が、敗戦の責任を意識して悄然としているのに対して、パンパン嬢の方が元気でした。自信ありげでした。〔中略〕買い出しの家庭女性達の方が逞しく見えました。これが日本国民の姿か、独立国の誇りを失った日本男子の心の奥はやはり、南で見てきた被侵略国家の男子と共通するものがあるのかと考え込んだものです。(26)

男性が勝手に抱いた大和撫子への幻想が敗戦によってもろくも崩れたことがよくわかる記述であるが、同時に自分たちが行ってきた占領国への「加害性」も顧みている点が注目される。ただし、その「加害性」は、被占領国の男性の心情へ向けたものであって、自分たちが被占領国女性に対してもっていた「加害性」は考慮に入れていない。また、渡辺の文章からは、負け戦ですっかり自信を失った男性とは対照的なパンパンや主婦たちの能動性も浮かび上がる。彼の手記からは、戦後の日本社会へ適応できなかった元兵士たちの苦悩も伝わってくるようだ。

五、元志願兵のまなざし——増田博の場合

同じ復員兵であっても、年齢や、敗戦の受け止め方によってパンパンへの視線が全く異なる例もみておきたい。第四章で、銀座のRAAのダンスホールや進駐軍将校専用ジャズ・クラブの記憶を語っている増田博（一九二七年生、図2）は、神田電機学校（現・東京電機大学）に通っていた一九四四年八月、一六歳で陸軍特別幹部候補生に志願し、浜松の第七航空教育隊へ入った。少年の頃からラジオの短波放送で欧米の音楽に親しみ、芸術の世界へ憧れもあったが、軍人になることは早世した父の願いでもあり、当時の教育を受けた日本男児の一人として志願は自然なことだった。航空教育隊の入隊式で、隊長から「お前たちの人生は二十歳まではない！」と言われ、その言葉に武者震いした。勉強もよくでき、体力にも恵まれた増田は、半年の厳しい訓練に耐え、順調に階級を上げて一年後

には軍曹になっていた。敗戦の報を聞いたのは、日光の偵察機の基地で後輩の教育にあたっていたときだ。増田は「正直言って、ほっとしました。あぁ死ななくて済んだんだ。生きられるんだ」と当時を振り返る。戦後は浦和の新制中学四年生へ編入後、日本大学芸術学部へ進学した。父が望んだ電機学校には戻らず、好きだった芸術系に進んだ理由は、「いったん、死ぬ覚悟をしていたが、敗戦で、いよいよ希望の世界が来たなー、これから何でもできるんだなーと思った」からだ。航空教育隊の同期生たちの三分の二は台湾へ送られ、途中で輸送船が撃沈されてその多くが亡くなり、南太平洋戦線で特別攻撃隊として出撃して亡くなった者も少なくなかった。彼らに対する同情、追悼の気持ちもあったが、「あぁ、彼らはドジふんじゃったな。運が悪かったな。悪いけど、俺は生き延びられてよかったなーと。それが人間というものじゃないかと思うの」と正直な気持ちを吐露する。

図2　増田博．入隊時に同級生たちが寄せ書きをしてくれた襷を肩に巻いて

大学在学中に銀座の進駐軍将校専用ジャズ・クラブで働くようになった彼は、「敗戦というね、暗い十字架はすぐ目の前からぱっと消えちゃいましたね。もう、世界が一八〇度転換するみたいに。アメリカの魅力的な音楽や映画の文化が入ってきた」と語る。まさに、ジョン・ダワーの「昨日まで危険で男性的な敵であった日本は、一度のまばたきのうちに」変化した[27]という表現がぴったり当てはまるようだ。それは、一九四六年二月一日に放送が始まった平川唯一《ひらかわただいち》のＮＨＫラジオ番組「カムカム英

語」が大変な人気を呼んだエピソードを想起させる。[28] また、最高司令官マッカーサーの許に、政治家から小学生まで、全国の老若男女から五〇万通を超える親密な手紙が届けられたという現象にも似ている。[29]

そんな一八歳の若い増田の目にはパンパンたちも肯定的な存在に映った。「明るくて気っぷが良くて、僕は好きでしたね」、「世間では、「一般家庭の女性たち」とは違って「不良少女」みたいに言っていましたが、自分たちの身の上を少しも恥じない、卑下してない」で、「かえって、米兵のほうが彼女らにお仕えしていましたね」と語る。そして、このようにパンパンを肯定的にみることができたのは、自分がまだ若く、性体験などもなかったので、切り替えが早くできたからだろうという。[30]「年配の日本の男性には、こんな日本の女性がいること自体が屈辱に思えたことでしょうね。大和撫子はどこへ行っちゃったか、と[31]」。

同じ復員兵であっても、戦場体験の有無、その長さや敗戦の受け止め方、戦後の状況、そして世代によってパンパンへのまなざしも一様ではないことがわかる。

まとめ

戦争を駆動させ、遂行させる装置として、政治的要因や経済的資源、軍事的技術や世論のみならず、男女を特定のジェンダー役割に配置できるか否かが重要であることは、シンシア・エンローをはじめ多くのフェミニスト研究者たちが指摘してきたことである。[32] 国家と軍隊は男性が進んで軍務に就くようにさまざまな策略をめぐらすが、「母国の女性や子どもを守るために」、という呼びかけほど彼らを奮い立たせるものはない。そこで「守るべき」とされた女性には、従順で無垢な、日本であれば「大和撫子」のイメージが貼り付けられる。本章四節で見たように、渡辺槇夫が敵の攻撃を受けて海に投げ出されながらも「大和撫子の無事を祈って」いたことや、帰還してパンパンたちを見たときに復員兵たちが一様に発する「大和撫子はどこへ行った?」、「日本女性なら〔中略〕外国兵が無理にリョウジョクでもしようものなら、舌嚙み切って死を選ぶだろうと――と云ったものだったが……」という言葉に、その幻想が表れている。

また、女性を「守る」という認識は、自国のすべての女性たちを自分たちの所有物と見なす家父長的意識に支えられている。自分たちの女が敵の男の所有物になることほど、敗戦国男性に敗戦を思い知らせるものはない。鹿野政直が敗戦を「大日本男性帝国の敗北[33]」と位置づけたように、パンパンの出現は、「真の男」が女を守るといった軍事国家を支えた家父長的ジェンダー観や、貞操を女の価値とするセクシュアリティ認識に対する、きっぱりとした否定であった。

（1） 畑野耕作「復員第一歩」『房総春秋』第一〇号、一九四八年（山本武利監修、永井良和編『占領期生活世相誌資料I』新曜社、二〇一四年、一五九頁）。ただし、この手記は、都市部で受けた人々からの冷たい仕打ちが、房総の故郷へ向かう途中で出会った女子学生、「未亡人」、村の友人などによって徐々に癒されていく過程を描いている。

(2)　ジョン・ダワー／三浦陽一・高杉忠明訳『敗北を抱きしめて――第二次大戦後の日本人(上)』岩波書店、二〇〇一年、五五―五九頁。
(3)　吉田裕『兵士たちの戦後史』岩波書店、二〇一一年、三〇頁。
(4)　同前、三〇頁。
(5)　粟屋憲太郎・川島高峰編集・解説『敗戦時全国治安情報』第一巻、日本図書センター、一九九四年、一〇一―一〇二頁。
(6)　同前、一〇二―一〇九頁。
(7)　粟屋憲太郎編『資料　日本現代史2』大月書店、一九八〇年、二一一頁。
(8)　同前、二一三頁。
(9)　その後長らく、戦病者とその妻に対する社会の関心は低いままであったが、彼らの戦中・戦後の労苦の記憶が風化するのを懸念して、財団法人日本傷痍軍人会が厚生労働省へ働きかけた結果、二〇〇六年に厚生労働省の管轄で日本傷痍軍人会が管理運営する「しょうけい館」が開館した。「しょうけい館」の持つ意味については、中村江里「〈国民〉の〈労苦〉」(蘭信三・小倉康嗣・今野日出晴編『なぜ戦争体験を継承するのか――ポスト体験時代の歴史実践』みずき書林、二〇二一年)を参照されたい。
(10)　前掲、吉田『兵士たちの戦後史』三二頁。
(11)　一八七七年、陸軍将校の親睦、会合の場として創立。敗戦後解散するが、一九五二年に再発足、一九五七年、戦傷病者および戦没者遺族等の福祉増進と会員の親睦をはかる目的で財団法人として認可された。
(12)　串田文子さん、二〇一四年八月一七日聞き取り。文子さんが応募して出かけた偕行社の募集は、日本軍「慰安婦」募集であり、芸娼妓の女性たちが対象であったことが想像できる。
(13)　マイク・モラスキー／鈴木直子訳『占領の記憶／記憶の占領――戦後沖縄・日本とアメリカ』青土社、二〇〇六年。
(14)　『占領軍治安・諜報月報』第一巻、一九四六年一〇月一五日、三四三頁。
(15)　戦場から帰還した多くの兵士は、鬱病、インポテンツなどの性的問題に悩んでいたことを一九五〇年代の西ドイツの医学会では「「傷ついた」男性性の表れ」と理解されていた。レギーナ・ミュールホイザー／姫岡とし子監訳『戦場の性――独ソ戦下のドイツ兵と女性たち』岩波書店、二〇一五年、二三〇頁。

(16) メアリー・ルイーズ・ロバーツ／佐藤文香監訳、西川美樹訳『兵士とセックス――第二次世界大戦下のフランスで米兵は何をしたのか？』明石書店、二〇一五年、一六九頁。

(17) 同前、一七〇頁。

(18) 大石操『軍属物語　戦争製造工場』鱒書房、一九五六年、一三九頁。

(19) 斉藤綾子「占領期からポスト占領期映画における「パンパン」表象が問いかけるもの――「夜の女」から「基地の女」へ」坪井秀人編『戦後日本を読みかえる1　敗戦と占領』臨川書店、二〇一八年、六七頁。

(20) ちなみに、「慰安婦」に関する小説を復員してすぐ、一九四七年五月に『春婦伝』(銀座出版社、のち春陽文庫)として書いたのは「肉体文学」と呼ばれる一連の作品を書いた田村泰次郎(一九一一―八三年)である。彼は五年三か月間の中国・山西省での従軍経験者である。また、彼は同時期、復員兵とパンパンたちの関係を『肉体の門』(『群像』一九四七年三月号)に書いている。田村のパンパンへの視線は、復員兵の多くが持った蔑視、嫉妬という感情とは異なり、戦後日本社会で生き延びる者どうしの「仲間意識」といったものが感じられる。

(21) ドウス昌代『敗者の贈物――特殊慰安施設ＲＡＡをめぐる占領史の側面』講談社文庫、一九九五年、一三七頁。

(22) 二〇〇五年二月一一日聞き取り。

(23) 葛山泰助さん。一九四八年七月に「雇い」でＲＡＡへ入社。二〇〇四年一〇月、二〇〇五年一月聞き取り。

(24) 濱口潤吉『満鉄少年社員の敗戦日誌』東京図書出版会、二〇〇二年、一八三―一八五頁。

(25) 無記名「十六歳のぜげん」本渓湖会編『本渓湖物語』本渓湖会事務局、二〇〇二年、一六頁。

(26) 渡邊槇夫「突っ張りを支えにして」戦争と学徒の青春を考える会『わたしが生きた敗戦直後』一九九九年、一三〇―一三三頁。

(27) 前掲、ダワー『敗北を抱きしめて(上)』一六七頁。

(28) ＧＨＱの初期対日占領政策において盛り込まれた「放送施設の利用を通しての民主化」(ＳＷＮＣＣ-九二、一九四五年四月二四日)は、「街頭録音」「二十の扉」「のど自慢」などの一般の人々に親しまれる番組を生み出した。そのようななかでも、「カムカム英語」は、最上位のヒット番組となった。一九四七年、日本の総聴取戸数が五七〇万戸であったとき、テキストの販売部数が五〇万部、聴取者からの手紙が一二五万通、カムカムクラブが一〇〇〇支部となった。講師を務めたのは平川唯一で、一九五一年三月まで五年余りにわたって、毎週月曜日から金曜日まで午後六時から一五分間、放送された。直接平川にインタビューをした竹前栄治は、全国に広がったカムカム英会話運動を「生活の中で深く根をおろしているデモクラシーの真髄」(三六七頁)とし、GHQによる「「上からの民主化」に対する文化面におけるアンチテーゼとして、つまり、「下からの民主化」＝自主的運動」と高く評価している(竹前栄治『占領戦後史』岩波書店、一九九二年、三八一頁)。しかし、GHQの「放送施設の利用を通しての民主化」は、「無線ラジオ、電話・郵便などに対しては軍事的目的に必要な最低限の統制・検閲をし」(「統合参謀本部基本指令第四」一九四五年一一月四日)たことも同時に見ていかねばならない。

(29)　袖井林二郎『拝啓マッカーサー元帥様——占領下の日本人の手紙』岩波現代文庫、二〇〇二年。

(30)　同じ志願兵であっても占領に対する複雑な思いの違いがあったことを、復員後CCD(民間検閲局)で働いた渡辺槇夫は次のように説明している。「私の心の影は晴れてはくれません。友人は軍隊には行いかず、戦闘意識を持たないで済んだ人でしたから、敵軍の下で働くことに余り抵抗がなかったのかもしれません。〔中略〕この感覚は、敵軍と対峙したこと、捕虜となって管理されたことなどない者とある者とでは、大きな差があったということです」。前掲、渡辺「突っ張りを支えにして」一三五頁。

(31)　二〇二二年一二月九日聞き取り。

(32)　Enloe, Cynthia, *Maneuvers: The International Politics of Militarizing Women's Lives*, University of California Press, 2000(シンシア・エンロー／上野千鶴子監訳、佐藤文香訳『策略——女性を軍事化する国際政治』岩波書店、二〇〇六年)。シンシア・コウバーン／池田直子・佐藤文香訳「軍事化と戦争の根源的要因としてのジェンダー」木本喜美子・貴堂嘉之編『ジェンダーと社会——男性史・軍隊・セクシュアリティ』旬報社、二〇一〇年。

(33)　鹿野政直『現代日本女性史——フェミニズムを軸として』有斐閣、二〇〇四年、六頁。

終章　危機に際して女性を差し出す国に生きて

一、日本と満洲で同時進行の「性接待」

（1）戦前から連続する発想——「性の防波堤」論

第一章と第二章でみたように、敗戦と外国軍による占領という危機に際して、日本（内地）と満洲（外地）では、男性リーダーたちによって、ほぼ同時に同じ発想（「性の防波堤」必要論）で同様の対応（占領軍「慰安所」の開設）がなされた。そして、真っ先に「人柱」として指名された女性の多くは性売買女性たち（芸娼妓、元日本軍「慰安婦」など）であった。日本の警察が「慰安所」に集めた女性たちを「女の特攻」と呼んだように、満洲の首都「新京」に設けられた「慰安所」の女性たちもまた「女の特攻」などと呼ばれた。

両者の共通性の基には、戦闘を行う兵士には性的充足が必要で、それを満たしてやらないと暴走する（レイプが多発する）という強固な「男性神話」[1]があり、戦争中にはこの「神話」が「性の防波堤」を必要とし日本軍「慰安所」を生み出した。敗戦直後の日本政府や全国各地の警察による占領軍「慰安所」、満洲の都市部における居留民会によるソ連軍用「慰安所」の開設は、戦前・戦中から連続する発想であり、日本(内地)では、旧日本軍の「慰安所」の設置・運営のノウハウが活かされた。

しかし、兵士たちによる性暴力は欲情による行為ではなく、レイプが戦闘の報酬、戦利品であり、戦友たちから「男」として認められる証であるということや、敵の男性たちへ公然と敗北を見せつける効果があることを知っていたからこその行為であったことは、多くのフェミニストが指摘してきたことである。たとえば上野千鶴子は、歴史家・笠原十九司《とくし》による、日本兵が中国戦線で「治安地区」と「準治安地区」「非治安地区」とで異なる性行動(日本軍に協力的な「治安地区」では「慰安所」を利用したり、ゲリラなど抗日勢力がいる「非治安地区」ではレイプをしたり、地区によって性行動を使い分けた)をしていたという指摘[2]を受けて、「兵士は誰に対して何をしてよいかを熟知したうえで、「理性的に」行動していた。戦時性暴力は、制御できない兵士の「獣欲」のせいなどではない[3]」という。したがって、旧日本軍の場合は「慰安所」を設けたからといってレイプはなくならず、「慰安所」で金を払うよりタダで行える性行為(レイプ)に走る兵士も多かった。またＲＡＡの開設は占領軍兵士たちに、日本の女性たちは安価に性を提供する存在であると印象づけ、各地に進駐した部隊は地元警察へ「女の提供」を求めた(第一章)。「慰安所」設置は、「性の防波堤」にはならず、かえって兵士の性暴力の場を拡散したのである。

「男性神話」に基づく「性の防波堤」論=「慰安所」開設は、日本だけではなく、さまざまなバリエーションを持ちながら各国の軍隊に普遍的にみられる。たとえば、一九世紀のフランス軍はアルジェリア侵攻時に、戦地やサハラ砂漠の占領地にBMC（軍用野戦売春宿）を設け、[4]第二次大戦中のドイツ軍は、西部占領地では既存の売春宿を利用し、ソ連やポーランドの東部占領地ではユダヤ人女性を含む異民族女性を強制的に駆り集めて「慰安所」をつくった。[5]韓国政府は、朝鮮戦争時に国連軍用と自国兵向けに「慰安所」をつくり、一九六〇年代から七〇年代の軍事政権下では米軍専用の「売買春地区」（「基地村」）がつくられ、米軍基地の統廃合や移転により規模は縮小されつつも現在も存在している（九〇年代以降は「芸術興行ビザ」でフィリピンやロシアからの女性が流入）。[6]米軍は朝鮮戦争中、一定期間前線で戦った兵士を日本の後方基地で一週間「休息」させる制度を設け、小倉や奈良（のちに、神戸へ移転）などにR&Rセンター（Rest and Recuperation Center＝休養回復センター）をつくった。

また、「男性神話」は今もなお根強く、一九九二年、内戦下のカンボジアにおける国連の平和維持活動（PKO）に自衛隊を派遣することになった日本では、現地で買春行為をするUNTAC（国連カンボジア暫定統治機構）兵士が性病に罹っているという情報を得て、隊員へ避妊具を支給することが検討された。[7]また、一九九五年九月、沖縄の米兵三人によって一二歳の小学生がレイプされた事件では、米太平洋軍司令官リチャード・マッキー海軍大将は、「まったくばかげたことだったと思うよ。レンタカーを借りる金で女が買えたのに」と感想をもらした。彼の、兵士の買春は当然であり、それが米兵のレイプから「一般女性や少女」を守っているという前提の発言は激しい反発を呼び、結局彼は辞任に追い込まれた。[8]

二〇一三年五月、沖縄で相次ぐ米兵によるレイプ事件に対し、橋下徹大阪市長(当時)が「性的なエネルギーを合法的に解消できる場所は日本にもあるわけですから、米海兵隊の猛者には、もっと真正面からそういう所を活用してもらわないと」という主旨の発言をし、大きな波紋を呼んだ。彼は、同時に、同じ文脈で日本軍「慰安所」も「必要であったのはだれでもわかる」と発言した。[9]

この「橋下発言」のニュースに触れた時、わたしは一瞬、「慰安所」をつくった旧日本軍人やRAA設置を指令した敗戦時の閣僚や警視総監の亡霊が、約七〇年の時を経て現代によみがえったかと思ったが、それは実のところは戦前・戦後を通して地下水脈のように存在した「男性神話」が、たまたま橋下徹という人の口を通して地表に湧き出ただけであったと思える。この「橋下発言」には内外から批判の声が多くあがったが、一方で、彼に同調する人は男女を問わず少なくなかった。[10]「戦闘をする兵士には性的慰安が必要である」、といった「男性神話」から軍隊も社会も、そして男性自身も脱しない限り、形を変えて軍「慰安所」はつくられ続けることになる。

(2)「慰安所」をつくった男性たちの「論理」

第一章では、RAA設置の経緯と、国に先駆けて「慰安所」をつくった神奈川県のケースを詳細にみた。RAA開設の実働部隊となった警視庁保安課の大竹豊後は、都内の焼け残った遊郭を廻り、女性たちに「昭和の〝唐人お吉〟ダその気持ちになつて、考えてくれ。日本民族の純血を守るのだから…。人柱だよ」と涙ながらに訴えた。「唐人お吉」の名前をあげる例は、RAAの「声明書」(一九四五年九月)をはじめ、全国各地で警察官や自治体の長が女性たちを前に語った言葉に共通している。近代の初めに生み出された「お吉伝説」＝国家の危機を救うため人身御供にされる女性像は、敗戦という危機に際して、男性たちの「記憶の共同体」のなかで思い起こされ、再利用されたのである。

RAAの元副理事長・大竹広吉は、一九六一年の新聞紙上での座談会で、「もしR・A・Aがなかったら日本はめちゃめちゃになってたよ。国を守ったんだね」とRAAの「意義」を語り、元物産部長・鈴木明は、「ひとつだけ残念に思うのは女たちの行くえ、身のふり方について万全の対策が出来なかった。そのため街娼がふえ〔中略〕〝風紀面の乱れ〟ができたことです。これが罪の面だ」と述べている。別のところで、RAAの元情報課長・鏑木清一は、RAAの女性たちは「よほどの覚悟をもって参じた人々」とし、「これら女性の尊い犠牲によって、帝都の婦女子は大過なく、その身を守ることが出来た」と語っている。

奉天(現・瀋陽)の第三方面軍司令部参謀だった坂本義和は、ソ連将校へ「軍属に仕立て」た元「慰安婦」たちを「あてが」い、その姿を見送るとき「特攻隊の勇姿を見るような気がしてならなかった」(第二章)と書いている。同様に、ソ連兵の「女を出せ」という要求に対して、収容所の世話人が「素人さん」を隠し、代わりに差し出された「お女郎さん三人」が翌日半死半生の状態で帰り着いた姿を見た元日本兵は、「素人さんの楯となって自らを犠牲にしながら耐えた彼女たちの心根は尊し」と述べている。

このように日本でも満洲でも、「慰安所」をつくった男性たちは、犠牲を強いた性売買女性たちに対し「一般婦女子」を守るための「尊い犠牲」「特攻隊の勇姿」などと聖化をはかり、その文脈のなかで自分たちの行為を正当化した。

一方、男性たちによって二分化され「守るべき女性」とされた「一般婦女子」(当時は「良家の子女」とも称された)に対しては、各地方の長が、服装に注意を払い、「隙を見せるな」「万一のときは死を覚悟で貞操を守れ」といった回覧板を回している。すなわち女性側の隙がレイプの要因であり、レイプ被害は本人に「隙があった」からだとする「落ち度論」は、その後も日本女性たちを縛ることになる。以上のように、兵士の性欲本能論に基づく「男性神話」と、「一般婦女子」には貞操を守り抜くよう呼びかけ、レイプ被害は本人の落ち度とする認識が、加害者を免責し被害者を黙らせる効果を持つこととなった。

このような「男性神話」は、戦時だけではなく平時の日常ともつながり、戦後も長らく温存された。ようやく近年、「落ち度論」の呪縛を解いたレイプ被害当事者(伊藤詩織さんら)の告発と彼女の告発を自分事として支援する女性たち＋男性たちの輪(#MeToo運動やフラワーデモ)が広がりつつある。[11] そして、そのような流れのなか、二〇一七年六月、刑法強姦罪が一一〇年ぶりに「強制性交等罪」に改正され、犯罪の非親告罪化や、親などの監督者による子どもへの性的虐待も対象となるなど大きな一歩が踏み出された。さらに、二〇二三年の改正に向けて、法務省は名称をさらに「不同意性交等罪」へ変更し、時効の延長、罪の成立要件に「暴行・脅迫」「地位利用」などの八行為によって被害者が「「同意しない意思」を示すことなどを困難な状態にさせて性交した」なども加えた。この改正案が衆院本会議にて全会一致で可決された(『朝日新聞』二〇二三年五月三一日)。

ここで、RAAや地方の「特殊慰安所」が、占領軍兵士たちにどのような影響を与えたのかも付け加えておきたい。第一章で見たように、アメリカの退役軍人から聞き取りを行ったミチコ・タケウチや占領軍高官から兵卒までのエゴドキュメントを分析したスーザン・L・カラザースによれば、日本政府からの「プレゼント」(RAAや「慰安所」)での経験は、若くて性体験のない兵士たちに、征服された異人種の貧しい女性たちをたやすくコントロールし、支配できることを学ばせ、人種差別主義者としての特権と植民地主義的な態度を身に付けさせたという。

RAAの愛国主義者たちは「国を守った」つもりでいるが、占領軍兵士たちはジェンダー化された人種偏見をアメリカへ持ち帰った。それは女性の人権侵害であるとともに、長い目で見れば「国益」に反する行為ではなかったか。

二、危機を乗り越えるための主体的営為《エイジェンシー》

これまで見てきたように、敗戦と異民族による占領という未曽有の「国難」に際して、国家や共同体のリーダーたちは、女性の「性接待」によって、それをやり過ごそうとした。しかし、RAAや「特殊慰安所」は「性の防波堤」にはならず、むしろ占領軍にとって「良き占領」の妨げと見なされて閉鎖。その後、全国からかき集められた女性たちは街娼となって、かえって性売買を拡散させる結

果を招いた。「パンパン」という呼称で社会から蔑まれ、米憲兵や日本警察の「狩り込み」と性病検診という暴力に常にさらされていた女性たちが、後ろ盾のないなか、持てる資源を駆使してかつての敵兵からいかに金とモノを引き出すかの工夫を凝らしたことは、第四章、第五章で具体的にみた。

満洲や植民地における開拓団や居留民会は、ソ連軍の進撃と現地の人々の襲撃にさらされ切迫した状況のなかで、「集団自決か／女性の提供か」という二者択一を迫られた。しかし、この強いられた選択肢の枠を脱して、集団で「逃げる」という選択をした例、円陣を組んで女性たちを守った例など、さまざまな工夫と実践があったことも明らかにできた。あるいは女性を「接待」に出すという苦渋の「交渉」を行った黒川開拓団においても、当事者女性が団長に願い出て「接待」に出る女性の年齢を上げさせ歳下の者を守ったり、ソ連兵から食糧を貰うなどの生存戦略を発揮していたこともエイジェンシーの発揮として敬意をもって記憶したい(第二章)。

ソ連兵の性暴力を逃れるために、赤ん坊を泣かせて思いとどめさせたり、肥溜めに飛び込んだりした女性や、「この女性は私の妻で、妊娠中だ」と手まねで説明して避難中の女性を救った元日本兵など、とっさに個人が働かせた機転で難を逃れた例の数々は、第二章で見てきた通りである。占領下のジェンダーにまつわる大きな構造的暴力と、いかなる状況下でも発揮される女性たち(男性たち)のエイジェンシーと、その両面を見なければ、軍事侵攻にともなう複雑で多様な性暴力の現場を理解することはできない。

三、公的記録と集合的記憶――「自発性神話」のつくられ方

ドイツ史が専門の姫岡とし子は、ドイツではナチ犯罪のなかで性暴力の可視化がもっとも遅れたという。一九九〇年代以降の日本軍「慰安婦」に関する研究の深化と比べても遅かった。ベルリン陥落にともなうソ連軍によるドイツ女性へのおびただしい数のレイプ[12]が「女たちの受難の物語」としてドイツ人の集合的記憶となったことが、ナチの性犯罪の正視を妨げたとする。[13]九〇年代初め、アジアの日本軍「慰安婦」被害者の名のり出と、旧ユーゴスラヴィア内戦の大量の強制妊娠事件、ルワンダでの大規模なレイプと虐殺、それらを国際社会が戦争犯罪として問題化する動きに触発される形で、ドイツでも国防軍が占領地につくった「軍用売春宿」(「慰安所」)に関する研究が徐々になされるようになってきた。[14]

最も可視化が困難である事例として姫岡は、収容所における強制性労働をあげる。これは囚人の生産効率をあげるために国内一〇か所[15]の強制収容所内に設置された「売春宿」に、収容所内の女性たちが「自発的に」応募したというイメージが親衛隊によってつくられ、それがネガティブなイメージとなって不可視化されてきたという。[16]実際は、「人生を生き延びるチャンスを増やすための選択肢」として「自発的」に申し出た女性にもいたが、「売春宿」への配属の多くは親衛隊による強制的な選別であった。しかし、つくられた「自発性」イメージが、もともと存在した売春婦蔑視の感情と交錯し、彼女たちへの偏見を増長させ[17]」、被害者の口を固く閉ざさせるとともに、強制性労働が性暴力だ

という認識が希薄になったのだという。

この「自発性神話」は、第二章でみた大古洞開拓団が、ソ連軍の命令に応じて二人の女性を送り出したという事例を考えるうえで重要な示唆を与えてくれる。大古洞以外の開拓団の女性二人が「自ら名のり出てくれた」という公的記録（『太《ママ》古洞開拓団殉難の記』原本一九六八年）と、「大古洞の人たちにお世話になっているので、私が行きます、と言ってくださった他の団の方がいて」という元団員たちの証言は一致する。第三章でみた北村栄美《えいみ》の証言も同様である。団の公的記録と団員の集合的記憶が一致したことから、「二人の女性が自発的にソ連兵のところへ行ってくれた」という「記憶の共同体[18]」が形成され、これが歴史的事実となって固定化されかねない状況であった。

しかし、事実は違っていた。たまたま二人の被害者のうちの一人の妹（西田瑠美子）が、中国残留婦人として二〇〇六年に国家賠償を求める裁判を起こし、新聞のインタビューを受けた際にはじめて、開拓団の責任者（と父親？）の説得によって姉が泣く泣く応じたものであることが判明した。「自ら名のり出た」とされた女性は、他の開拓地から大古洞に逃れてきた、「大古洞のみなさんにお世話になっている」という思いを持っている開拓団員であり、姉妹の多い（七人）家の長女であったことから対象にされたと考えられる。本人の自発性を装いながらも、背後に団幹部による「選択」と「強制」が働いていたと判断せざるを得ない。

この事例を考えるとき、わたし自身、聞き取りを多く用いる研究者の一人として、オーラル・ヒストリーという手法の持つ怖さを痛感させられた。と同時に、姉の性的被害を「恥ずかしくて裁判でも話せなかった」西田瑠美子が、中国残留婦人たちの取材を続けてきた新聞記者の大久保真紀には明かしていることを重視したい。このエピソードは「注意深く共感的な聞き手の存在[19]」があれば、抑圧されてきた語りが開封され、あやうく「自発性神話」に埋没されそうだった事実を掬い上げることもできるという、オーラル・ヒストリーの潜在力も示していると思う。

なお、第三章で紹介した北村栄美は、二人の「いけにえ」になった女性が帰されたのち、こともあろうに団の女性たちから心無い言葉が発せられたことを語った(栄美は「犠牲」という性暴力を曖昧化する言葉ではなく、「いけにえ」というより的確な言葉を使う)。現在ならセカンド・レイプという言葉が当てはまるような、しかも同性から出た言葉に、栄美は子ども心にも強い怒りを感じた。しかし、時を経て振り返ってみると、「あのおばさんたちも悲しかったんだな」と、夫不在のなか、一人で子どもを守りながら生きる若い女性たちのセクシュアリティにも思いを馳せている。一九七〇年代以降の女性学は、女性の性は受け身である、という近代の家父長制がつくったセクシュアリティの神話を破って、女性にも性的主体性があることを明確にした(第二波フェミニズム)。栄美が人生の体験を積むなかでたどり着いたセクシュアリティに関する知見は、その主張と響き合う。

四、アメリカの占領――「良き占領」を攪乱する「パンパン」たち

日本本土の実質的占領者であった連合国最高司令官マッカーサーには二つの足かせがあった。アメ

リカ政府と極東委員会(米・英・ソ・中・仏・印・蘭・加・豪・ニュージーランド・フィリピン、四九年にビルマ・パキスタンが参加し一三か国)である。極東委員会は、ワシントンに設置され、出先機関として対日理事会(ACJ)が東京に置かれた。[20] 極東委員会のなかでも主導権争いがあったが、東京に置かれた対日理事会はマッカーサーの占領政策に対するお目付け役のような存在となった。

本国と、ソ連をはじめとする極東委員会の目を気にしつつ、マッカーサーは日本占領が、野蛮な軍国主義国を民主的な国にリメイクするための「良き占領」と認められるように苦慮した。同時に、占領される日本人に、アメリカの占領が寛大で良いものとして受容されるように、さまざまな工夫を凝らした。世界的にも例をみないような郵便検閲とメディアへの事前検閲を全国規模で行ったことにもそれが表れている。[21] 第二章で紹介した民間諜報局の電話傍受や手紙開封によって、「米兵と日本人女性のフラタニゼーション(親密な交際)」が、アメリカ占領がどのような感情を日本人にもたらすかを知ろうとしているのもその一つである。

アメリカによる日本占領をCIE(民間情報教育局)の行ったプロジェクトを通して分析した土屋由香は、日本は西洋とは異質で近代的合理性に欠けるという「オリエンタリズム」に基づく文化的優越意識のまなざしを持つ米国が、再教育によって「日本人を米国中心の戦後世界秩序と整合性をもつ社会へと心理的に誘導しよう[22]」としたとする。「心理的誘導」とは、情報操作によってある集団のなかに一定の国家イメージや世界観を構築しようとするもので、土屋は「米国政府は、日本人が社会主義や中立主義、アジアとのより緊密な連帯などのオルタナティブではなく米国傘下の近代化を最重要視するように、親米感情や米国中心の世界観を構築しようとしたのである」と結論づける。土屋は日本への「占領政策全体がまるで遠大な教育プロジェクトのようでもあった」[23][24]という。

アメリカが「良き占領」プロジェクトを押し進めようとするなかで妨害となったのが、公然とGIと腕を組んで街を闊歩するパンパンの出現であった。占領当初、太平洋の激戦を戦ってきた兵士たちには性的充足が必要だと考える第八軍司令官たちが、日本側が用意した占領軍「慰安所」を利用したことは第一章でみた。米軍側からも東京都をはじめ、各地で「慰安所」開設の要求がなされた。そこでは、提供される女性たちが性的にクリーンであるように性病検診が強制され、その法的根拠も制定された(「東京都性病予防規則」一九四五年一〇月、「性病予防法」四八年七月)。のちに米軍基地周辺に集まる女性たちには「カード」と呼ばれる検診票の持参も義務づけられた(検診票は第一章四三—四四頁)。

しかし、米兵たちの性病罹患率は占領当初から月を追うごとに上昇し、このことは大戦後の世界の指導者としての「自己管理ができるアメリカ人の男性性」イメージを傷つける要素となった。また、「混血児」の誕生は、ソ連によって占領軍批判のプロパガンダにも使われた。米兵たちがRAAなどの「慰安所」でゲイシャ・ガールとダンスに興じる様子が、従軍記者やチャプレン(従軍牧師)たちによってアメリカ本国へ伝えられると、兵士の母親や妻たちから非難があがった。このような流れのなかで、一九四六年三月、米陸軍省はマッカーサー司令官へ「売春禁圧策」を順守するように通達し、第八軍はRAAの性的「慰安所」へオフリミッツ(立ち入り禁止)指令を出した。同時に、第八軍司令官のアイケルバーガー中将は、米軍兵士たちへ「公然の愛情表現」を行うことを禁止する指令を出した。「公然の愛情表現」とは、「腕を組んで街を闊歩し、公衆の面前で愛情を表現し、それに類似の行為」をさし、その理由を日本人が「この種の行為に慣れない」からだと説明した。

しかし性的「慰安所」へのオフリミッツは、フラタニゼーションが「慰安所」や「売春宿」から街頭や基地周辺へ押し出すこととなった。米兵とパンパンたちの街頭での大っぴらな親交は、アメリカによる「良き占領」というイメージづくりの妨害ともなった。民間諜報局ではキーログの一つに「フラタニゼーション」を設け、共産主義者や復員兵の動向とともに注意を払っている。

パンパンたちは、性病をまき散らす元凶としても占領軍から敵視された。日本の保健所と性病病院は、女性たちの性的管理と治療の下請けを担わされた。PHW（公衆衛生福祉局）は、接客関係の女性だけではなく、日本人全体を「性病の巣」だと考え、性病の感染源をたどって突き止めるというそれまで日本にはなかったコンタクト・トレーシング（接触者調査）を、日本の医師や保健所に伝授し、全国的に展開させた。㉕このような被占領国女性の性的利用と管理をめぐる男性同士の「日米合作」は、敗戦直後から現在まで続く日米関係——アメリカの新植民地主義と日本の自発的従属性によって保たれる——の出発点とも言えるだろう。

五、「パンパン」という存在

第四章の冒頭で述べたように、パンパン（「街娼」）は、戦前の娼妓のような「隠れた存在」ではなく、焼け跡の街頭に公然とその姿を現した。彼女らを取り締まる警視庁は「パンパンの稼場状況について」という報告書（一九四九年のものとみられる[26]）のなかで、その「新しさ」にやや戸惑いをもって次のように述べている。「その〔パンパンの〕行為は吉原・玉の井あたりの私娼街にいる女性と何ら変わるところはないが生活態様の無規律・放縦なことや性格が総じて野性的で案外悲劇的な暗さを持っていないことなどが異なってゐる」。

日本社会の「パンパン」へのまなざしも、「風紀を乱す者」「子どもへの悪影響をまき散らす者」といった否定的なものが多い。社会学者の佐藤文香は、「それでも〔「パンパン」になった動機が〕経済的必要に迫られた、やむにやまれぬ売春ならばまだ同情の余地もあるだろう。しかし、ぜいたくがしたいとか楽がしたい、モノがほしいといった経済的必要によらない売春はさらなる怒りをかきたて[27]」たと述べる。

それはたとえば、静岡県東部選出の参議院議員・藤原道子（日本社会党）による、隣接する紡績工場の「女工」から朝鮮戦争下の御殿場でパンパンになった、女性たちについての以下の描写が典型的である。「からだを投げ出せば、いとも簡単に金はいるし、派手な生活はできるし、というわけで、ずるずると悪の泥沼に沈んで行くのである。その結果は貞操観念も勤労意欲も失い、両親や家庭や会社に対する責任も忘れ果て、良俗を破壊し、社会に毒素をまき散らす悪の花、いわゆるパンパンとなり行くのである[28]」。

わたしは、パンパン女性たちについて、前著『日本占領とジェンダー――米軍・売買春と日本女性たち』で次のように書いた。「さまざまな他者がそれぞれに解釈し、表象するパンパン像。筆者は、未だ当事者たちへのインタビューが実現できないまま、時期により世代により多様で異なる面を見せる売春女性たちの姿に、その歴史的位置付けの困難さを痛感させられている(29)」。

今回、「金ちゃんの紙芝居」の作者、田中利夫さんに出会うことによって、一九五〇年代の朝霞に集まったパンパンたちの具体像に触れることができた。それは、同時期に行われた「街娼」の社会学的調査や、「婦人保護事業」の際に「台帳」に記された調査員の「外側」からのまなざしに対して、「内側」からのパンパン像だといえる。胸に抱っこされたり、膝に抱かれたりして育てられ、「トシ坊」と可愛がられ、気のいい米兵が持ってくるお土産を分けてもらったり、学校へお弁当を届けてもらったりという日常生活のなかで形成された親密な感情にもとづく「パンパンのお姉さん」像である。

(1)「内側」からのまなざし――「金ちゃんの紙芝居」が浮き彫りにするもの

同じ時期、全国の基地周辺八六市町村でも金ちゃんと共通する体験があったはずである。子どもたちの間で「パンパンごっこ」が流行るなか、教育環境悪化を憂う、識者や教員、PTAなどによる「子どもを守る会」運動(「日本子どもを守る会」一九五二年結成)が全国的に展開された。〝埼玉の上海〟と呼ばれた朝霞でも、埼玉県選出の衆議院議員・渡部義通《よしみち》(日本共産党)が、パンパンの増加を、「民族問題」と「風教の廃頽」ととらえ、「国民全体の中に、日本の女性が民族的誇りと、将来の日本民族の発展を考えて、外国人のパンパンになるなというスローガンを全国民の中に持ち込む(30)」べきだと文部大臣へ迫っている。春のレンゲ畑へピクニックに出かけた折に、「ベリーさん」はそのことを気にして「朝霞って空気(風紀)が悪いんだってね。それってあたしたちがいるから……?」と口にしている。

熱海の場合、そのような環境浄化運動は見られず、「働く女がささえる街」という括りで、『母親文集』のなかに、主婦と並んでダンサーや待合業の母親も入っていたことを第四章でみた。家父長制的認識によって、常に妻と娼婦に分断される女性同士が「しんけんに働く母親」という共通性を持つ者同士として同居できた(ただし、主婦による芸者への痛烈な批判文もある)のは、指導主事であった甲田寿彦という綴り方教師の存在が大きい。と同時に、熱海市が女性の労働力率が静岡県下でも最も高く、まさに「働く女がささえる街」であるという背景もあったと考えられる。

パンパンを下宿させた御殿場市の民家では、彼女らを「ガールさん」と呼び、子連れの場合は、「仕事」中に大家が子どもの世話をしたり、オフリミッツで「仕事」ができなくなったパンパンたちが農作業を手伝って家賃を安くしてもらったりしている。(31) パンパンにボート遊びに連れて行ってもらった子どもは、作文に、金ちゃんと同じようにパンパンを「ハニーさん」と記している。

一方で、見逃してはならないのが、戦前、娼妓であった女性が、占領期に米兵相手のパンパンになるという性売買の連続性を示すケースが二点あるということだ。戦前、「やり手婆」に騙されて川越遊郭の遊女になった「やっちゃん」は、男に転売されそうになり金ちゃんのところへ身を寄せた。戦後は米兵を客にとるが、娼妓時代にうつされた梅毒に脳がおかされ、隔離された掘っ立て小屋のようなところで死を迎える。親に芸者屋に売られ、玉の井、板橋の売春宿で十数年過ごしたのち、身請けされた男性と朝霞で暮らしていた「おきっつぁん」は、男性が姿をくらましたのち、街頭に立って米兵へ声を掛けるようになった。おきっつぁんは、金ちゃん一家にこそ心を開いたが、彼女を「狂者」扱いする世間と徹底的に敵対した。

(2) 性売買の多様性、あるいは少年への性暴力

「金ちゃんの紙芝居」はまた、パンパンと米兵という二者の関係性だけではなく、「ポン引き」や「ヒモ」といった仲介者や搾取・受益者、地元の男性たちとの関係性や、「互助」組織(白百合会)の女親分を頂点とするパンパンたちのなかの階層性と、暴力で維持される「結束力」なども浮かび上がらせる。

ヒモ男の〝カッシン〟は、七人の若い女の子たちを操りながら、年上の「あぐりさん」へも声を掛けてきた。このエピソードを金ちゃんは、〝カッシン〟が日本的な美人のあぐりさんを「自分の女」として常に連れ歩きたかったのだろうと解説してくれた。ヤクザ、ポン引き、遊び人男の仲間では、美人の年上女性にかしずかせておけば、「この世界では一等賞」だったのだと。これは、上野千鶴子による、イヴ・セジウィックの提起した「ホモソーシャル」(男同士の絆[32])という概念の説明、「男は、男の世界の覇権ゲームで、他の男たちから実力を認められ、評価され、称賛されるのが好きだ[33]」と、ぴったり一致するエピソードである。

金ちゃんの話から、パンパンは日本人だけではなく、朝鮮人の女性たちも多くいたことも知ることができた。また、通常パンパンたちの階層の最も上位にあるとされ、多くのパンパンがめざす「オンリー」的存在を否定し、最下層に位置する「乞食パン助」のほうが「気が楽」だと考えるあぐりさんのようなパンパンもいたことがわかる。

あぐりさんは性売買を「おぞましい事されて、夜空の星数えながら歯食いしばって」耐える行為であったと語る。と同時に、金ちゃんに「あの頃に戻りたいこと時々あるよ……。あたし、結構、充実してたんだ！」とも語っている。オンリーにもならず、ヒモも持たず、自らの身体一つで生き抜いてきた「立ちんぼパン助」の誇りが感じられる言葉である。

パンパンたちは米兵だけではなく、日本人男性も相手とし、その場合は「同胞《はらから》割引」や「ポン人割」と称される割引き(二割引き)があったこともわかった。しかし、地元男性のなかには、「タダでやらせろ」と林の中などに引きずり込んでレイプする者もあった。パンパンたちは、米兵の「タダ乗り」(レイプ)と同時に、日本人男性からの性暴力の危険性にもさらされていた。

また、金ちゃんの紙芝居は、これまで見落とされがちだった女装の男性(男娼「トクちゃん」)による性売買や、被占領国の少年「ハウスボーイ」「マスコット・ボーイ」というジェンダー二元論ではとらえきれない存在にも目を向けさせる。マスコット・ボーイに対する戦勝国の年上男性による支配、ハウスボーイへの占領者側の女性によるレイプ、買春という性行為(ソ連侵攻後の「満洲」でも、ソ連軍女性兵士による日本軍兵士へのレイプがあった)。米兵による男児への性行為については、第四章でも触れた熱海の警察官として戦災孤児たちの補導をしていた田久保実子《たくぼじっこ》さんの証言もある。これらは語られることがほとんどないため、占領史の闇の中に閉じ込められてきた。

占領と朝鮮戦争という時代的背景のもと、米兵相手の女性たちは米兵へ「クリーンな性」を提供させるために「日米合作」的な性病管理下に置かれ、また業者や「ポン引き」「ヒモ」などによる搾取や支配のもとに置かれた。そのような構造的暴力を押さえつつ、一方で、第四章(熱海の「赤線」地区の住民の語り)と第五章(「貸席」屋の金ちゃんの語り)でみたように、パンパンと共存した人々による「内側」からの温かいまなざしも尊重したい。パンパンと呼ばれた女性たちは、両者の要素を併せ持つ複雑さのなかでしか理解できない存在であると思う。

パンパンたちは、「怠惰な不良少女」や「ただただ無力な社会の犠牲者」ではなく、限られた資源を駆使し、身体への負担を少しでも軽減するために頭を働かせながら稼ごうとする主体的営為《エイジェンシー》にあふれる存在でもあったと思う。そして、故郷への送金を代行した金ちゃんが「ベリーさん」の送金先の住所を今でも諳んじていること、また、第四章でみた熱海のパンパンたちの多くが実家へ送金することを心の支え(張り合い)としていたことも併せて記憶しておきたい。

六、復員兵の男性性

前掲の佐藤文香は、米軍のノルマンディー上陸作戦を指揮したジョージ・パットン将軍の「連中はファックしなけりゃ戦闘《ファイト》しない」という典型的なフレーズを引用して、軍隊には強固な「男性神話」があり、「多くの軍隊は女性とのセックスを戦士たる男性の戦闘意欲の「燃料」として利用してきた」という。このような実利的機能に加えて、「性的関係は、誰が支配権を握っているのかを明確にするという象徴的機能もはたす」とし、「商品としてのセックスは、それを買う〔勝者の〕兵士たちに権力を自覚させ尊大な態度を育む一方、女性を奪われてなす術もない地元〔敗者〕の男たちは屈辱に身を震わせるのだ㉞」という。

第六章で見たのは、まさに佐藤が指摘するように、復員してきた元日本兵たちが、かつての敵国の兵士と親密な交際をするパンパンの姿に、「敗戦」を思い知らされた事例の数々である。米兵へなびくパンパンは彼らの目には裏切り者に映り、口汚い言葉(「くたばれ、愚かなロバ女！」)を私信に綴っている。また、自分たちが「守る」つもりでいた「大和撫子」は幻想であったことを突きつけられ、虚脱状態に陥る者もあった。

満洲で敗戦を迎えた日本兵たちは、より直接的に敗者としての無力さ、惨めさを経験した。目の前で「守るべき」同胞女性がソ連兵に輪姦されるのをなす術もなく傍観するしかない経験を、三九師団浜田歩兵連隊野砲四中隊の森川健吾は、「傍観する恥辱」、「武力の前の無防備の儚さを思い胸が張り裂けるようだった」と書いている。

復員兵たちの言葉は、まさに、「自分たちの女を守れなかった男」としての恥辱の告白であるが、レイプ被害女性が受けた人権侵害への思いにまでは至っていない。ただ、自分たちがアジアの占領地で行ってきた「ピー屋」(「慰安所」)利用を思い起こしたり、南方の日本占領地で「侵略された」国の人々のあり様とを重ね合わせて、複雑な思いで「自戒」を綴る復員兵もあったことは見逃せない。そのような者は少数であったかもしれないが、それは自分たちの行った戦争の「加害性」に思いを馳せる、最も早い小さな一歩であったのかもしれない。

戦友会・旧軍人団体を中心に、元日本軍兵士たちの戦後史を分析した吉田裕は、『兵士たちの戦後史』のなかで、彼らが「ためらいや逡巡、反発や反動を常に伴」いながら自ら参加した戦争について「侵略戦争」であると認識し、その「加害性」と向き合うようになる過程を追い、その過程は「「生きる」という実践を通じた壮大な「学習」の過程でもあった」という。そして、「自衛隊という軍事組織を持ちながらも、相対的には軍事化の進展度の低い社会を維持することができた重要な理由の一つは、兵士であった人々の軍隊観や戦争観が社会全体に浸透していったからだった[35]」と結論づけた。

この本が書かれてから一二年、戦後日本の軍事化を押しとどめる「重し」となってくれていた戦争体験世代がいよいよ退場しようとしている現在、二〇一五年に安倍晋三政権によって集団的自衛権の一部行使が認められることになった。二〇二二年二月二四日に始まったロシアによるウクライナ侵攻という危機に乗じるように、同年一二月には岸田文雄政権によって敵基地攻撃能力(「反撃能力」)を認める閣議決定がなされた。「防衛費」という名の軍事費は今後倍増する道が開かれようとしている。だからこそ、吉田が言うように戦争体験世代が残した記録や証言は、戦争というものを民衆の側からとらえ直していくために、「我々の貴重な共有財産[36]」であることを再確認しておきたい。

ちなみに木村涼子によれば、敗戦で失われた男性性を日本男性たちが回復したのは、一九六〇年代の高度経済成長期における経済戦争での「勝利」を通じてであったと考えられる。木村は、作家の江藤淳（一九三二年生）が敗戦から二十数年後、ニューヨークで再会した大手商社で働く旧制中学の同級生から聞いた次のような言葉（一九六九年のエッセイ）を紹介している[37]。

「うちの連中がみんな必死になって東奔西走してるのはな、戦争をしているからだ。日米戦争が二十何年か前に終ったなんていうのは、お前らみたいな文士や学者の寝言だよ。〔中略〕これは、経済競争なんていうものじゃない。戦争だ。それがずうっと続いているんだ。おれたちは、それを戦っているんだ。今度は敗けられない」[38]。

戦争は切れ目なく「ずうっと続いている」という企業戦士たちは、一九七〇年代、「キーセン・ツアー」と呼ばれる韓国への買春旅行[39]に押し寄せた世代でもある。その意味でも、日本軍「慰安所」前に列をなした元日本兵たちの戦争は「続いて」いたのだと言えよう。

七、忘却を許さず——自ら犠牲になった女性たち

第二章では、満洲や植民地朝鮮から引き揚げる過程で、ソ連兵による凄まじい性暴力への対策として、居留民会などが「性の防波堤」をつくったことをみた。その際、「防波堤」として指名されたのは、性売買女性（娼妓、「水商売の女性」、元日本軍「慰安婦」）たちであったことを多くの手記が示している。

手をついて「犠牲になってほしい」と性売買女性へ懇願した男性たちは、帰ってきた女性たちにねぎらいの言葉をかけるどころか冷たい視線を向け、引揚げの途中で何度も訪れる危機を身体をはって救ってもらったにもかかわらず、日本上陸とともに何事もなかったかのように彼女たちを無視した。敗戦国の男性にとって不都合な事実は忘れてしまいたかったのだろう。逆に、助けられた女性たちは「このやりきれない犠牲の深さを思う時、半世紀過ぎた今尚、胸が痛むことしきり」、「いつもそっと手を合わせて感謝している」と痛切な思いを抱いて記憶し続けている。

ソ連兵に連行されそうになっている「奥さんと娘さん」をトラックから突き落とし、自分からトラックに飛び乗ってソ連兵へ媚態を示しながら連行されていった三人の娼妓たちをはじめ、「名のり出てくれた」、「みずから志願して、ソ連兵たちに自分の身体を投げ出し」てくれたなどと記録されている性売買女性たちは、どのような気持ちで「自ら」身代わりになったのだろうか?

自ら犠牲になった二人の当事者の語りでは、連れ去ろうとされた「娘さんを見兼ねて」、小さい子どもの母親を「そんな目に合わせちゃ、後生が悪い」という動機が書かれている。また、北部から新京へ避難してきた男性は、ある旅館で廊下に飛び出してきた芸妓の「素人の女達の無事を冀《ねが》えばこそ死ぬ想いを秘め犠牲にな」っているという言葉を聞き取っている。性売買女性たちのなかにも、家父長制がつくった女性の二分化(母親／娼婦)が内面化され、いざという時には自らが「性の防波堤」になるべき女性であるという認識が存在したのだろう。二分化されてきた女性たちのうち、蔑視の対象にされてきた側の女性が「一般の女性たち」を守るために自らの身を挺するという行為には胸を衝かれる。

撫順で、ソ連兵の命令に抵抗して殴られている寺の住職を見かねて「私が行きます」と進み出た元「慰安婦」は、「心配しないで、私は慣れているから」という言葉を残したという。しかし、「慣れている」という性売買女性にとっても、レイプはレイプであった。林郁が、前掲の『大河流れゆく』で「わしらを救ってくれ」と開拓団の人たちから懇願され、ソ連兵の相手となった「ユキ」から聞いた言葉を改めてここに記したい。

「ロスケにただで乗られるのは強姦ですよ。しょうばいじゃない。……慣れてはいても、しょうばいよりずっと苦業です」。

第二章で見たように、「性接待」に出された黒川開拓団の女性たちが、葛藤を経て約七〇年後に公の場で語り始めたことは大きな意味を持つ。遺族会でもそれを真摯に受け止め、彼女らを歴史に刻もうと碑が建てられ、その後碑文も添えられた。しかし、団の少女たちを励まし、「同行」したという軍「慰安婦」たちの存在は、未だに不可視化されたままだ。

避難所で、逃避行中の列車のなかで、「性の防波堤」とされた性売買女性たちは未だ戦後史のなかに居場所を与えられていない。たった二人ではあるが自らソ連兵の相手となった当事者（元「慰安婦」）の語りを見つけ出し、本書に記すことができたことで、女性史・ジェンダー史研究者の一人として、ささやかな責任を果たせたと思いたい。

おわりに

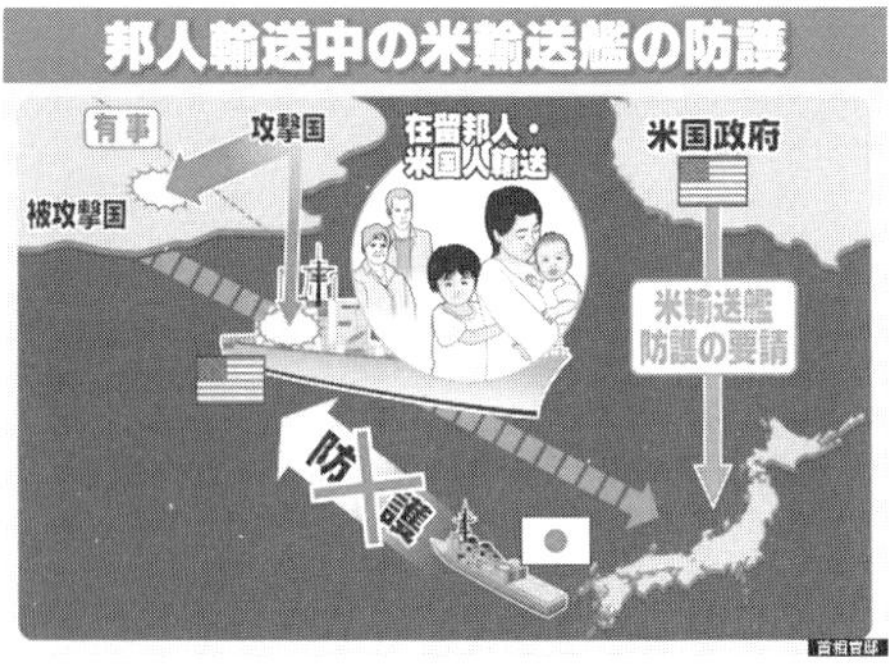

図1　2014 年 5 月 15 日,「安保関連法案」について説明する記者会見にて安倍晋三総理大臣が用いたパネル（首相官邸ホームページより）

二〇一五年七月、国論が大きく割れるなか、安倍晋三内閣が提出した安全保障関連法案（「平和安全法制」として同年九月三〇日に公布。以下、「安保法」）が衆議院で可決された。同法は、圧倒的多数の憲法学者が違憲だとする集団的自衛権の行使を認め、有事の際に海外に住む日本人の救出を行う米艦へ自衛隊の「駆けつけ警護」を可能にするという、現行憲法から大きく逸脱する内容である。

法案提出の前、安倍総理は記者会見を開き、この「安保法」の必要性を図1のパネルを掲示して説明した。米艦に乗せられて紛争地から脱出する日本人のイメージとして、乳児を抱き幼子を連れた母親を大きく描き、その背後に在留米国人夫婦を配置したパネルである。この図像は、意図されたのかどうかはわからないが、まさに満洲引揚げを想起させる「国民の記憶」に沿ったものである[40]。

しかし、本書で見てきたように、敗戦と占領という未曽有の「国難」に際し、政府が「性の防波堤」とすべき女性を駆り集め、占領軍「慰安所」を設置したこと、北満に置き去りにされた開拓団の「女・子ども」の経験、今回は触れられなかったが、本土の盾にされた沖縄における民間人の犠牲は確かな史実である。このことを踏まえれば、いざというとき、日本政府や軍隊は「女・子ども」を守るどころか、体制を守るための盾にするという歴史的経験をわたしたちは忘れてはならない。

（1）彦坂諦は、元日本兵へのロングインタビューを書いた『男性神話』(径書房、一九九一年)で、戦時レイプの目的は「男同士の連帯を高めるためのもの」と指摘している。兵士は性欲によってレイプをするのではなく、一人前の兵士として男性集団のなかで承認されるための「男らしさ」の誇示であること、「慰安所」は軍が戦争遂行のために兵士を性を通じてコントロールする装置であったことについては、以下の二冊を参照されたい。平井和子「兵士と男性性──「慰安所」へ行った兵士/行かなかった兵士」上野千鶴子・蘭信三・平井和子編『戦争と性暴力の比較史へ向けて』岩波書店、二〇一八年。同「日本兵たちの「慰安所」──回想録に見る現場」吉田裕編『戦争と軍隊の政治社会史』大月書店、二〇二一年。なお、平時における強姦でも動機に「性欲本能説」が使われ、それが加害者の加害性を薄め、性犯罪を容認する効果を持つことを指摘した論文は、牧野雅子「強姦事件捜査にみる犯行動機──「性欲」という語彙」『女性学』第一二号、二〇〇四年、六三─七六頁。

（2）笠原十九司『南京事件と三光作戦──未来に生かす戦争の記憶』大月書店、一九九九年。

（3）上野千鶴子「戦争と性暴力の比較史の視座」前掲、上野他編『戦争と性暴力の比較史へ向けて』一九─二〇頁。

（4）永原陽子「「慰安婦」の比較史に向けて」歴史学研究会・日本史研究会編『「慰安婦」問題を/から考える──軍事性暴力と日常世界』岩波書店、二〇一四年。

（5）クリスタ・パウル/イエミン恵子他訳『ナチズムと強制売春──強制収容所特別棟の女性たち』明石書店、一九九六年。

（6）Moon, Katharine H. S., *Sex Among Allies: Military Prostitution in U. S.-Korea Relations*, Columbia University Press, 1997. 金貞子証言、金賢善編集、秦花秀訳『韓国・基地村の米軍「慰安婦」』明石書店、二〇二三年。

（7）『朝日新聞』一九九二年八月一四日。自衛隊のカンボジアPKO派遣に反対する女性たちは、陸上自衛隊が隊員へコンドームの支給を検討していることを知り、総理府、防衛庁、外務省へ抗議の申し入れをした。「自衛隊コンドーム支給で女性団体申し入れ」『ふぇみん』一九九二年九月二五日号。

(8) シンシア・エンロー/上野千鶴子監訳、佐藤文香訳『策略――女性を軍事化する国際政治』岩波書店、二〇〇六年、七五頁。内外からの女性の非難で、その後マッキー海軍大将は辞任に追い込まれた。

(9) 橋下徹元大阪市長の発言は、「慰安婦問題などを巡る橋下氏の主な発言」(『日本経済新聞』二〇一三年五月一七日 https://www.nikkei.com/article/DGXNASHC1603M_W3A510C1000000/)。「橋下発言」の問題性に関しては、平井和子「軍隊と性差別の深い関係――「橋下発言」をめぐって」(『インパクション』第一九〇号、二〇一三年)を参照されたい。

(10) 現在、紛争地に展開する国連平和維持活動でも、現地の女性への支援や保護と交換に、性的搾取を強いる隊員の問題、近年軍隊に参入する女性兵士の増加にともない、軍隊内での女性へのセクハラや性暴力が顕在化されるようになってきた。日本でも陸上自衛隊郡山駐屯地に所属していた五ノ井里奈さんが二〇二一年六月、複数の隊員から性暴力を受け、組織の対応が不十分であったことと精神的苦痛を訴えて国家賠償を求める訴訟を起こした。わたしたちは、五ノ井さんが勇気をもって名前と顔を出して告発される以前にも、同様の人権侵害事件が北海道の航空自衛隊基地内で起き、二〇〇七年、被害女性が国家賠償請求訴訟を行ったことを想起せねばならない。あのとき札幌でも東京でも「女性自衛官を支援する会」が結成され、軍隊内の女性とフェミニストたちが連帯して、再犯防止を訴えたが、軍事組織体質は変わらず、また同じことが繰り返されてしまった。

(11) ジャーナリストの伊藤詩織さんが、二〇一五年にTBS記者だった山口敬之氏からレイプ被害をうけたが、二〇一六年東京地検は嫌疑不十分として不起訴処分にしたため、二〇一七年に名前と顔を出して被害を訴えた。伊藤さんを支援する人々から #MeToo 運動や、前後して実父からの性暴力が無罪判決となる裁判が四件続いたところ、全国で女性に対する性暴力根絶のための「フラワーデモ」も広がったなか、二〇二二年、二審・東京高裁で「性交に同意がなかった」ことが認められ、伊藤さんの勝訴となった。この間のことは、伊藤詩織『Black Box』(文藝春秋、二〇一七年)を参照。

(12) 一九四五年四月二四日から五月八日まで、ベルリンでの独ソ攻防戦のさなか、少なく見積もっても一一万以上の女性がレイプされた。中には五〇万人が犠牲になったとする研究者もあると、ミュールホイザーは書いている。レギーナ・ミュールホイザー／姫岡とし子監訳『戦場の性――独ソ戦下のドイツ兵と女性たち』岩波書店、二〇一五年。

(13) 姫岡とし子「ナチ・ドイツの性暴力はいかに不可視化されたか――強制収容所内売春施設を中心として」前掲、上野他編『戦争と性暴力の比較史へ向けて』二四二頁。

(14) 前掲、パウル『ナチズムと強制売春』。

(15) 梶村太一郎は、強制収容所はドイツ国内だけではなく、オーストリア、ポーランドを含めて一三か所につくられたとする。梶村太一郎「ついに解明されたナチスの囚人用強制売春制度の全体像」『インパクション』第一七二号、二〇一〇年、一六三―一六六頁。

(16) 前掲、姫岡「ナチ・ドイツの性暴力はいかに不可視化されたか」二三二―二三三頁。

(17) 同前、二三三頁。

(18) 蘭信三「戦時性暴力被害を聞き取るということ――『黄土の村の性暴力』を手がかりに」前掲、上野他編『戦争と性暴力の比較史へ向けて』二九八頁。

(19) 茶園敏美『もうひとつの占領――セックスというコンタクト・ゾーンから』インパクト出版会、二〇一八年、一八五―一八六頁。

(20) 竹前栄治『ＧＨＱ』岩波新書、一九八三年、四八―五一頁。

(21) ＧＨＱのさまざまな諜報活動については、山本武利『ＧＨＱの検閲・諜報・宣伝工作』(岩波書店、二〇一三年)を参照されたい。

(22) 土屋由香『親米日本の構築――アメリカの対日情報・教育政策と日本占領』明石書店、二〇〇九年、一〇―一一頁。

(23) 同前、一一頁。ＣＩＥが行った教育プロジェクトに関して、映画をもとに分析した研究に、池川玲子「占領軍が描いた日本女性史――ＣＩＥ映画『伸びゆく婦人』の検討」(『歴史評論』第七五三号、二〇一三年、二〇―三四頁)も参照されたい。

(24) 同前、一三頁。

(25) 奥田暁子「GHQの性政策——性病管理か禁欲政策か」恵泉女学園大学平和文化研究所編『占領と性——政策・実態・表象』インパクト出版会、二〇〇七年、二〇頁。
(26)「神崎清コレクション」(横浜国立大学加藤千香子研究室所蔵、二〇二二年一二月二八日閲覧)。この資料の束のなかに、神崎の「警視庁小野警部、渡丘警部」からの聞き取りのノートがあり、「昭和二四年」と記されていることから、一九四九年頃とした。当時、神崎は売春等取締条例策定へ向けて動いていた。
(27) 佐藤文香「戦争と性暴力——語りの正統性をめぐって」前掲、上野他編『戦争と性暴力の比較史へ向けて』三二三頁。
(28) 藤原道子「基地の周辺——御殿場の場合」有泉亨・団藤重光編『法学新書 売春』河出書房、一九五五年、一一四頁、市川房枝編『日本婦人問題資料集成第一巻 人権』ドメス出版、一九七八年、六七二頁。
(29) 平井和子『日本占領とジェンダー——米軍・売買春と日本女性たち』有志舎、二〇一四年、一三七頁。
(30) 第一三回国会衆議院文部委員会議事録第一八号、一九五二年四月一八日、六頁。
(31) 平井、前掲『日本占領とジェンダー』一二〇頁。
(32) イヴ・K・セジウィック/上原早苗・亀澤美由紀訳『男同士の絆——イギリス文学とホモソーシャルな欲望』名古屋大学出版会、二〇〇一年。
(33) 上野千鶴子『女ぎらい——ニッポンのミソジニー』朝日文庫、二〇一八年、二八頁。
(34) 佐藤文香『女性兵士という難問——ジェンダーから問う戦争・軍隊の社会学』慶應義塾大学出版会、二〇二二年、二三〇頁。
(35) 吉田裕『兵士たちの戦後史』岩波書店、二〇一一年、二八八—二八九頁。
(36) 同前、二八九—二九〇頁。
(37) 木村涼子「戦後つくられる「男」のイメージ——戦争映画にみる男性性の回復の道程」阿部恒久・大日方純夫・天野正子編『男性史3 「男らしさ」の現代史』日本経済評論社、二〇〇六年、六一—六二頁。
(38) 江藤淳「エデンの東にて」福田和也編『江藤淳コレクション1 史論』ちくま学芸文庫、二〇〇一年、二〇—二一頁。

（39）「キーセン・ツアー」に対しては日韓の女性たちが連帯して批判運動を展開した。実態については、韓国教会女性連合会編／山口明子訳『キーセン観光実態報告書』一九八四年を参照。

（40）https://www.youtube.com/watch?v=IGoYWx5P（二〇二三年一月二九日閲覧）

初出一覧

序　章　書下ろし
第一章　「米軍占領下の日本におけるジェンダー・ポリティクス――性暴力・性売買・「親密な交際」」『歴史評論』第七九六号、二〇一六年八月、一五―三〇頁をもとに大幅加筆
第二章　書下ろし
第三章　書下ろし
第四章　「RAAと「赤線」――熱海における展開」恵泉女学園大学平和文化研究所編『占領と性――政策・実態・表象』インパクト出版会、二〇〇七年、七九―一一八頁、および「敗戦・占領を生き延びる地域と女性たちのエイジェンシー」『人民の歴史学』第二〇五号、二〇一五年九月、一七―二六頁をもとに加筆
第五章　書下ろし
第六章　書下ろし
終　章　書下ろし

あとがき

「満洲引揚げ」について書くことになろうとは思ってもいなかった。長年女性史をやりながらも避けてきたのは、その悲惨さに言葉を失う一方で、証言の多くが「ある日、突然、ソ連兵の襲撃に遭い、命からがら逃げてきた」という犠牲者意識《ビクティムフッド》ナショナリズムにあふれていることに辟易していたこともある。しかしわたしの固定的認識は、二〇二一年七月、満蒙開拓平和記念館での「語り部」・北村栄美さんとの出会いで溶解した。戦後の学習で「帝国の加害性」を身に帯びていることを自覚する引揚げ体験者、栄美さんの存在が背中を押してくれた。母の証言活動を支える長男・彰夫さんが「引揚げ二世」として「満洲体験」を引き継ごうとされる姿も励みになった。

本書の誕生には、もう一人、「紙芝居金ちゃん」こと田中利夫さんとの出会いが大きなきっかけとなった。金ちゃんは、占領期研究者のわたしにとって、追いかけても追いかけてもその真の姿を見せてくれない「パンパン」たちを「ゑ」にして見せてくださった。

同じく「赤線」について、当時の記憶を語ってくださった熱海の住民の方々に感謝したい。熱海市とは一九九七年、市制施行六〇周年記念の『熱海歴史年表』を担当した時に始まり、二〇一七年市制施行八〇周年の『熱海温泉誌』で占領期を担当させていただくまで、緩やかで長いお付き合いである。二〇〇〇年代初め、熱海温泉経済の研究をしておられた、当時、大学院生の高柳友彦さん(現・一橋大学講師)と出会ったことも懐かしい思い出だ。また、『温泉誌』事務局の枡田豊美さんと糸川で食べ歩いたことも楽しかった。

最も身近で研究交流の恩恵を受けている友人として、一橋大学の佐藤文香さんを挙げたい。二〇一〇年に同大学の吉田裕ゼミに博士入学して以来、ジェンダー社会科学研究センターのプロジェクトや、佐藤院ゼミの学生さんたちとの交流は宝物である。佐藤さんを通して社会学の理論の力を学び、歴史学との協働を夢見ている。私の拙い授業に熱心に参加してくれた多くの学生たちにも感謝する。

二〇一八年に出版した、上野千鶴子・蘭信三・平井和子編著『戦争と性暴力の比較史へ向けて』(岩波書店)で共同研究を行った一一人のメンバーにもお礼を記したい。横浜国立大学に眠っていた「神崎清コレクション」の発見をお知らせくださり、本書にも貴重な写真を提供してくださった名誉教授の加藤千香子さん、お互い異なるテーマを持ちながらも、温かいエールをくださる北海道大学の辻智子さん、吉田ゼミの同窓で、いつも示唆に富む助言をくださる広島大学の中村江里さん、もろさわようこという稀有な思想家を共通項に、奇跡のようにつながった信濃毎日新聞記者(現在、お茶の水女子大学修士課程)の河原千春さんにも限りない友情を示したい。

ここに、一六年も傍にいて研究を支えてくれた愛犬テラ(ゴールデンレトリバー、二〇二一年没)の名も記したい。年中、清流・柿田川で泳ぎ、富士山を背に駿河湾へ漕ぎ出していた日本一幸せな犬であった。晩年、大腿骨骨折をしても車椅子で前進し、再び骨折した場所と同じところへ降り立ったときの姿は忘れられない。テラの介護中、大型犬を飼う仲間として一日一善を積んで励ましを送ってくださった滋賀県立大学の京楽真帆子さんにも感謝したい(京楽さんちのレトリバーたちは琵琶湖で泳ぎ回っている)。

本書を一度もお会いしたことがない以下の女性たちに捧げたい。子どもに生き延びる力を与え、自らも生還した栄美さんの母・澤ますゑさん、「パンパン」たちに常に寄り添った金ちゃんの母・田中イネさん、自らの「乞食パン助」時代を語ってくれた「あぐりさん(ともこさん)」、そして引揚げ時に「私が行きます」と身代わりになった無数の性売買女性たちへ。

最後に、拙稿を読者に分かりやすくするために、岩波書店の北城玲奈さんと吉田浩一さんはいつも二人並んで適切なコメントをくださったことも記して、感謝したい。

会うたびに大笑いさせてくれる双子の孫たち(来栖《くるす》・那芽《なつめ》、五歳)がいつの日か本書を手に取ってくれる日を夢見て。

二〇二三年五月三日

憲法記念日・亡き母の誕生日に

平井和子

(柴犬・小銀とともに)

平井和子
1955年広島市生まれ．立命館大学文学部卒業後，中学校，高等学校の教員を経て，1997年静岡大学教育学部社会科教育修士課程修了．2014年一橋大学大学院社会学研究科博士課程修了(社会学博士)．現在，一橋大学ジェンダー社会科学研究センター客員研究員．専門分野は，近現代日本女性史・ジェンダー史，ジェンダー論．
著書に『日本占領とジェンダー――米軍・売買春と日本女性たち』(有志舎，2014年，第34回山川菊栄賞受賞)など，共編著に『戦争と性暴力の比較史へ向けて』(岩波書店，2018年)，共著に「日本兵たちの「慰安所」――回想録に見る現場」(吉田裕編『戦争と軍隊の政治社会史』大月書店，2021年)などがある．

占領下の女性たち
日本と満洲の性暴力・性売買・「親密な交際」

2023年 6 月29日　第1刷発行
2023年11月24日　第2刷発行

著　者　平井和子《ひらいかずこ》

発行者　坂本政謙

発行所　株式会社 岩波書店
〒101-8002 東京都千代田区一ツ橋2-5-5
電話案内 03-5210-4000
https://www.iwanami.co.jp/

印刷・三陽社　カバー・半七印刷　製本・牧製本

ISBN 978-4-00-061601-0　Printed in Japan